JN416455

패션의 비용

이제는 지불해야 할 때

우리시대
질문총서
19

패션의 비용

이제는 지불해야 할 때

The Cost of Fashion
It's Time to Pay

오정미 저

부산대학교출판문화원

이 책이 나오기까지 도움을 주신 프로팩 김선기 본부장님, 화승엔터프라이즈 서혜빈 매니저님, 한솔텍스타일 이가영 부매니저님, 아름다운가게 이혜라 팀장님, 진진영화사 장선영님, 패션산업협회 정다운 대리님, 한국의류섬유재활용협회 정석기 사무국장님, 국제패션디자인전문학교 정해영 처장님, 부산대학교 대기환경과학과 하경자 교수님, SkyFi의 Tom Babb 매니저님, Florida State University의 Susan Fiorito 학장님, Delaware State University의 Carol Giesecke 교수님, B Corp의 Tom Hedges 팀장님, North Carolina A&T의 Shirley Hymon-Parker 학장님, 그리고 책의 완성을 위해 밤낮없이 애써주신 부산대학교 출판문화원 편집팀, 자연과 생명의 소중함을 일깨워주는 나의 딸 Hannah와 기후변화로 변해가는 지구에 대해서 함께 고민해준 나의 동반자 부산대학교 해양학과 조영헌 교수님께 감사드립니다.

차 례

발간사

우리는 지금까지와는 다른 '격변'의 시대를 살고 있다. '변화'는 시간의 흐름에 따르는 자연스러운 결과지만, 이 시대의 '변화'는 과거와는 전혀 다른 양상을 보이고 있다. 과거의 변화가 기존의 패러다임 내에서 일어나는 크고 작은 변화들이었다면, 지금의 변화는 가히 '패러다임의 전환'이라고 일컬을 만하다. 기존의 패러다임은 인간 중심적 인식의 틀 속에서 과학기술 문명의 발전과 자본주의적 체제의 구축, 명확히 경계 지어진 세계 속에서 전문성을 강조한다는 점에서, 어쩌면 여전히 근대성의 틀을 벗어나지 못했다고 할 수 있다.

지금 이런 패러다임으로 우리 시대를 판단하고 예견하는 데는 한계가 있다. 우리 시대는 지나간 시대로부터의 위기와 예측할 수 없는 미래에 대한 불안감, 그리고 도래할 시대에 대한 희망이 공존한다는 데 그 독특함이 있다. 새로운 패러다임은 기존의 패러다임에서 잉태된 위기로부터의 출구를 모색하는 과정이자 다가올 시대의 새로운 지향과도 관련되어 있다. 그래서 우리 앞의 복잡다기한 상황에 맞서, <우리시대 질문총서>는 '환경 변화와 인류의 미래', '신자유주의의 팽창과 연대', '휴머니즘에 대한 재성찰과 대안적 삶', '첨단기술혁명과 융복합', '글로벌/로컬의 관계 속에서 인간 삶의 변화'라는 주제를 통해 지금 이 시대를 성찰하고자 한다.

인간이 세계를 지배하는 시대, 인간이 환경의 전반적 흐름에 영향을 행사하는 이른바 인류세의 시대는 역설적이게도 인간의 무력함과 한계를 절감하게 한다. 인간이 누린 풍요의 대가가 되어버린 기후 변화와 생태계 변화는 우리 시대 초미의 관심사이지만 이런 변화는 사람들을 삶의 '지속 가능함'을 확신하기 어려운 상황으로 내몰고 있다. 그럼에도 불구하고 이런 불확실한 상황은 그동안 우리의 삶 자체를 성찰하는 한편 진정한 대안들을 새롭게 모색할 것을 촉구하고 있다.

4차 산업혁명으로 인한 자본주의의 급변과 인간과 기술의 포스트휴먼적 융합 시대의 도래는 인간의 존재적 위기와 함께 전통적인 인간상의 유효성에 의문을 제기하고 있다. 기계는 인간에게 어떤 영향을 끼칠 것인가, 인간은 기계의 문제에서 주도적일 수 있는가, 혹은 이런 변화는 인간과 기계의 대립을 넘어 새로운 가능성을 제시해줄 수 있는가. 최근 포스트휴먼의 가능성은 이런 질문들과 연결되어 있다. 포스트휴먼 시대에 인간의 자리를 묻고 기술의 변화가 인간과 사회에 어떤 변화를 줄지 성찰하는 노력들이 필요하다.

한편 우리 시대는 근대 국민국가의 경계를 뛰어넘는 문화적 현상을 수없이 목격하고 있다. 국민과 난민의 경계가 모호해지면서 수많은 이질적인 문화들이 접촉하고 갈등하고 섞이는 혼종의 시대, 바로 이 시대에 우리는 민족문화의 중심성을 넘어서 글로벌과 로컬이 보다 긴밀해지는 문화적 관계 속으로 편입되고 있다. 그 결과 그동안 민족문화의 틀과 프리즘 밖에 존재하던 문화들이 새로운 관심사로 부각되고 있으며, 근대, 자본, 민족의 구조를 넘어서는 대안적 사고들이 곳곳에서 출현하고 있다. 전지구화와 함께 등장한 전지구적 자본과 문화의 압도적 힘 앞에서 무기

력해진 개인, 신자유주의의 팽창으로 인한 경쟁의 격화와 인간 소외는 '관계 맺는 존재로서의 인간'의 가능성에 대해 되묻고 다양한 방식의 '소통과 연대'를 제안하고 있다.

이러한 변화들은 우리의 기존 사고로 담아낼 수 없는 우리 시대의 현상들이다. 이런 현상들 앞에서 우리는 '왜?', '어떻게?'라는 질문을 던지고, 그 답을 찾아가는 비판적 사유의 여정을 시작하고자 한다. 이러한 비판적 사유의 여정은 분과학문으로 나누어져 전문성만을 강조해온 기존의 학문구조의 틀을 벗어나, 각 학문의 내적 융합뿐만 아니라 인문학, 사회과학, 자연과학 같은 학문 간의 융합을 전제로 한다.

<우리시대 질문총서>는 우리 앞에 놓인 이러한 현상들에 대한 성찰을 제공하고 대안을 모색하는 데에 그 취지가 있다. 이 총서는 우리 세계의 변화를 미시적이고 거시적으로 살펴볼 수 있는 학문적 시각을 제공하는 한편, 도래할 세계(the world to come)와 지나간 미래(future past)의 쌍방향적 대화와 성찰을 통해 우리시대를 비판적으로 반성하고 예견하는 우리 시대의 문제적 활동들을 기획, 소개하고자 한다. <우리시대 질문총서>를 통한 사유와 성찰이 우리시대의 성숙한 집단 지성을 형성하는 마중물이 되었으면 한다.

그리고 <우리시대 질문총서>의 출판을 위해 도움을 주신 많은 분들께 감사드린다.

우리시대 질문총서 제작위원회

들어가면서

2000년대 이후 패션산업은 지구환경에 위협이 되는 산업으로 비추어지기 시작했다. 매체와 환경단체는 옷 쓰레기로 병들어 가는 지구의 모습에 대해서 비판하기 시작했고, 이제까지 패션쇼의 화려함 뒤에서 드러나지 않았던 지구 다른 편의 옷에 관한 불편한 이야기가 세상 밖으로 나오기 시작했다. 한편 유엔 산하의 환경 프로그램(United Nations Environment Programme)에서는 패션을 지구상에서 가장 강력한 마케팅 엔진 중의 하나로 보고, 이것은 브랜드, 디자이너, 창작자, 그리고 대중매체를 통해서 수십억 명의 정체성, 가치, 라이프스타일 등 사회 전반에 걸쳐 큰 영향을 미치고 있으며, 궁극적으로는 우리의 소비에 영향을 미친다고 말한다. 또한 패션은 전 인류가 해결해야 할 문제인 기후변화를 늦출 수 있는 핵심이라고 발표하면서 패션산업 변화의 중요성을 강조하고 있다.

패션의 대표적인 제품인 옷의 기원에 대해서 여러 가지 가설이 있지만, 옷은 자연환경과 조화를 이루면서 문명과 함께 발달해 왔다. 인류는 신체를 보호하고 심리적 수치심을 없애고 자신과 자신이 소속된 집단을 나타내기 위해서 옷을 입기 시작했다. 인류가 옷을 신체 일부로 여기게 되면서, 옷은 우리 삶의 필수품이 되었다. 그러한 옷에 대해서 왜 많은 매체와 과학자들은 옷이 우리의 삶의 터전인 지구를 위협하는 존재가 되었다고 말하는가? 특히 생산과 소비, 쓰레기, 기후변화, 환경오염, 친환경, 자원순환, 탄소중립 등은 왜 패션과 가장 연관된 단어로 보도되고 있는가? 과연 이러한 단어들과, 인류에게 없어서는 안 되는 필수품이자 자신을 표현할 수 있는 가장 직접적 수단인 옷이 어떠한 관계가 있을까? 유발 하라리(Yuval Harari)의 『21세기를 위한 21가지 제언(21 Lessons for the 21st Century), 2018』의 진실 편에서 언급한 "무지: 당신은 당신이 생각한 것보다 무지하다(Ignorance: You know less than you think)."에서처럼 우리는 지금 무엇을 모르고 있는 것일까? 아니면 알고도 모르는 척하는 것일까?

『패션의 비용: 이제는 지불해야 할 때』에는 패션에 숨어 있는 우리 시대의 많은 이야기를 다루고 있다. 패션이 우리의 삶에 얼마나 큰 역할을 하고 있고, 패션산업이 지구의 생태계와 인류사회에 어떠한 영향을 주고 있는가에 관한 이야기이다. 또한 패션산업과 소비의 주체인 소비자들은 지구 생태계를 지키기 위해서 지금, 전 세계에서 어떠한 노력을 하고 있는가에 관한 이야기를 포함하고 있다. 이 책을 읽는 독자들이 우리 자신의 일부인 패션이 탄생하는 전 과정에서 일어나는 숨어있는 우리 시대의 이야기를 통해서 패션을 진정으로 사랑하고 소중히 여기는 기회가 되었으면 한다.

이 책은 4부분으로 구성되어 있다. Part 1:패션에서는 옷, 패션, 그리고 패션산업을 이해하기 위하여 옷, 패션, 패션산업이 무엇인지를 소개하고, 그것들의 연관성을 설명했다. 또한 패션산업이 인류를 포함한 지구의 생태계에 미친 영향과 결과에 대해서 논의했다. Part 2:패션산업과 소비문화에서는 패션과 관련된 소비문화에 관해서 구체적인 사례를 들어 제시했다. 21세기에 일어난 패션산업의 변화가 어떻게 소비문화를 이끌고 있는가를 분석했다. 특히 패스트 패션, 명품, 의류 폐기물이 치러야 할 사회적, 환경적, 윤리적 비용에 대해 논의했다. Part 3:패션제품의 생산에서는 패션제품의 원재료인 섬유의 생산부터 제품을 제조하는 과정까지에서 발생하는 사회적, 환경적, 윤리적 문제에 관해 사례를 통해서 논의하였고, 그 문제해결을 위한 새로운 시도와 그 추진과정을 소개했다. 마지막으로 Part 4:패션산업의 변화에서는 지속가능한 생산과 소비를 통해서 자원순환경제로 전환하기 위한 패션산업과 소비자의 노력에 관해 소개했다. 코로나19 팬데믹 이후, 변화하는 글로벌 정책과 국제 정세에 따라서 변화하는 패션과 관련된 새로운 정책과 법, 그리고 글로벌 패션산업의 전략에 대해서 논의했다.

PART 1

패션

옷은 혹독한 날씨를 포함한 자연환경으로부터 신체를 보호하고, 신체 노출로 인한 부끄러움을 없애기 위해 신체를 가리고, 그리고 자신과 자신이 소속된 집단을 나타내기 위해 인류가 선택한 문명이다.[1] 옷은 물리적 기능과 동시에 사회적 기능을 수행하면서 개인적, 사회적, 문화적 의미를 지니게 되었다. 그리하여 옷은 인류의 제2의 피부(the second skin)가 되었다.[2] 로날드 바르트 (Ronald Barthes)는 『패션의 구조(The Fashion System), 1990』에서 패션이 옷 그 자체의 물리적 존재보다 더 앞서 우선시되어야 한다고 주장한다.[3] 그렇다면 옷은 무엇이고, 패션은 무엇인가에 대해서, 그리고 우리가 입는 옷과 패션은 어떠한 관계가 있는가에 대해 지금부터 살펴보겠다.

1. Fashionable Clothing: 옷과 패션

옷은 섬유 또는 기타 재료로 만든 제품을 말하며 신체를 덮고 보호하며, 또는 장식품의 한 형태로 사용되며 사회적, 문화적, 또는 실용적인 욕구를 충족하기 위해서 인류가 선택한 문명이다. 인류가 신체를 보호하고 심리적 수치심을 없애기 위해 동물의 가죽과 식물 재료를 사용하여 옷을 만들어서 착용하기 시작한 시점은 선사 시대로 거슬러 올라간다. 역사적으로 살펴볼 때, 옷은 자연환경, 기술, 문화, 사회적 지위 및 트렌드*의 변화를 반영하며 진화해 왔다. 반면에 패션은 표면적인 의미를 넘어 개인과 사회에서 추상적인 중요한 의미를 지닌다. 패션은 자기표현, 정체성 형성, 사회적 상호 작용, 문화적 표현, 그리고 경제적 계층을 표현하는 중요한 역할을 한다. 한편 옷은 자신의 개성, 가치 및 창의성을 시각적으로 표현할 수 있는 가장 일차적인 패션 수단이다.

옷과 패션의 중요성에 대한 인식은 성별과 나이에 따른 사회적 규범, 문화, 경제, 그리고 개인의 관심과 성향에 따라 다르다. 여성의 사회적 역할이 강조되지 않았던 시대와 사회에서는, 여성의 옷은 지위, 아름다움, 다산을 상징하였던 반면 남성의 옷은 활동성, 권위, 신체적 남성성을 상징하였다. 20세기 중반에 일어난 페미니스트 운동과 청년문화의 부상은 옷과 패션의 인식에 큰 변화를 가져왔다. 여성의 패션은 성역할에 대한 태도 변화를 반영하였고, 점점 자기표현의 수단과 전통적 성역할로부

---

* 트렌드(trend)는 제품이 인기가 있거나 유행하는 것의 의미와 함께 한 사회의 시점에서 특정 생각과 표현방식 등이 확산해 나가는 과정 또는 보편화되고 있는 행동이나 진행 상황을 의미하는 것으로 추세 또는 경향을 의미함[Source: Britannica Dictionary].

터의 해방 수단이 되었다. 특히 21세기에 들어서서 다양하고, 저렴하고, 트렌드를 반영한 패션이 지속적으로 공급되면서 패션은 성 정체성, 나이, 경제력을 벗어나 자신을 표현하는 수단이 되었다.[4] 패션 사회학자인 샐러버그 앤마리와 아스퍼스 패트릭(Sellerberg Ann-Mari and Aspers Patrik)은 특정 문화나 사회 내에서 유행하는 스타일, 트렌드, 옷, 액세서리, 외모의 미적 선호도를 포괄하는 더 넓은 개념으로 "탁월한 사회적 현상(social phenomenon par excellence)"을 패션이라고 규정하였다.[5] 패션은 특정 사회나 시대의 취향, 기호, 문화를 반영하는 역동적이고 끊임없이 변화하는 추상적인 현상이다.

산업혁명으로 인한 대량생산체제는 이전의 자급자족 또는 가내 수공업 생산체제를 경쟁적 산업 체제로 바꿔 놓으면서 대표적 패션제품인 옷을 대량소비상품으로 탈바꿈시켰다. 패션의 경제적 영향을 처음으로 연구한 캐롤린 포레이(Caroline Foleay)는, 패션은 제품 소비의 질, 양, 그리고 속도에 영향을 주고, 제품의 미적인 요소와 실용적인 요소가 소비의 한계점을 정하면서 패션의 효과는 사회적 기질과 문화에 따라 다르게 나타난다고 말했다. 또한 유행하는 양식(mode)의 불일치는 특정 제품의 소비 기간을 단축하는 반면, 미적인 양식의 일치는 특정 제품의 소비 기간을 연장한다고 말했다.[6]

20세기 이후 대량생산과 대량소비에 따라 패션은 더 이상 고급 디자이너 제품에만 국한되지 않는다. 길거리 유행 패션(street fashion), 하위문화(subculture), 인플루언서(influencer), 소셜 미디어(social media) 등 다양한 공급원에서 나타나는 스타일과 트렌드를 포함하고 있다. 패션은 사회적, 문화적, 경제적, 기술적,

예술적 영향을 포함한 요소들의 복잡한 상호작용을 수반한다. 패션의 진행 방향인 트렌드는 디자이너, 인플루언서, 그리고 대중, 즉 소비자에 의해 주도되며 모두가 패션의 방향을 결정하는 데 기여한다. 패션의 단순한 사회학적 정의는 '최신의 것'이라 할 수 있지만, 그 근본적인 원리는 '지금(now)' 또는 '오늘을 위한(for today)'이라는 의미로 모방을 중심으로 확산하며 일차적으로 시각적인 것은 옷에 관한 것이지만 모든 영역에 적용된다.[7] 요약하자면, 패션은 옷을 통한 가장 일차적인 자기표현으로, 사회적 문화적 정체성을 반영하면서 개인의 선택을 통해 변화하면서 확산되기도 하고 사라지기도 한다.

2. Birth of Fashion: 패션의 탄생

패션은 패션산업에 관련된 다양한 개인과 주체들에 의해 만들어진다. 여기에는 디자이너, 브랜드, 대중매체, 인플루언서, 소셜미디어, 소비자 모두 포함된다. 패션 디자이너는 새로운 옷, 액세서리 등을 통해서 스타일을 개념화하고 창조하는 사람들이다. 그들은 패션 트렌드를 형성하는 데 중심적인 역할을 하며 다가오는 시즌의 유행을 끌어내는 데 영향을 미친다. 패션 브랜드는 패션을 상품화하여 소비자에게 전달하는 역할을 한다. 패션 잡지를 포함한 대중매체는 전통적으로 대중에게 스타일과 상품을 알리는 역할을 한다. 인플루언서는 트렌드와 상품의 이미지를 만들고 대중에게 전달하는 데 중요한 역할을 한다. 정보통신 기술의 산물인 소셜 미디어의 확장은 인플루언서의 역할을 점점 더 중요하게 만들고 있다. 그들의 개인적인 스타일과 상품 선택은 빠르게 특정 집단에 의해 광범위하게 채택되어 확산됨으로써 대중화된다. 마지막으로, 새로운 창작물 또는 스타일을 대중화로 이끌어 패션으로 만들어 내는 것은 한명 한명의 소비자이다.

패션산업은 다른 어떤 산업보다도 자원 집약적이다. 이 산업은 여러 나라에 걸쳐 산업공정이 분산되어 있는 글로벌 산업으로, 이것의 공급망은 제품의 디자인, 생산, 유통, 소비, 폐기 등과 상호 관련된 복잡한 네트워크를 형성하고 있다. 세계자원연구소와 의류영향연구소(World Resources Institute & Apparel Impact Institute)에 따르면, 패션산업의 모든 과정은 그림1과 같이 생산(Tier 1~4), 유통(Tier 0), 그리고 소비자로 이어진다.[8] Tier 4는 동식물과 토양에서 제품을 만들 수 있는 원재료를 추출하는 과정으로, 면화, 양모, 석유, 석탄 등의 생산이 이 과정에 해당한다. Tier 3은 원재료를 중간 제품용 재료로 가공하는 과정으로, 방적과 방사 및 부자재 가공을 하는 단계이다. Tier 2는 제직, 편직, 염색을 거쳐서 최종 제품의 주재료인 원단을 생산하고, 트리밍, 단추, 지퍼 등 최종 제품의 부재료를 생산하는 공정이다. Tier 1은 재료를 완제품으로 봉제 및 제조하는 과정이다. Tier 0는 생산과정 외의 시설과 설비 등을 통한 분배와 유통의 과정이다. 마지막으로 소비자는 제품을 사용하고 재활용 또는 폐기한다.

그림1. 패션산업의 공급망

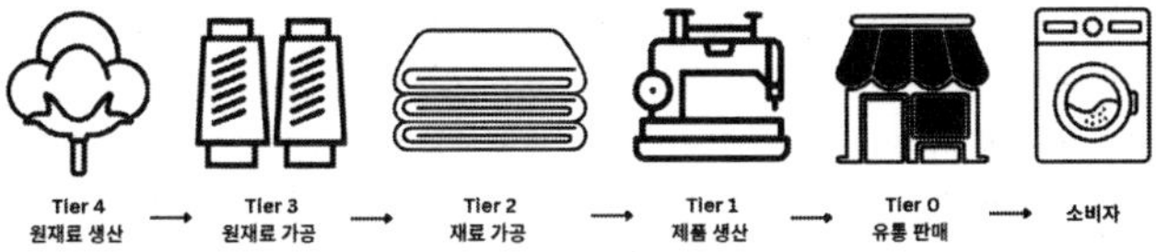

* 이미지 제작: 저자

1990년대에 고소득 국가의 패션 브랜드들은 인건비 절감, 환경 규제 완화, 노동 규제 완화, 유리한 세금 조건, 원자재 접근성을 고려하여 중국, 방글라데시, 베트남, 인도네시아와 같은 국가들의 제조업체와 파트너십을 구축하면서 해외생산(offshoring) 방식*으로 성장했다. 2010년대에 들어서면서 해외생산은 여전히 중요한 전략이었지만, 생산기지의 위치, 근무조건, 노동권 및 지속가능성과 관련된 윤리적 및 환경적 문제에 대한 인식이 높아지고, 일부 기업은 공급망을 재평가하면서 다시 자국에서 생산하는 리쇼어링(reshoring)** 또는 인접국생산 방식인 니어쇼어링(nearshoring)***을 고려하게 되었다. 특히 코로나19로 인한 글로벌 팬데믹 이후에 리쇼어링 또는 니어쇼어링이 가속화될 것이라는 전망이 발표되고 있다.[9]

* 오프쇼어링(offshoring)은 일반적으로 산업화한 국가에서 기업이 저개발 국가에 사업 비용을 절감할 목적으로 해외 운영을 하는 관행임[Source: Encyclopedia Britannica].

** 리쇼어링(reshoring)은 제품의 생산과 제조를 기업이 있던 자국으로 다시 가져오는 관행임 [Source: Cambridge Dictionary].

*** 니어쇼어링(nearshoring)은 기업의 사업 운영을 지리적으로 먼 위치가 아닌 인근 국가 또는 이웃 국가에서 하는 방식임[Source: De Backer, K., Menon, C., Desnoyers-James, L., and Moussiegt, L. (2016.1.26.); Reshoring: Myth or Reality?, OECD Science, Technology and Industry Policy Papers, No. 27, OECD Publishing, Paris.].

Evolution of Korean Fashion: 한국패션산업

국내에는 1950년대 서구의 문명을 받아들인 서양복이 일상복이 되면서 명동을 중심으로 하여 디자이너샵(양장점)이 생겨났고, 기업을 중심으로 하여 패션 전문기업이 생겨났다. 이 시기에 한국은 단순히 섬유와 옷의 생산을 뛰어넘어 패션산업의 모습을 갖추었다. 옷 만드는 기술이 아니라 예술을 가르치는 것이 패션교육이라고 믿고 한국 패션의 활성화와 인재 양성에 힘쓴 최경자 여사는 1937년에 함흥에 '은좌옥' 양장점을 열고, 1938년에 함흥양재학원(현 국제패션디자인학원)을 설립하였다.[10] 최경자 여사는 1955년에는 국내 최초의 디자이너 모임인 대한복식연우회(대한복식디자이너협회)를 만들고, 1964년에는 국내 최초로 패션모델학교를 개설하고, 1968년에는 국내 최초의 패션 잡지 월간 '의상'을 창간하였다.[11]

그림2. 의상 창간호 커버

* 이미지 제공: 국제패션디자인전문학교

한편 노명자 여사는 1952년에 '노라노(Nora Noh)의 집'이라는 양장점을 기반으로 하여 1956년, 우리나라 최초의 패션쇼를 열었다.[12] 그녀는 가수 윤복희의 미니스커트와 여성 듀엣 펄시스터즈의 나팔바지 등 해외의 스타일을 한국에 유입하였고, 또한 1963년 최초로 디자이너 기성복을 생산하여 수출한 한국 최초의 글로벌 패션 기업가였다.[13] 한국의 패션에서 빼놓을 수 없는 디자이너는 전 세계에 한국의 미와 패션을 소개한 앙드레 김(André Kim)이다. 그는 1962년에 서울 소공동에 '살롱 앙드레'로 데뷔하였다. 그는 1966년 한국인으로는 최초로 패션의 본고장인 프랑스 파리에서 패션쇼를 연 한국을 대표하는 세계적인 디자이너였다.[14]

1950년대에는 기업을 중심으로 한 기성복 업체도 문을 열기 시작했다. 대표적인 기업은 제일모직공업주식회사(현 제일모직), 락희산업(현 LF패션)*, 코오롱 등으로 한국의 대표적 패션기업들이다. 한국 패션산업은 1960년대 이후 사회와 문화적 변화, 경제발전, 글로벌 트렌드 등의 영향을 받으면서 변화하였다. 특히 1962년 정부의 경제개발 5개년 계획에 따라서 대량생산과 수출형 산업으로서의 규모, 시설, 장비, 그리고 기술력을 갖추게 되었다. 1963년 한국 나일론 주식회사에서 나일론을 생산하기 시작했고, 1968년 대한화섬에서 폴리에스터 생산을 시작했다.[15] 1970년대에는 산업발전에 의한 경제성장, 생활 수준의 향상, 대중매체의 발달과 더불어 개인 소득이 높아지면서 소비자의 구매 추세가 증가함에 따라 패션산업은 전문화되고 기업화되기 시작하였다.[16]

1980년대와 1990년대는 국내 패션디자이너들이 부상하였고 한국 패션 브랜드가 등장하였다. 수출 촉진에 대한 정부의 관심은 섬유와 의류 산업의 성장으로 이어졌으며, 1997년 한국 최초의 패션위크(Fashion Week)가 개최되어 한국패션을 국제적으로 인정받는 발판을 마련했다. 그러나 2000년대 들어서면서 중국과 베트남 등 후발 경쟁국들의 성장에 따라 한국의 패션에 관련된 산업의 수출은 감소하고, 수입은 꾸준히 증가하고 있다. 그림3은 2000년부터 2022년까지의 의류 관련 품목 수출액과 수입액을 보여준다. 2000년 의류와 관련된 제품(HS62)의 무역수지는 19억 8,729만 달러에서 계속 감소하여 2022년 무역수지는 -41억 3,156만 달러이다. 그러나 한국의 경제적 발전과 한류 문화가 세계적으로 인기를 얻고, 통신기술의 발달로 한국의 연예인을 포함한 인플루언서들이 글로벌 아이콘으로 성장하면서 한류가 미치는 글로벌 패션의 영향력은 급상승 중이다.

그림3. 2000년-2022년 의류 관련 품목 수출·수입금액 (단위:천 달러)**

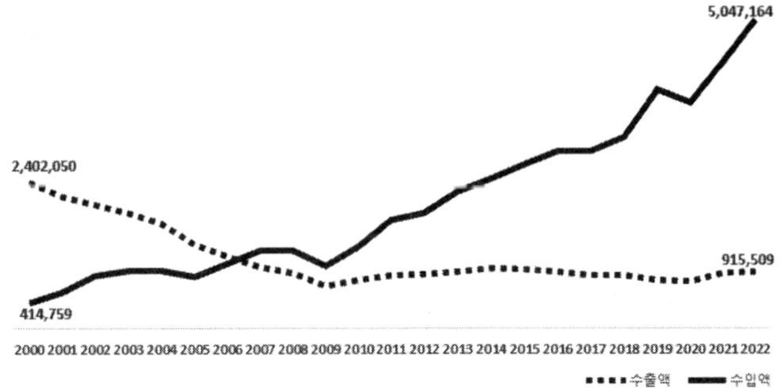

* 데이터 출처: 관세청 수출입 무역통계

---

* 락희패션은 현재 LF패션의 모기업으로 1953년 11월에 설립되어 1974년 반도패션으로 이름을 바꾸고, 1995년 LG상사의 LG반도패션 그리고 패션으로 사용하다가 2014년 LG그룹에서 분리되어 지금의 LF(Life in Future)로 변경되었음[Source: 박인권 (n.d.) LF. 디지털강남문화대전.].

** 본 통계는 HS62(의류와 그 부속품으로 메리야스 편물이나 뜨개질편물은 제외)만을 가지고 산출한 그래프임.

3. Hidden Side of Fashion: 지불하지 않은 비용

대부분 패션은 옷과 액세서리 등의 제품을 통해서 드러난다. 전통적으로 패션제품은 일 년에 2~4번 정도 계절의 변화에 따라서 소비자에게 소개되고, 그중에 일부는 소비자에 의해서 채택되고 확산되어 유행 패션이 된다. 2000년대 이후 패스트 패션 비즈니스 모델을 바탕으로 한 패션 브랜드들이 생겨나면서, 기존에 시즌을 기준으로 제품을 생산하고 판매하던 패션산업에 격주 또는 매주 다른 상품을 선보였다. 그러면서 옷은 세탁, 수선, 보관해서 사용하는 품목이 아니라 몇 번 착용하고 버리는 일회용품이 되었다.

최근에 발표된 보고서에 의하면 글로벌 섬유 생산량이 2020년 코로나19 팬데믹으로 인해 약간 감소한 후 2021년에는 1.13억 톤으로 증가하였고, 2030년에는 1.49억 톤으로 증가할 것으로 추정되고 있다.[17] 이는 지난 20년 동안 전 세계 섬유 생산량이 거의 두 배 증가하였음을 시사하고 있다. 그림4는 섬유 총생산량에서 인조섬유(man-made fiber)*가 차지하는 비율을 그래프로 나타내고 있다. 인조섬유가 섬유 총생산량에서 차지하는 비율은 1975년 44.44%에서 2000년에는 60.34%로 증가하였고, 2020년에는 74.70%이다. 또한 총 섬유생산량 중 의류에 사용된 섬유는 2022년 0.6억 톤 이상으로, 2030년까지 약 1억 톤으로 증가할 것으로 예측되고 있다.[18]

---

* 인조섬유(man-made fiber)는 제조과정에서 화학적 조성, 구조 및 특성이 변경되어 인공적으로 만든 섬유의 총칭으로 크게 합성섬유와 재생섬유로 분류됨[Source: Encyclopedia Britannica].

그림4. 1975년-2020년 총 섬유 생산량에서 인조섬유 생산량 비율

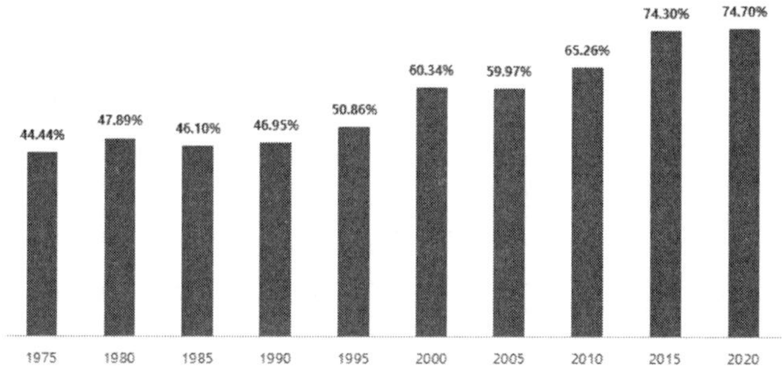

* 데이터 출처: Preferred Fiber and Materials Market Report 2022

패션제품을 만들 수 있는 원재료 생산과 원재료 가공, 패션제품의 특성에 따라서 원재료에 특성을 부여하는 재료가공공정, 패션제품의 조립과정, 그리고 유통과 판매에 이르는 전 과정은 생태계에 부정적 영향을 미친다. 그 부정적 영향을 산술적으로 추정해 보면 패션산업은 세계에서 두 번째로 생태계 오염을 발생시키는 산업으로, 기후변화, 수질오염 및 토지 황폐화의 주요 원인이다.[19] 패션 관련 제품은 생산에 관련된 일련의 문제만이 아니라, 소비자가 제품 사용 후 폐기한 폐의류와 폐섬유도 생태계의 부정적 영향을 준다. 특히 2000년대 이후 패스트 패션 시장 점유율의 확대와 함께 제품의 생산과 소비에서 발생하는 폐기물량도 꾸준히 증가하고 있으며, 이렇게 버려진 폐의류와 폐섬유는 심각한 환경 문제를 유발하고 있다. 그림5에서 나타나듯이 우리나라 역시 생활계 폐기물에서 발생하는 의류 폐기물량이 2015년 이후 꾸준히 증가하고 있다. 2021년에 보고된 의류 폐기물량은 2011년에 비해 65.4%가 증가하여 119,382.3톤에 달했다. 2022년 그린피스 보고서에 의하면 대부분 고소득 국가에서 발생한 폐의

그림5. 2011년-2021년 생활계 폐의류 발생량 (단위:톤)

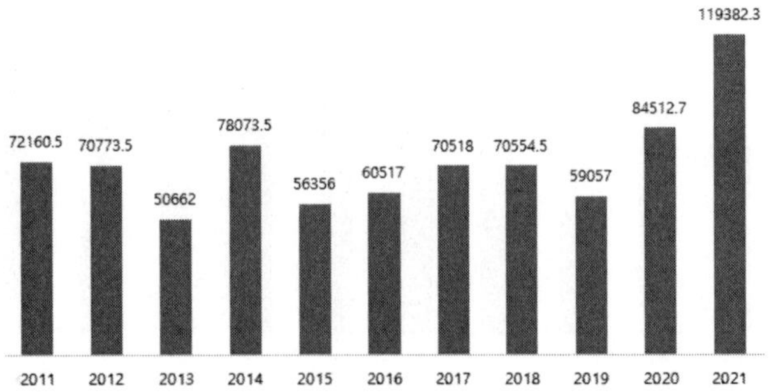

* 데이터 출처: 한국환경공단 자원순환 정보시스템의 전국폐기물 발생 및 처리현황 자료

류는 중고의류로 개발도상국으로 수출이 되고 있고, 수출된 대부분 중고의류는 거의 사용하지 않거나 판매되지 않고 쓰레기장에 버려지거나 소각되어, 그 지역의 생활환경과 생태계에 악영향을 준다고 발표하였다.[20] 우리나라도 미국, 중국, 영국, 독일 다음으로 중고의류 수출이 많은 나라로 2021년 기준으로 3억 4,770만 달러의 중고의류를 수출하였다.[21]

산업혁명으로 면섬유의 대량 공급이 가능해지면서 가정에서 만들어지던 옷은 제품으로 공장에서 대량으로 생산되기 시작했다. 1980년대 이전까지 의류제품의 생산자는 상품의 질을 높이는 데 주력하였다면, 1980년대 이후 생산자는 패션 이미지를 강조한 브랜드 마케팅을 시작하였다. 1990년대에 들어서 다양한 소비자층을 겨냥하여 브랜드는 확장하였다. 2000년대에 들어서는 패스트 패션 브랜드는 과학기술의 혁신과 함께 시간과 장소에 상관없이 최신 유행의 제품을 저렴한 가격에 전 세계 소비자들에게 공급하게 되었다. 그리고 2010년 후반에 패스트 패션 비즈니스 모델은 계속 진화하면서 패스트 패션 버전 2.0인 울트라

패스트 패션(Ultra Fast Fashion)이 글로벌 시장을 장악하였다. 통계치에는 다소 차이가 있으나 제품을 만들고 판매하고 소비하는 과정에서 배출하는 온실가스는 전 세계에서 배출하는 온실가스의 2%~8%를 차지한다.[22] 지금, 버려진 옷으로 서아프리카에는 쓰레기 섬들이 생겨나고 있고, 폴리에스터에서 나온 미세플라스틱은 바다로 흘러 들어가 해양생태계를 위협하고 있다.

PART 2

패션산업과 소비문화

50여 년 전의 빨간 내복은 첫 직장에서 월급을 받으면 자식이 부모님에게 드리는 첫 선물이었다. 그 당시 주택의 단열 상태를 고려하였을 때, 내복은 자식이 부모님에게 고마운 마음을 표현하기에 좋은 선물이었다. 구멍이 난 옷은 당연히 덧대어서 입었고, 언니의 옷을 물려받아 입는 것이 너무나 당연한 시절이 있었다. 1980년 이후 대량생산으로 인해 소비가 미덕인 세상이 되면서 제품 선택의 폭이 넓어지고 가격이 적당하면서 쉽게 구매할 수 있는 제품이 많아졌다. 동네 또는 중소도시의 시내에 즐비하던 양장점 또는 양복점은 점점 사라지고 양품점 또는 대기업의 직영매장이 늘어나기 시작했다. 지금의 우리는 텔레비전을 보면서 또는 소셜 미디어를 보면서 스마트폰으로 매일매일 쇼핑을 한다. 한국의 20대에서 50대까지의 소비자를 조사한 보고서에 의하면 71%의 소비자가 온라인으로 옷을 구매하였다고 한다.[23] 2024년에 사는 우리가 얼마나 많은 옷을, 얼마나 자주 구매하는가에 대한 정확한 통계를 알기는 어렵지만, 전 세계적으로 2000년대 이후 의류 소비량은 1990년대에 비하여 400% 증가하였다. 더 주목할 만한 사실은 많은 사람이 소유하고 있는 옷의 50% 가량은 입지 않고 그냥 옷장에 넣어 두었다가 폐기한다는 사실이다.[24]

1. Brand Name: 브랜드에 대한 열망

우리나라의 경우 1980년대 교복 자율화와 함께 청소년들의 패션에 관한 관심이 급증하면서 브랜드에 대한 호기심과 소유욕이 증가하였다. 『응답하라 1997, 2012』에서 극 중의 주인공인 윤제가 생일 선물로 받은 많은 짝퉁*에 대한 회고가 있다. 15살 때 받은 아디도스(adidos) 노란 티셔츠, 16살 때 받은 웨스트팩(WESTPAK) 가방, 17살 때 받은 안전지역(安全地域) 야구모자, 그리고 18살 때 받은 게스(Guess)의 상표가 물음표(?)가 아니라 느낌표(!)로 되어 있는 하얀색 티셔츠까지 그 당시 청소년들이 원하는 브랜드가 다양하게 변형되어서 소개되었다. 윤제가 형한테 받은 생일 선물들은 모두 짝퉁이다.

밀레니얼 세대**에게 명품 브랜드를 소유하고 싶은 동기를 조사한 결과, 응답자의 19.7%는 "나 자신을 대접하는 것을 좋아한다."로 대답했으며, 응답자의 19%는 "좋은 품질의 제품이다." 그리고 응답자의 17.1%는 "제품의 소유는 나를 기분이 좋게 만든

---

* 짝퉁이란 진짜와 거의 똑같이 만든 가짜상품이란 뜻으로 2001년 국립국어연구원에서 신어목록에 처음 등장함[Source: 박용찬(2001) 2001년 신어. 국립국어연구원.].

** 밀레니얼(millennial) 세대 또는 Y세대라고도 하며 1981년에서 1996년 사이에 태어난 사람을 설명하는 데 사용되는 용어임[Source: Encyclopedia Britannica].

다."라고 답했다.[25] 소유자의 가치와 소유 물건의 가치가 같은 것은 아니다. 그러나 대부분 우리는 면접시험 때, 첫 출근 때, 첫 데이트를 할 때, 동창 모임을 갈 때 등등 자신을 표현하기 위해서 옷, 신발, 가방 등의 선택에 대해 고민한 경험이 있을 것이다. 그 고민은 브랜드 이미지 또는 브랜드 가치를 통해서 우리 자신의 이미지와 정체성을 표출하고 싶었기 때문일 것이다.

옷을 포함한 차림새는 착용자에 관한 정보를 체계적으로 전달하는 수단이다.[26] 차림새는 그 사람이 전달하는 인상에 큰 영향을 미칠 수 있으므로 강력한 무언의 의사소통 도구이다. 20세기 초기에 세계 곳곳에 선한 영향력을 끼친 윌 로저스(Will Rogers)는 "좋은 첫인상을 남길 기회는 두 번 다시 오지 않는다(You never get a second chance to make a first impression)."라는 말을 연설에서 자주 사용하였다. 그의 뜻은 새로운 사람을 만날 때 항상 최선을 다해야 한다는 의미였다. 그 최선에는 정갈한 차림새도 분명히 있었을 것이다. 1966년 메디슨 에비뉴의 보타니 슈트(Botany Suits)***와 1980년 비듬 샴푸로 유명한 헤드 앤 숄더(Head & Shoulders)의 광고는 그의 말을 인용하여 제품을 통한 첫인상의 중요성을 대중에게 홍보했다. 차림새는 타인에게 보내는 가장 강력한 사회적 신호(social signal)****중 하나로 첫인상을 결정짓는 데 중요한 단서가 된다.

*** 보타니 슈트(Botany Suits)는 1940년대 미국 뉴욕시에 본사를 둔 남성복 정장 브랜드 Botany 500의 슈트를 칭함. 이 회사는 1970년대에 소유권이 코헨 앤 선즈(Cohen & Sons)으로 이전됨[Source: Maule, B. (2013.9.4.) Broad & Lehigh's landmark Botany 500 building, awaiting its next life. Hidden City Philadelphia.].

**** 사회적 신호(social signal)는 의도적이든 그렇지 않든 타인에게 전달되는 신호임. 사회적 신호는 눈굴림과 같은 미세한 표현, 신체의 움직임, 차림새 등을 포함함[Source: Loth, S. and Ruiter, J.P. (2016) Editorial: Understanding social signals: How do we recognize the intentions of others? Frontiers in Psychology, 7.].

브랜드 이미지를 이용해서 자신의 정체성을 타인에게 전달하기 위한 열망은 전 세계 짝퉁 시장의 규모로 추측해 보면 한국뿐 아니라 전 세계적인 현상이다. 모든 크리에이티브 산업이 그렇듯이 패션도 자연, 역사, 사상, 예술, 생활 등의 다양한 것으로부터 영감을 얻어서 그것을 디자인 또는 제품으로 나타낸다. 그래서 패션에 대한 저작권은 매우 제한적이다.[27] 따라서 고가의 명품 디자이너들은 내가 내 디자인을 복사하지 않으면, 다른 사람이 복사할 것이라고 우려하여 1990년대에 중저가 브랜드를 출시하였다. 짝퉁이라도 소유하고 싶은 소비자의 브랜드에 대한 열망, 짝퉁 시장의 위협, 그리고 저가 브랜드들의 무분별한 디자인 도용에 대응하기 위하여 고가의 디자이너 브랜드는 적극적으로 저가 브랜드를 출시하기 시작했다.

예를 들면 슈트에 대명사인 조르지오 아르마니(Giorgio Armani)가 1991년에 아르마니 익스첸지(Armani Exchange)를 출시하였다. 또한 빅토리아 베컴(Victoria Beckham)의 100,000달러짜리 웨딩드레스를 만들던 베라왕(Vera Wang)이 2007년 가을 미국의 전통적인 중저가 소매업체인 콜(Kohl's)의 '심플리 베라-베라 왕(Simply Vera-Vera Wang)' 출시는 글로벌 패션산업에 큰 충격을 주었다. 베라왕은 뉴욕 타임스와의 인터뷰에서 좋은 옷을 만들기 위해서 투입되는 자본을 확보하기 위해서 저가 브랜드를 만들었다고 자신의 브랜드 전략을 밝혔다.[28]

패스트 패션에 대해서 나중에 다루겠지만, 2000년대부터 전 세계의 패션 시장을 장악한 패스트 패션 브랜드들은 고가 디자이너와의 협업으로 한시적 상품 라인을 선보였다.[29] 2015년 오전 8시, '발만 컬렉션(Balmain for H&M)' 출시 직후 발만과 카디

시안(Kardashian) 팬들로 H&M 미국 온라인 사이트가 마비되었고, 오전 9시경 온라인 사이트가 정상으로 돌아왔을 때 전체 컬렉션이 거의 매진되었다. 모두의 예상대로 일부 제품은 소매가의 두 배로 가격이 책정되어 이베이(eBay)에 이미 상품으로 판매되고 있었다. 물론 일부 디자이너들은 중저가 브랜드와 협업하는 것은 브랜드 이미지를 손상한다고 공식적으로 발표하기도 했다.

브랜드는 제품이 가지는 물리적 속성뿐 아니라 다른 제품과 차별화된 정체성이다. 브랜드의 정체성은 제품을 사용하려는 소비자와 연결되어 소비자의 정체성을 표현하는 데 중요한 역할을 한다. 2000년 베르사체(Versace)가 베르사체 라이프스타일을 경험할 수 있는 팔라조 베르사체(Palazzo Versace) 호텔을 연 것처럼, 패션 브랜드는 소비자와 정서적 교감을 형성하기 위해서 감성적 브랜딩 전략으로 소비자를 공격하였다. 한국갤럽의 조사에 의하면 한국인이 가장 좋아하는 의류 브랜드는 2019년 기준으로 1위 나이키, 2위 빈폴과 유니클로, 3위 닥스, 그리고 4위는 아디다스로 나타났다.[30] 그리고 청바지 브랜드로는 1위 리바이스, 2위 게스, 3위 뱅뱅, 그리고 4위는 캘빈 클라인으로 나타났다. 우리가 주목해야 할 중요한 사실은 2004년의 조사에서 한국인 열 명 중 네 명(43%)이 "특별히 좋아하는 의류 브랜드가 없거나 모르겠다."라고 답했다는 것이다. 그러나 2014년에는 15%가, 2019년에는 9%가 "특별히 좋아하는 의류 브랜드가 없거나 모르겠다."라고 답했다. 요약해 보면, 지금 한국인 10명 중 9명은 자신이 원하는 의류 브랜드가 있다는 것이다.

Korea's Luxury Market: 등골브레이커

넷플릭스 인기 드라마 『더 글로리, 2022』에서 연진의 시어머니가 방금 태어난 손녀에게 구찌(Gucci) 배냇저고리를 입히면서 "명품을 입으면 명품으로 산다."라고 이야기한다. 물론 극 중에서 그녀는 경제적으로 상류층에 있는 사람이다. 경제적 능력이 있는 소비자가 고가의 물건을 사는 것은 그 사람의 선택이다. 명품 브랜드 옷을 입음으로써 나도 명품을 소유할 수 있는 집단과 동일한 집단이 된다고 믿는 신분 상승의 욕구와, 과시적 소비로 가격이 오르면 오히려 수요가 증가하는 베블런 효과(Veblen Effect)*는 새 학기가 될 때쯤 올해의 등골브레이커 품목이 뉴스에 보도될 만큼 우리의 라이프스타일의 중심이 되었다.

베블런은 유한계급론(The Theory of Leisure Class, [1899] 1922, p.36)에서 "사람이 존경을 얻고 유지하려면 단순히 부나 권력을 소유하는 것만으로는 충분하지 않다. 부나 권력은 증거로 제시되어야 한다. 왜냐하면 존경은 증거에 의해서만 부여되기 때문이다."라고 말했다. 한국 사회에서도 명품은 사회적 지위와 명성의 상징으로 사용되고 있다. 집단주의와 사회적 위계가 중요한 역할을 하는 한국 사회에서 명품 브랜드를 소유하고 전시하는 것은 개인의 사회적 지위를 향상시키고 소속감이나 사회 집단 내에서 개인의 존재감을 나타낼 수 있다. 따라서 한국 소비자들의 명품

---

* 베블런 효과(Veblen Effect)는 미국의 경제학자이자 사회학자인 소스타인 베블런(Thorstein Veblen)이 1899년에 출판한 "유한계급론(The Theory of the Leisure Class)"에서 소개한 개념으로 가격이 상승함에 따라 수요가 증가하는 현상으로 그 효과를 설명함[Source: Bagwell, L.S. and Bernheim, B.D. (1996) Veblen effects in a theory of conspicuous consumption. The American Economic Review, 86(3), 349-373.].

** 샤테크(Cha-tech)란 샤넬과 재테크를 합쳐서 줄임말로 환율상승, 가격상승, 희소성 등을 이용하여 명품을 사서 재테크로 돈을 번다는 의미임[Source: 황수현 (2009.6.26.) '샤테크'를 아시나요? 주간한국.].

브랜드 선호는 사회적 기대에 부응하고 다른 사람들 앞에서 체면을 유지하려는 욕구에 영향을 받아 나타나는 현상이다.[31]

명품 브랜드들은 가격에 편차를 두어 상품의 희소성을 더 높였고, 소비자는 5초백을 가지기 위해 밤새 줄을 서서 구매하거나, 또는 재판매(resale) 마켓을 이용하게 되었다. 특히 우리나라는 코로나19가 한창인 2020년에서 2021년까지 샤테크**를 위해, 또는 보복 소비의 형태로 소비자들이 새벽부터 매장 문 앞에 줄을 서서 샤넬(Chanel) 클래식 백을 구매하였다.[32] 대한민국은 2021년 명품 소비액이 1인당 325달러(약 40만 원)로 전 세계에서 가장 높은 나라가 되었다.[33] 이태리 명품 아웃도어 브랜드인 몽클레어(Moncler)는 한국 매출이 팬데믹 이전보다 2배 이상 늘었다고 밝혔고, 명품 보석과 시계를 판매하는 프랑스 명품 브랜드인 까르띠에(Cartier)도 한국 매출이 전년과 비교해 두 자릿수만큼 증가했다고 보도했다. 그림6에서 나타나듯이, 한국의 3대 명품 브랜드인 에르메스(Hermès), 샤넬, 루이비통(Louis Vuitton)은 2022년 한국에서 약 4조 원의 매출을 올렸다. 1991년 서울에 1호점을 연 국내 1위 브랜드인 루이비통은 순이익 3,800억 원을 기록했다.[34]

그림6. 에르메스코리아, 루이비통코리아, 샤넬코리아 매출액 (단위:원)

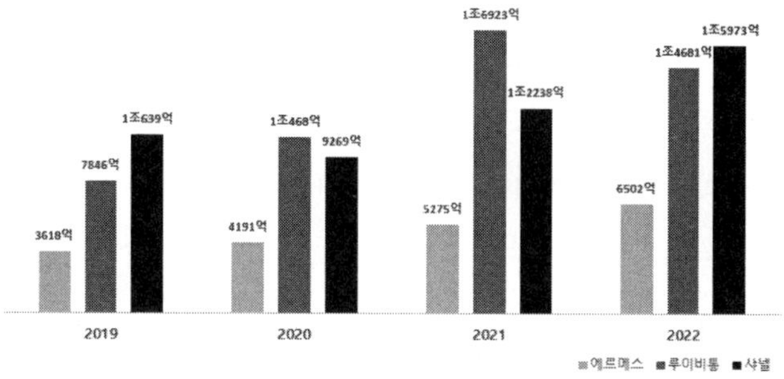

* 데이터 출처: 금융감독원 전자공시시스템(DART)

한국은 세계적 명품 브랜드의 가장 중요한 시장이 되었다. 젊은 소비자들 사이에서 명품에 대한 인기와 전자상거래 플랫폼의 부상이 명품의 시장을 더욱 활성화하였다. 한강과 생물의 다양성을 보전하고, 패션쇼 및 기타 콘텐츠를 통해 서울 관광을 홍보하는 장단기 프로젝트의 하나로, 2023년 4월 29일 서울의 잠수교에서 루이비통의 초가을 여성복(Women's Pre-Fall) 패션쇼가 열렸다. 또한 확고한 글로벌 팬층을 가지고 있는 케이팝 스타들이 명품 브랜드 캠페인에 홍보대사로 전 세계에서 참여하고 있다. 노팅엄 대학교(University of Nottingham)의 아인슬리(Ainslie) 교수는 타임지와의 인터뷰에서 명품 브랜드들은 지역 전체에 걸쳐 현대화의 물결이 일어난 범아시아적 모델인 한국에 매력을 느낀다고 지적했다. 그녀는 한류 문화는 기존에 부정적인 역사적 평판이 없었기 때문에 이전의 '쿨 재팬(Cool Japan)'*보다 훨씬 더 광범위한 지역적 성공을 거둘 수 있을 것이라고 덧붙였다.[35]

Counterfeit Goods: 짝퉁 시장

1981년 처음 나이키 운동화가 국내에 출시되었을 때, 중학교와 고등학교 학생들 사이에서는 나이키(Nike) 마크를 실내화에 직접 그려서 신는 우스운 일도 일어났다. 물론 시장에는 나이키와 비슷한 로고를 만드는 여러 가지 짝퉁이 나타나기 시작했다. 한국의 짝퉁 시장은 1962년에 시작한 보세가공 수출 때부터 시

* 쿨재팬(Cool Japan)은 일본 문화의 매력을 전 세계에 알리려는 목표로 애니메이션, 만화, 영화, 디자인, 패션, 음악, 음식, 그리고 관광에 이르기까지 2013년 일본의 경제무역산업부에서 추진한 전략임[Source: Kelts, R. (2013.7.1.) Japan spends millions in order to be cool. Time Magazine.].

작한다. 보세는 수출을 위해 만들어진 제품이 불법적으로 내수 시장에 판매되는 제품의 총칭이라고 볼 수 있는데, 대부분은 상표를 붙이지 않고 유통되었다. 하지만 브랜드에 대한 선호가 높아지면서 일부 보세품은 합법화되지 않은 상표를 달고 국내시장에 유통되기 시작했다. 지금은 중국 또는 홍콩에서 수입된 짝퉁이 국내시장에서 유통되고 있고, 외국인 관광객의 필수코스인 동대문 새빛시장 노란 천막은 새벽 3시까지 인파가 몰리는 국내 최대 짝퉁 시장이기도 하다. 또한 코로나19 팬데믹 동안 이동이 자유롭지 않은 상태에서 소비자들은 자신의 욕구를 충족하기 위해 온라인을 통해서 다양한 위조품을 구매하기도 했다.

특허청에서 발표된 보도자료에 의하면 2020년 대비 2021년 압수물품은 2020년 720,471점에서 2021년 78,061점으로 89.2% 감소하였으나, 정품가액은 2020년 159.6억 원에서 2021년 415.1억 원으로 160.1% 증가하였다고 한다(그림7).[36] 특히 2019년 압수물품 중에서 6,075,288점이 포렌코즈(FORENCOS)의 마스크팩, 파우치, 부자재 등으로 정품가액 165억 5,000여 만 원에 달하는 짝퉁이 전체 짝퉁단속에 큰 영향을 미쳤다.[37] 코로나19 확산으로 전자상거래가 활성화되면서 전자상거래 짝퉁에 대한 신고 건수는 2020년 전년 대비 204.4%로 폭증하였지만, 수사 인력 부족으로 수사 착수는 매우 미비하게 이루어졌다고 특허청은 발표하였다. 따라서 2020년 10월 특허청은 전자상거래상에서 짝퉁 유통을 근절하기 위하여 '위조상품 온라인 방지대책'을 수립하였다.[38]

2021년의 압수물품을 브랜드별로 살펴보면, 그림8과 같이 롤렉스(Rolex)가 111.9억 원으로 가장 높았고, 그 뒤로 샤넬 64

억 원, 루이비통 42.6억 원, 까르띠에 40.3억 원, 오데마 피게(Audemars Piguet) 35.6억 원 순이다. 그림9에 나타난 압수물품을 품목별 정품가액 기준으로 보면 손목시계가 206억 원, 반지, 목걸이, 귀고리, 팔찌 등을 포함한 액세서리가 63억 원, 핸드백, 파우치, 지갑 등을 포함한 가방이 55억 원, 모자와 장갑을 포함한 모든 의류가 47억 원, 그리고 신발, 안경, 전자기기, 화장품, 장난감을 포함한 기타류가 45억 원 순이다.

그림7. 2021년 짝퉁(위조상품) 단속

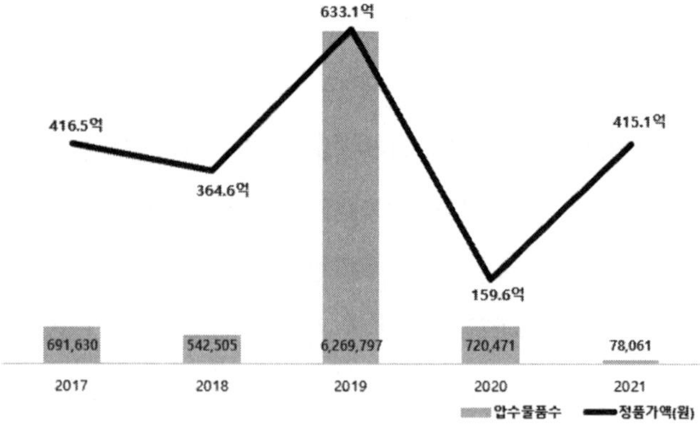

* 데이터 출처: 특허청

그림8. 2021년 짝퉁 압수물품 브랜드별 정품가액 순위 (단위:원)

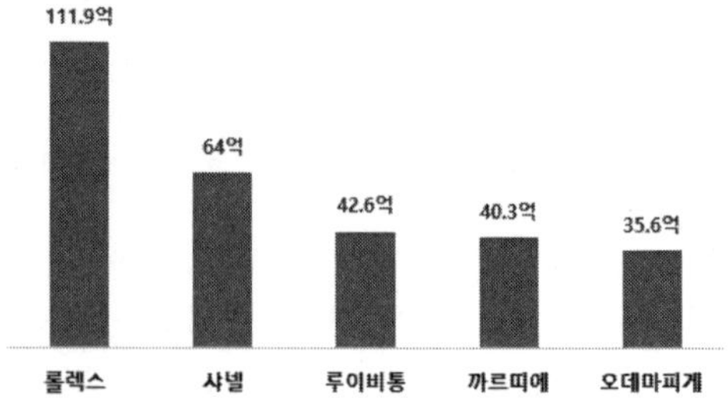

* 데이터 출처: 특허청

그림9. 2021년 짝퉁 압수물품 품목별 정품가액 순위 (단위:원)

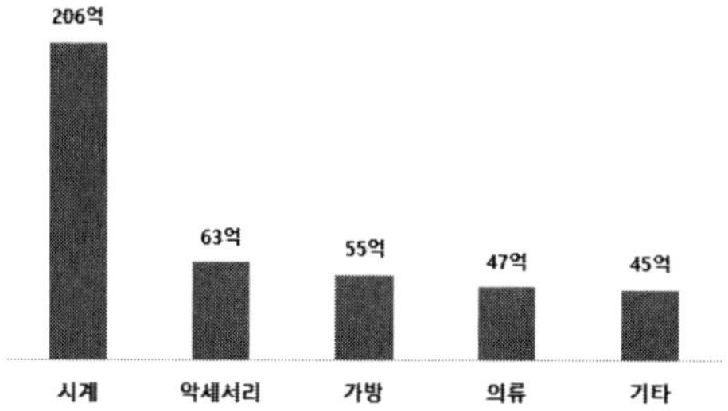

* 데이터 출처: 특허청

위에서도 언급하였듯이 짝퉁의 열풍은 한국뿐만 아니라 전 세계적인 열풍이다. 경제협력개발기구(OECD: Organisation for Economic Co-operation and Development)와 유럽 연합 지식권청(European Union Intellectual Property Office)에서 발표한 보고서에 따르면 2019년 짝퉁 거래액은 약 4,490억 달러로, 이 총액은 아일랜드의 국민총생산량과 같다.[39] 짝퉁의 주요원산지는 중국, 홍콩, 튀르키예, 싱가폴, 아랍에미리트 등으로 주요 경유 국가를 통과하는 복잡한 무역 경로를 통해서 전 세계로 유통된다. 2017년부터 2019년까지 관세청에서 압수된 품목을 살펴보면, 신발이 약 25%로 가장 많이 차지했으며, 의류가 약 20%를, 그리고 가방류가 약 15%를 차지했다.[40]

짝퉁을 생산, 유통, 판매하는 행위는 불법이다. 대한민국 상표법에는 상표권의 효력에 대해서 제89조에 "상표권자는 지정상품에 관하여 그 등록상표를 사용할 권리를 독점한다."라고 명시되어 있다. 권리침해에 대한 금지 청구권에 대해서 제107조에 "상표권자 또는 전용사용권자는 자기의 권리를 침해한 자 또는 침해할 우려가 있는 자에 대하여 그 침해의 금지 또는 예방을 청구할 수 있다."라고 명시되어 있다. 침해로 보는 행위에 대해서 제108조 제1항제1호에 '타인의 등록상표와 동일한 상표를 그 지정상품과 유사한 상품에 사용하거나 타인의 등록상표와 유사한 상표를 그 지정상품과 동일·유사한 상품에 사용하는 행위'를 상표권을 침해하는 행위라고 명시되어 있다.[41] 또한 상표·디자인권 침해에 대한 3배 배상제도도 도입을 하여 상표권과 디자인권 침해 시 로열티에 의한 손해액 산정기준을 '통상적으로 받을 수 있는 금액'에서 '합리적으로 받을 수 있는 금액'으로 개정되었고, 특허권자의 고소가 없이도 특허권 침해행위에 대한 처벌을 할 수 있도록 하는 특허법 일부개정 법률도 공포되었다.[42]

그러면 짝퉁임을 알고 개인의 사용 목적으로 구매한 구매자의 행위는 불법일까? 단순 구매자를 처벌하는 규정은 국내에 없다.[43] 짝퉁 시장의 오랜 역사를 가진 미국에서 2023년 8월 19일 뉴욕 경찰은 3천만 달러 상당의 짝퉁을 캐널 스트리트(Canal Street)*에서 압수하고 불법 노점상 8명을 체포하였으나, 구매자는 무고한 피해자로 간주한다.[44] 그러나 유럽 연합국의 많은 나라의 입출국 세관들은 짝퉁 발견 때 파기할 수 있는 권한을 가지고 있고, 이탈리아의 경우 짝퉁을 구매하고 여행 중 이탈리아로 반입하는 것은 불법으로 규정되어 벌금이 부과될 수 있다.[45]

---

* 미국 뉴욕시에 차이나타운에 위치한 캐널 스트리트(Canal Street)는 비교적 저렴한 임대료의 개방형 상점과 노점상이 즐비한 상업지구임. 1980년대 이후 위조품의 상당 부분이 중국에서 제조되어 차이나타운은 위조품 판매가 자연스러운 장소가 되면서 세계 각지에서 온 관광객은 물론 현지 뉴요커들에게도 캐널 스트리트는 짝퉁 쇼핑 명소가 됨[Source: Hines, A. (2016.5.18.) Knockoff: Another day at the office on Canal street with counterfeit vendors. The Village Voice.].

짝퉁 판매와 구매는 경제적, 사회적으로 광범위한 영향을 준다. 미국의 상공회의소(Chamber of Commerce)에 의하면 짝퉁으로 인하여 세계 경제는 연간 5,000억 달러 이상의 손실이 발생한다고 한다.[46] 짝퉁으로 인하여 합법적인 회사는 수익을 잃게 되고, 시간이 지남에 따라서 이익의 손실이 지역 사회의 일자리 손실로 연결된다. 짝퉁은 표준 이하의 제품 규정으로 생산되어 생산자와 소비자의 건강과 안전에 위협이 될 수 있다. 또한 짝퉁 판매의 수익은 세금을 내지 않은 검은 돈으로 사용되어 마약 거래, 인신매매 등 기타 불법 활동에 대한 비용을 지급하는 데 사용될 수 있다.

2. Fast Fashion: 패션의 맥도날드

2022년 가장 많이 사용되었던 키워드는 '기후변화'이다. 또한 기후변화와 함께 가장 빈번하게 언급되고 있는 키워드 중의 하나는 '패스트 패션(Fast Fashion)'이다. 패스트 패션은 패스트 푸드에서 유래된 말이다.[47] 대부분 소비자는 맥도날드에서 한 끼의 식사를 할 때 아마도 비슷한 생각을 할 것이다. 빠르다. 저렴하다. 그리고 남은 음식을 버린다. 패스트 패션은 최신의 트렌드가 반영된 제품으로 저렴한 가격에 구매하여 한 시즌에 몇 번 착용하고 폐기하는 패션이다.

패스트 패션의 대명사는 아마도 전 세계적으로 3,000여 개의 매장을 운영하고, 코로나 이전 2019년에는 매출이 184억 달러까지 치솟았던 자라(ZARA)일 것이다.[48] 스페인의 의류 소매업체인 인디텍스(Inditex)가 패스트 패션 브랜드인 자라를 글로벌 브랜드로 확장하면서 대부분의 의류소매업이 침체기를 경험하고 있는 2001년, 자라의 최고 경영자인 호세 마리아 카스테야노 리오스(José María Castellano Ríos)가 전미소매협회로부터 올해의 국제 소매상을 수상하면서 자라는 최강의 글로벌 기업으로 성장하였다.[49] 자라는 신생아부터 45세 성인을 중점고객으로 하여 트렌드를 반영한 새로운 제품을 고급 쇼핑센터 근처에 전략적으로 자리를 잡은 자라 직영점을 통해서 한 달에 두 번씩 출시하였다. 최신 트렌드와 가격적 매력으로 패션에 관심이 많은 소비자는 새로운 패션 비즈니스 모델에 열광하였다. 기존의 대부분의 패션 브랜드가 시즌이 시작되기 몇 달 전에 소비자들이 무엇을 입고 싶어할지 예측하는 대신, 자라는 잘 팔리는 것과 그렇지 않은 것을 관찰하고 그에 따라 지속적으로 유럽 내에서 생산 및 판매 수량을 조정하였다. 전통적 패션 브랜드가는 3~6개월 정도가 걸리는 신상품을 자라는 2주 이내에 매장에 선보였다.[50] 이것은 패션 공급망의 혁명이었다.

자라의 성공으로 패션기업들은 앞다투어 패스트 패션 브랜드를 출시하여 글로벌 시장으로 진출하였다. 글로벌 브랜드로는 H&M, 유니클로(UNIQLO), 포에버21(Forever 21), 탑샵(Topshop), 프리마크(Primark), 패션노바(Fashion Nova), 에스프리(Esprit), 뉴룩(New Look) 등이 있고, 한국에서는 스파오, 탑텐, 에잇세컨즈 등이 있다. 미국의 대표적인 국민 라이프스타일 브랜드인 갭(GAP)은 2015년 최악의 판매실적 이후로 패스트 패션 비즈니스 모델로 전환하고, 지금은 미국의 대표적인 패스트 패션 브랜드로 자리잡으려고 노력 중이다.[51] 게다가 전통적인 패션 소매업체인 메이시스(Macy's), 제이씨페니(JCPenny)에서도 시장의 경쟁력을 위해서 고유 패스트 패션 브랜드를 만들어서 패스트 패션 시장에 뛰어들었다.

대표적인 글로벌 패스트 패션 브랜드들은 2005년 9월, 일본을 대표하는 유니클로를 시작으로 2008년 4월에 스페인에 본사를 둔 자라, 그리고 2010년 2월에 스웨덴 브랜드인 H&M이 한국에 진출했다. 한국의 3대 유통사의 하나인 롯데의 패션 상품 전략과 유니클로의 글로벌 전략의 합작으로 한국에 진출한 유니클로는 롯데백화점과 롯데마트라는 유통거점을 통해서 한국의 중저가 캐쥬얼 시장에 진출하였다. 글로벌 1위 패스트 패션 브랜드인 자라는 명동과 코엑스에 매장을 열면서 개장 당일 하루 매출이 1억 원을 넘었다.[52] 그리고 명동에 첫 매장을 연 H&M은 프랑스 디자이너 소니아 리키엘(Sonia Rykiel)과의 협업으로 출시한 니트 라인이 27분 만에 완판이 되는 기록을 세우면서, 개장 첫날인 2월 27일부터 3월 1일까지, 연휴 3일 동안 20억 원의 매출을 올렸다.[53]

2000년대 이후 소비자들은 합리적이고 실용적인 가치소비에 중점을 두었다. 패스트 패션 브랜드는 다양한 상품, 빠른 상품의 회전율, 빠른 트렌드, 저렴한 가격을 동시에 제공함으로써 전 세계뿐만 아니라 한국에서도 빠르게 성장하였다. 그림10은 한국에 있는 2019년부터 2022년까지의 패스트 패션 브랜드 매출액이다. 유니클로의 경우 2019년 일본제품 불매 운동(No Japan)의 효과가 반영되기 전까지 2019년 국내 매출액이 약 1조 3780억 원이었다. 어떠한 인기 상품도 추가 공급은 없으므로 "지금 사지 않으면 내일에는 살 수 없다."는 브랜드 전략으로 자라는 정가 판매율 80%로 꾸준히 한국 시장에서 성장하였다. 신성통상

그림10. 2019년-2022년 패스트 패션 브랜드 매출액 (단위:원)*

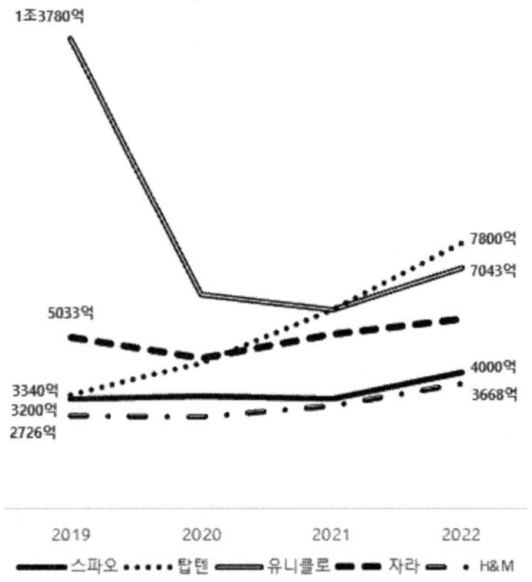

* 데이터 출처: 금융감독원 전자공시시스템(DART), 한국섬유신문

의 탑텐은 2022년 매출 7,800억 원을 올리며 유니클로를 제치고 2년 연속 국내시장에서 1위를 차지했다.

패스트 패션은 최신 트렌드를 자주 선보이면서 생산자와 판매자의 이익을 증대하였고, 소비자는 자신이 원하는 스타일을 빠르고 값싸게 구매할 수 있게 되면서 더는 최신스타일이 부자들만의 특권이 아니라는 패션의 민주화를 가져왔다.[54] 그러나 저렴한 옷을 빠르게 유통하는 과정에서 생산단가와 관련되어서 저질의 재료로 열악한 노동환경에서 품질이 낮은 상품이 시장에 쏟아져 나왔다. 저질의 값싼 패션은 일회용(throw-away) 패션이라 불리면서 패션에 관심이 많은 소비자는 옷을 한두 번 착용하

* 그림10은 금융감독원 전자공시시스템에 보고된 자료를 기반으로 하였음. 자라의 경우 오프라인매장을 소유한 자라리테일코리아와 온라인매장을 소유한 아이티엑스코리아의 매출을 합한 금액임. 회계 연도 기준은 유니클로는 8월 31일, H&M은 11월 30일, 자라는 1월 31일임.

그림11. 2016년-2022년 패스트 패션 브랜드 가치 (단위:백만 달러)

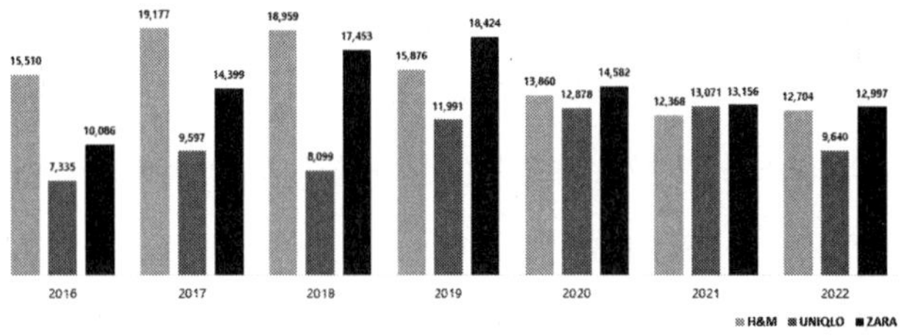

* 데이터 출처: Brand Finance

고 폐기하였다.[55] 특히 값싼 재료와 제조과정에서 발생하는 자원의 고갈, 온실가스, 예정된 폐기물이 범지구적인 문제가 되면서 패스트 패션 브랜드의 가치가 2019년 이후 지속적으로 하락하고 있다(그림11). 코로나19 글로벌 팬데믹으로 가장 큰 타격을 입은 산업은 패션 부분으로 전반적으로 브랜드 가치가 20% 손실되었고, 그 이후로 글로벌 브랜드 가치는 지속해서 하락하고 있다. 브랜드 파이낸스(Brand Finance) 보고서에 의하면 패스트 패션 브랜드들의 의사소통 모호성과 지속가능성에 대한 투명성이 그린워싱(Greenwashing)**으로 비추어지면서 브랜드 가치가 하락되고 있나고 분식했다.[56]

국내외 많은 조사 결과를 보면 밀레니얼 세대와 Z세대***의 윤리적, 환경적 인식이 높아지고 있다. 그러나 직영매장과 온라

** 그린워싱(Greenwashing)은 환경적으로 건전한 제품에 대한 수요증가를 기업에서 의도적으로 이용하기 위해서 회사나 제품의 환경적 이점을 과장하는 행위를 뜻함[Source: Delmas M.A, and Burbano, V.C. (2011) The drivers of greenwashing. California Management Review, 54(1), 64-87.].

*** Z세대는 Zoomers, iGeneration, Centennials, Post-Millennials 또는 Homelanders라고도 함. 1990년대 후반과 2000년대 초반에 태어난 미국인을 설명하는 데 사용되는 용어임. 일부 출처에서는 1997~2012년의 특정 연도 범위를 제공하지만, 세대와 시대 정신을 구분하기 어려워서 연도에 대한 논쟁이 벌어지기도 하나, Z세대는 밀레니얼 세대의 뒤에 나타난 세대를 총칭함[Source: Encyclopedia Britannica].

인 상점을 중심으로 운영하던 자라 또는 H&M 같은 패스트 패션 브랜드는 매출이 2020년에 와서는 주춤하지만, 소셜 미디어를 이용하여 밀레니얼 세대와 Z세대를 중점고객으로 한 울트라 패스트 패션 브랜드인 쉬인(Shein), 부후(Boohoo), 에이에스오에스(ASOS), 미스가이디드(Missguided), 프리티리틀팅(PrettyLittleThing)의 매출은 급증하고 있다.[57] 물론 그레타 툰베리(Greta Thunberg)와 같이 기후변화를 늦추기 위해 대중에게 호소를 하는 밀레니얼 세대와 Z세대도 있지만, 스마트폰을 이용해서 인스타그램(Instagram) 또는 스냅챗(Snapchat) 등의 소셜 미디어에 잘 표현되는 저렴한 패션제품을 일회용품처럼 구매하는 밀레니얼 세대와 Z세대 소비자도 지속적으로 증가하고 있다.

ZARA: 새로운 쇼핑 문화

1975년 스페인 라 코루냐(A Coruña in Galicia, Spain)에서 아만시오 오르테가 가오나(Amancio Ortega Gaona)가 설립한 자라는 패션소매업체이다. 브랜드의 성공으로 회사가 확장되면서 1985년 지주회사인 인디텍스(Inditex)가 설립되었고, 자라는 그룹 내 주력 브랜드 중 하나로 2000년대에 패션 업계에서 가장 성공적이고 영향력 있는 글로벌 브랜드가 되었다.[58] 자라의 성공비결은 독특한 비즈니스 모델과 패션 소매업의 혁신적인 접근 방식이다. 일반적으로 예측과 긴 생산 주기에 의존하는 전통적인 패션 소매업체와 달리 자라는 패스트 패션 비즈니스 모델을 채택했다. 즉 자라는 새로운 제품 컬렉션을 디자인, 생산하여 소규모 배치와 빠른 속도로, 2주 이내에 매장에 선보였다. 이를 통해 자라는 새로운 패션 트렌드와 고객 선호도에 신속하게 대응할 수 있다.

자라의 공급망과 생산 시스템은 성공에 중요한 역할을 한다. 자라는 디자인과 생산에서 유통에 이르기까지 대부분의 글로벌 공급망을 제어한다. 생산의 상당 부분을 자체적으로 또는 주변 인접국으로 유지함으로써 운영에 대한 유연성과 통제력을 높일 수 있었다. 또한 이를 통해 실시간 판매 데이터 및 고객 피드백을 기반으로 생산을 신속하게 조정할 수 있어서 리드타임(lead time)*이 단축되고 재고 위험을 최소화하였다. 성공의 또 다른 주요 측면은 고객 중심 전략이다. 고객의 선호도, 쇼핑 습관 및 패션 트렌드를 이해하는 데 막대한 투자를 하였고, 각 매장에서 자료를 수집하고 판매 패턴을 관찰하기 위하여 매장 관리자와 직원의 피드백을 장려하였다. 이렇게 수집된 정보는 디자이너 및 생산 팀과 공유되고 고객 요구에 맞는 제품을 생산하였다.

자라가 2000년대 글로벌 패션산업에 미친 영향은 상당하다. 앞에서 언급하였듯이 패션소매업체가 침체기일 때 글로벌 브랜드로 자리매김을 하고, 2023년 전 세계적으로 3,000개 이상의 직영매장이 있다. 자라는 일반적으로 세련되고 현대적인 여성 의류를 합리적인 가격에 판매하는 것으로 알려졌지만, 좀 더 나아가 남성복과 아동복, 그리고 생활용품으로 상품 라인을 확장하였다. 2016년~2022년 자라의 글로벌 브랜드 가치는 약 100억 달러에서 130억 달러로 증가했지만 2019년 184억 달러로 정점을 찍었다.[59] 패스트 패션 모델의 도입은 전통적인 패션제품의 생산주기를 단축시켰고, 이는 소비자들의 패션제품에 대한 구매, 사용, 폐기 행동을 변화시켰다. 이러한 자라의 성공은 다른 소매업

---

* 리드타임(lead time)은 제품의 디자인에서 생산까지의 시간 또는 제품 주문에서 제품 수령까지의 기간을 뜻함[Source: Cambridge Dictonary].

체들이 이를 벤치마킹하여 유사한 전략을 채택하도록 영감을 주었고, 이는 패션산업 전반에 걸친 변화로 이어졌다.

UNIQLO: 클래식 캐주얼

유니클로는 고품질, 기능성, 캐쥬얼, 유행 없는 클래식 제품에 중점을 둔 세계적으로 인정받은 일본 의류 브랜드이다. 1949년 다다시 야나이(Tadashi Yanai)가 일본 야마구치현 오고리 쇼지(Ogori Shoji)라는 소규모 섬유 제조업체로 설립했다. 1984년이 되어서야 히로시마에 첫 번째 유니클로 매장이 문을 열고 브랜드 여정이 시작되었다.[60] 유니클로의 성공 스토리는 몇 가지 핵심 요소에 기인할 수 있다.[61] 가장 중요한 요소 중 하나는 단순하게 잘 디자인된 기능적인 의류생산에 중점을 둔다는 것이다. 유니클로의 브랜드 철학은 다재다능하고 내구성이 있으며 일상생활에 적합한 의류를 제공하는 데 중점을 둔다. 이러한 접근 방식은 저렴한 가격에 고품질 기본 제품을 찾는 소비자들에게 반향을 일으켰다. 또 다른 요인은 의류생산의 혁신과 기술에 대한 노력이다. 이 회사는 직물 기술 및 제조 공정에 중점을 두고 연구개발에 막대한 투자를 하고 있다. 유니클로는 가볍고 열을 유지하는 원단으로 만들어진 히트텍(HEATTECH) 라인과 통기성이 있고 습기를 흡수하는 원단으로 만들어진 에어리즘(AIRism) 라인과 같은 여러 가지 원단 혁신을 개척했다. 이러한 혁신이 유니클로가 시장에서 차별화되고 충성도 높은 고객 기반을 확보하는 데 도움이 되었다.

한편 유니클로의 글로벌 확장도 성공에 중요한 역할을 했다. 2000년대에 중국, 한국, 미국 및 유럽에 직영매장을 열었고, 이러한 공격적인 확장 전략은 품질 및 경제성에 대한 명성과 결합하였다. 유니클로는 브랜드 인지도를 높이면서 글로벌 패션기업으로 성장했다.[62] 유니클로가 패션산업에 미치는 영향은 트렌드, 비즈니스 관행 및 협업에 미치는 영향에서 볼 수 있다. 필요 없는 부분을 과감히 없애고 기능적인 디자인에 브랜드의 초점을 둔 것은 많은 패스트 패션 브랜드가 트렌드에 중점을 둘 때, 실용성과 기능성을 중요시하는 고객층을 확보할 수 있었다.

저렴하면서도 고품질의 의류를 제공하는 유니클로는 패스트 패션이 품질과 타협해야 한다는 통념에 대한 도전이었다. 디자인 및 제조에서 소매에 이르기까지 전체 생산 과정을 제어하고, 이러한 수직 통합을 통해 유니클로는 엄격한 품질 관리를 유지하고 리드타임을 단축하며 시장 수요에 신속하게 대응하였다. 또한 유니클로의 디자이너 및 예술가와의 협업은 패션산업에도 큰 영향을 미쳤다. 질 샌더(Jil Sander)와 알렉산더 왕(Alexander Wang)과 같은 유명 디자이너는 물론 카우스(KAWS)와 키스 해링(Keith Haring)과 같은 예술가와도 파트너십을 맺었다. 이러한 콜라보레이션은 기대감과 입소문을 불러일으켜 패션 애호가와 더 많은 고객을 브랜드로 끌어들였다.

SHEIN: 울트라 패스트 패션

패스트 패션 비즈니스 모델은 진화한다. 패스트 패션 시장은 여전히 성장 중이다. 기존의 패스트 패션 브랜드보다 더 싸고 빠르게 신상품을 제공하는 패스트 패션 비즈니스 모델의 업데이트 버전인 울트라 패스트 패션(Ultra Fast Fashion)이 2008년에 시장에 나타났고,[63] 쉬인, 부후, 에이에스오에스, 미스가이디드, 패션노바, 프리티리틀팅 등의 울트라 패스트 패션이 글로벌 패션 시장을 장악하고 있다. 또한 기존의 패스트 패션 브랜드들도 울트라 패스트 패션 비즈니스 모델을 채택하고 있다. H&M의 경우 2022년 1월부터 3월 중순까지, 3.5개월 동안 온라인 매장에 선보인 신제품이 4,414개였다. 쉬인의 경우 3.5개월 동안 온라인 매장에 선보인 신제품이 315,000개였고, 이 중 5파운드(약 8,000원)* 미만이 4,029개였고, 일부 배꼽티셔츠(crop top)와 미니스커트는 1.99파운드(약 3,200원)였다고 영국의 더 가디언(The Guardian)은 발표했다.[64]

울트라 패스트 패션의 대표적인 브랜드는 물리적 판매 공간 없이 소셜 미디어를 통해서 수백만 명의 젊은 소비자들에게 직접 접근하여 실시간으로 판매하는 중국 온라인 쇼핑몰 쉬인이다. 쉬인은 소셜 미디어와 하울 비디오(Haul Video)**와 같은 고객이 직접 생성하는 콘텐츠를 통해서 패션에 관심이 있는 잠재적 고객을 전략적으로 공격하는 마케팅 전략으로 글로벌 시장을 장악했다. 또한 쉬인은 고객 데이터를 지속적으로 수집하고 분석한다. 새로운 디자인을 제품당 10개에서 100개 정도로 초기 생산한 후 소셜 미디어에서 하룻밤 사이에 특정 제품에 대한 소비자 반응을 분석하여 생산량에 반영하여 시장에 공급한다. 가격은 기존의 패스트 패션 브랜드보다 25% 정도 저렴하고, 생산기간은 5~7일로 기존 패스트 패션 브랜드의 절반이다. 미국과 유럽의

---

* 파운드(Pound)는 영국의 화폐단위로 2022년 3월 1일 기준으로 1 파운드는 1,612원임.

** 하울 비디오(Haul Video)는 패션 및 뷰티 동영상, 특히 최근 쇼핑을 요약한 동영상으로 유튜브를 이용하여 성장했음. 특히 크리에이터들이 자신이 구매한 패션 및 미용 제품을 공유하고, 이를 사용하여 새로운 룩을 만드는 방법을 공유하는 매체임[Sykes, S. and Zimmerman, J. (2014) Making sense of haul videos: self-created celebrities fill a fashion media gap. Conference on Human Factors in Computing Systems.].

Z세대는 지난 3년 동안 패스트 패션 시장에서 가장 크게 증가율을 나타내면서, 2022년 11월 쉬인은 패스트 패션 시장의 매출의 50%를 차지했다.[65]

그러나 쉬인이 값싸고 저렴한 옷을 빠르게 생산하고 매출 증대라는 긍정적 효과를 낳기도 했지만 다른 한편에서는 부정적인 문제를 낳기도 했다. 영국 채널4의 다큐멘터리 『말하지 않은: 쉬인 공장의 이야기(Untold: Inside the Shein Machine), 2022』는 공장의 근로자들이 엄격한 할당량을 채우기 위해서 하루에 18시간 일주일에 7일을 일하고, 의류 한 벌당 2~3펜스에 불과한 임금을 받고, 잘못된 실수에 대해서 무거운 처벌을 받는 것을 폭로하였다.[66] 한편 다른 패스트 패션 브랜드들의 재고는 25~40%이지만 쉬인은 실시간 지속적인 수요와 공급의 데이터 분석을 통해서 재고가 한 자릿수라고 발표하였다.[67] 다시 말해서 다른 패스트 패션 브랜드와 달리 과잉공급으로 인한 환경문제를 일으키지 않는다는 논리이다.

일부 제품의 납 농도 상승 의혹과 2022년 6월 코펜하겐 패션 서밋(Copenhagen Fashion Summit)***에서 쉬인은 가나의 아크라(Accra, Ghana)에 있는 세계 최대 중고의류 시장인 칸타만토(Kantamanto)에서 일하는 자선단체인 오알재단(The Or Foundation)****에 3년간 1,500만 달러의 기부금을 약속함으로써 초

*** 코펜하겐 패션 서밋(Copenhagen Fashion Summit)은 패션산업과 패션과 관련된 산업, 투자, 그리고 비정부기관들의 이해관계자들이 모여서 패션산업의 지속가능성에 대해서 정책 전반에 관해서 탐구하는 행사로 현재 글로벌 패션 서밋(Global Fashion Summit)으로 이름을 변경함[Source: Global Fashion Summit 홈페이지].

**** 오알재단(The Or Foundation)은 미국의 자선단체로 가나에 있는 환경정의를 실현하고자 패션산업의 자원순환을 촉진하기 위하여 2011년 설립된 자선단체임[Source: The Or Foundation 홈페이지].

저가 의류 판매로 큰돈을 벌면서 자선단체를 돕는 형태로 그린워싱을 하는 것이 아닌가는 의혹을 불러일으켰다.[68] 쉬인에 따르면 이 기금은 글로벌 중고의류 무역으로 인한 중고의류의 생태학적 사회적 지속가능성 전략을 세우고 돕는 데 사용될 것이라고 한다. 또한 오알재단은 이 기금으로 칸타만토 여성을 위한 수습프로그램에 자금을 지원하고, 지역사회 기업이 의류 폐기물을 재활용하도록 돕고, 시장의 노동 조건을 개선하는 데 사용될 것이라고 밝혔다.[69]

쉬인의 해결책은 생산자책임재활용제도(Extended Producer Responsibility)*의 기금을 통해 문제의 영향을 받는 지역을 지원하는 전략이다. 이 기금은 카타만토가 쉬인에게 부분적으로 생산자책임을 맡겨 의류 폐기물을 처리할 수 있는 것은 좋은 시작이지만 쉬인의 현재 비즈니스 모델을 개혁하지 않으면 근본적인 문제인 의류 폐기물이 지역 생활환경과 자연 생태계에 주는 부정적 영향은 해결되지 않을 것이다. 비즈니스 모델에 변화가 없다면 장기적으로 어떤 영향을 미칠지 아무도 알 수 없다.

그럼에도 불구하고 영국의 시사지인 머니(This is Money)의 보고서에 의하면, 쉬인은 2022년에 세계에서 가장 인기 있는 패션 브랜드였고, 구글에서 검색 데이터를 분석한 결과 세계 113개국에서 가장 많이 검색된 브랜드 1위를 차지하며 자라를 제치고 패스트 패션 1위 브랜드가 되었다.[70] 또한 그림12에서 나타나듯이 미국에서는 2022년에 H&M을 제치고 패스트 패션 브랜드 중에서 가장 높은 시장 점유율인 41%를 차지하였다.

---

* 생산자책임재활용제도(Extended Producer Responsibility)는 확장된 생산자 책임원칙으로 생산자가 제품의 수명주기 동안 제품의 환경적 영향에 대한 책임을 지게 하는 제도임. 따라서 의류와 섬유 생산자는 사용이 끝난 제품의 회수와 재활용 계획을 포함한 제품 수명종료관리에 대한 책임을 지는 제도임[Source: 오정미 (2023) 패션산업의 자원순환경제 촉진을 위한 폐의류·폐섬유 분류체계 분석. 복식, 73(4), 1-15.].

그림12. 패스트 패션 브랜드의 미국 내 시장점유율

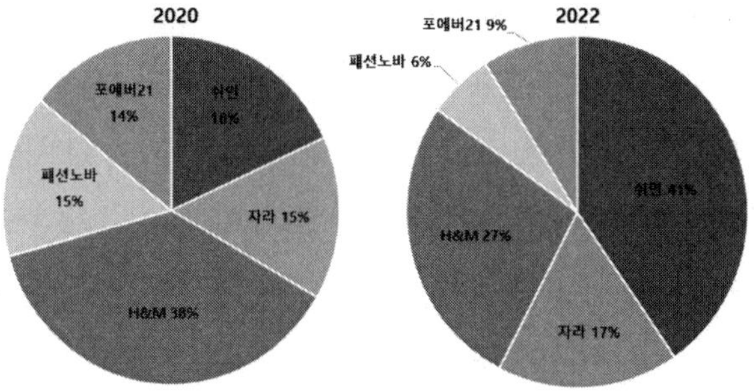

* 데이터 출처: Second Measure (2022). Market share of leading fast fashion companies in the United States in March 2020 and March 2022. In Statista.

Throw-away Fashion: 일회용 패션

2019년 유엔 보고서에 의하면 평균적으로 소비자들은 15년 전보다 60% 정도의 더 많은 양의 옷을 사들였고 옷의 수명은 15년 전과 비교하여 절반으로 줄었다.[71] 숫자는 나라별로 또는 개인의 라이프스타일에 따라 달라질 수는 있지만, 패션제품은 점점 저렴해지고, 연평균 구매하는 양은 점점 증가하고 있다. 또한 폐기하기 전의 옷을 사용하는 횟수는 점점 줄어들고 있다. 패스트 패션에서 가격과 품질의 관계는 상충관계(trade-off)로 특징지어지는 경우가 많다. 비용 절감과 빠른 회전율의 필요성으로 인해 패스트 패션 브랜드는 고품질 소재나 장인정신보다 낮은 가격에 초점을 둔다. 이러한 전략을 통해서 그들은 다양한 범위의 고객층에게 저렴한 의류를 제공할 수 있다. 당연히 비용 절감은 저렴한 재료 사용과 내구성 저하로 이어지면서 전반적인 품질 저하로 이어진다.

구매 측면에서 패스트 패션은 '지금 보고, 지금 구매(see-now, buy-now)'라는 인식을 활용해 잦은 구매와 충동구매를 부추긴다. 저렴하고 트렌드를 반영한 패션의 가용성은 소비자가 자발적인 구매를 하도록 유도하고 최신 패션 트렌드를 따라가고 싶은 긴박감과 욕구를 만든다. 패스트 패션의 천국이라고 불리는 영국에서는 2020년 1990년의 4분의 1의 가격으로 옷을 살 수 있을 만큼 제품의 가격이 하락하였다. 미국의 경우, 1980년에 비해서 2018년 약 5배의 옷을 구입하고, 옷 한 벌당 가격은 반이 되었다. 2006년 연간 평균 새 옷 14벌을 장만하던 중국 소비자는 2019년에는 이의 두 배 이상을 구매했다.[72] 영국의 환경 자선단체인 허법(Hubbub)의 2022년 조사에 따르면, 42%의 16세부터 24세 사이의 젊은층은 적어도 한 달에 한 번 약 3벌의 옷을 사는 것으로 조사됐다.[73]

패스트 패션의 제품은 트렌드가 반영되어 있고, 가격이 상대적으로 저렴하고, 상대적으로 질이 낮은 상품으로 구성되어 있다. 따라서 특히 젊은층들은 신중한 소비에 대한 계획없이 상품을 구입하고, 그 상품을 잘 관리해서 오래 사용하기보다는 한 시즌 동안 사용하는 제품으로 구매하고 폐기하였다. 영국의 양모협회(British Wool)가 2022년에 발표한 보고서에 의하면, 평균적으로 매년 72벌의 의류를 버리고, 3분의 2의 소비자들이 재활용 또는 기부할 수 있는 제품을 일반 쓰레기통에 버렸다고 한다.[74] 우리나라 역시 환경부에 보고된 폐의류의 양만을 비교하더라도 2019년에는 97,820톤으로 전년 대비 47.50%, 2020년에는 136,589.1톤으로 전년 대비 39.63% 증가하였다.[75] 패스트 패션과 관련되어 가속화된 생산과 소비 패턴은 많은 폐기물을 생성하여 지구 생태계에 부정적 영향을 준다. 또한 패스트 패션과 관련된 제조 공정은 종종 과도한 물 사용, 화학물질의 생태계 오염 및 온실가스 배출로 지구 생태계를 위협한다. 그리고 우리가 애써 재활용으로 분리해서 배출한 옷은 재활용되지 않고 지구의 어느 곳에서 쓰레기 산을 만들고 있다.

3. Luxury Fashion: 명품

“명품은 필요가 끝나는 곳에 시작되는 필수품이다(Luxury is necessity that begins where necessity ends).” 라는 말은 혁신적인 아이디어와 디자인으로 패션산업의 혁명을 일으킨 유명한 디자이너이자 사업가인 코코 샤넬(Coco Chanel)이 한 말이다. 명품은 꼭 필요한 것은 아니다. 그러나 필요가 충족되면 인간은 또 다른 무엇인가를 원한다. 베블런(Veblen)의 유한계급론(Theory of Leisure Class)은 명품을 이해하는 데 도움이 된다.[76]

소비자는 다른 사람과의 차별화를 하기 위해 명품을 소유하고, 개인의 사회적 계급 표시를 하기 위해 명품을 소유하고 싶어한다. 명품은 전통적인 수요와 공급 관계의 개념이 아니라 높은 가격 자체가 매력이 되는 베블런재(Veblen good)로 개인의 부를 과시하기 위해 눈에 띄는 자원 낭비의 요소(conspicuous waste)를 가지고 있다. 또한 톡특하고 비싼 상품을 소유하려는 욕구로 다수의 소비자가 구매를 하면 오히려 그 제품에 대한 수요가 줄어드는 스놉효과(snob effect)*를 명품은 가지고 있다.

---

* 스놉효과(snob effect)는 다른 사람들 동일한 상품을 소비한다는 사실로 인해 또는 다른 사람들이 해당 상품의 소비를 늘리고 있다는 사실로 인해 그 소비재에 대한 수요가 감소하는 현상임[Source: Leibenstein, H. (1950) Bandwagon, Snob, and Veblen effects in the theory of consumers' demand. The Quarterly Journal of Economics, 64(2), 183-207.].

명품의 시작은 수세기를 거슬러 올라가며 특정 출발점을 정확히 지적하기가 어렵다. 그러나 명품은 인류 역사 전반에 걸쳐 존재해 왔으며 시간이 지남에 따라 진화하였다. 이집트, 메소포타미아, 중국과 같은 고대 문명을 살펴보면, 귀금속, 고급직물, 장식품의 정교한 장인정신을 나타내는 품목이 종종 왕족과 귀족 무덤에서 발견된다. 유럽 르네상스 시대의 궁정과 귀족들은 화려한 옷, 장신구, 예술품, 사치스러운 라이프스타일을 통해 부와 권력을 과시하였고, 이를 통해서 사회적 지위를 나타냈다.

18세기와 19세기의 산업혁명은 명품의 생산과 유통에 의미있는 변화를 가져왔다. 루이비통과 까르띠에와 같은 명품 브랜드의 출현으로 이어졌으며 더 많은 고객층의 확보를 위해 표준화된 고급 명품 제품이 시장에 출시되었다.[77] 제2차 세계대전 이후에는 샤넬, 디올(Dior), 구찌와 같은 명품 브랜드가 부상했으며, 이들은 지금의 명품 시장을 형성하는 데 중요한 역할을 했다. 글로벌 시장의 확장과 아시아 및 중동을 포함한 다양한 지역의 신흥 부유층 소비자의 출현은 명품의 성장과 다양화에 더욱 기여했다.[78] 특히 소셜 미디어 시대에 들어서서 명품 브랜드는 단순히 제품을 선보이는 것 이상이다. 고객과 연결되고 그들과 관계를 구축하여 친밀함을 형성하고 브랜드를 경험하게 만드는 감성 브랜드 전략을 펼치고 있다.

Social Cost of Luxury: 명품의 숨겨진 비용

명품은 상징적인 지위, 고급스러운 이미지, 그리고 고품질의 장인정신과 관련되어 많은 소비자를 사로잡았다. 그러나 명품의 공급망 안에서 가죽 생산, 섬유 제조, 금속 및 보석 채굴과 같은 자원 집약적 생산과정은 사회적, 환경적, 윤리적 측면에서 부정적 영향을 주었다. 자원 집약적 생산과정은 삼림 벌채, 수질오염, 온실가스 배출 및 천연자원 고갈을 초래하였고, 특히 명품 브랜드의 가방과 신발의 재료를 공급하는 가죽 산업은 소 목장의 확장을 위한 불법 벌목으로 인해 아마존 열대우림과 같은 지역의 삼림 벌채와 관련이 있었다.[79]

계절별 컬렉션과 변화하는 트렌드로 특징지어지는 명품 패션 브랜드는 때로는 과도한 생산과 낭비로 이어진다. 판매되지 않은 제품과 재고는 종종 폐기되어 소각되거나 매립된다. 2018년 7월, 버버리(Burberry)는 수백만 달러 상당의 재고를 소각한 것으로 보도되었다. 버버리는 연례 보고서에서 최대 2,860만 파운드(3,700만 달러) 상당의 판매되지 않은 상품을 폐기했다고 인정했다. 팔리지 않은 제품을 태워버리는 것은 브랜드의 관행이다.[80] 명품 브랜드는 판매되지 않은 재고를 파기함으로써 오히려 경제적 이득을 가질 수 있기 때문이다.

예를 들어 영국의 버버리는 미국에서 판매하기 위해 미국으로 수출되는 상품이다. 따라서 수출에 관련된 모든 종류의 세금과 비용을 미국에 지급해야 한다. 미국의 경우 미국에 들어온 수입품이 판매되지 않았을 때, 수출한 기업은 미국 세관의 감독하에 다른 나라로 수출하거나 파기하면 환급이라는 절차를 통해 수출과 관련되어 지불한 세금 및 기타 비용의 최대 99%를 회수할 수 있다. 또한 이탈리아에서도 기업이 판매되지 않은 상품을 폐기하면 세금 공제를 청구할 수도 있다.[81] 결국 브랜드가 제품의 용도 변경이나 재활용 방법을 찾는 데 자원을 소비하는 것보다 재고품을 폐기하는 것이 가장 쉬운 합법적인 방법이고 동시에

경제적으로도 이득이었다. 이러한 관행을 없애기 위해서 유럽 연합국들은 2023년 5월에 판매되지 않는 패션제품을 소각하는 것을 금지하는 법에 대해서 동의를 하였다.[82]

명품의 추구는 과시적 소비문화를 영속화하여 사회적 불평등을 악화시킬 수 있다. 명품은 종종 경제적 능력과 사회적 지위와 연관되어 사회적 분열을 증가시킨다. 이것은 과도한 소비 패턴에 순응하고 참여하라는 압력으로 나타날 수 있으며, 명품을 구매할 여유가 없는 사람들에게 재정적 부담과 사회적 배제를 초래할 수 있다.[83] 한류 문화의 확산으로 세계적으로 인지도가 높아진 한국의 유명인들은 글로벌 명품 브랜드의 홍보대사로 활동 중이다. 최근에는 한국의 걸그룹 뉴진스(NewJeans)의 혜인이 당시 만 14세로 루이비통의 최연소 홍보대사로 발탁되었다. 청소년의 명품 소비는 과거에도 있었던 일이다. 과거에는 또래의 일원이 되고자 하는 동조성이 구매 동기였지만, 지금은 희소성이 높은 제품을 소유하고 그것을 소셜 미디어를 통해서 과시함으로써 인정의 욕구를 해소하는 경향이 나타나고 있다.[84] 이러한 현상은 경제적 능력이 없는 청소년들에게 범죄 동기를 부여하고, 건강한 소비 습관 형성에 부정적 영향을 미친다. 또한 명품 구매와 착용으로 타인의 평판을 통해서 자존감을 형성하는 것에 길들어져 청소년의 자신에 대한 존중감 형성에 문제가 될 수도 있다는 사회적 우려의 목소리도 나오고 있다.[85]

Fur Coat, Leather Bag: 희소가치

명품 패션 브랜드는 톡특한 색상, 패턴, 그리고 질감을 지닌 이국적인 가죽과 털로 상품을 만들어서 상품의 희소성을 높이고 소비자의 관심과 소비의 욕망을 부추긴다. 2003년부터 2013년까지 미국의 수입관리국이 불법 야생동물 제품으로 압수한 제품은 5,600개 이상으로 랄프 로렌(Ralph Lauren), 구찌, 마이클 코어스(Michael Kors) 등의 패션 제품이라고 미국 야생동물 보호국(U.S. Fish and Wildlife Service)이 발표했다.[86] 그러나 이 숫자는 일부에 불과하다고 한다. 국제 무역 데이터에 따르면 2003년부터 2013년까지 파충류로 만든 제품 1,170만 개가 미국으로 수입되었다. 더 놀라운 사실은 이 중의 58%의 동물은 농장에서 사육된 것이 아니라 야생에서 포획된 동물들이다. 야생동물과 관련된 범죄에 대해 연구하는 모니크 소스노프스키(Monique Sosnowski) 박사는 국가별로 또는 기업별로 야생동물제품에 대한 추적 가능성, 야생동물복지, 지속가능한 생태계 등의 사회적 책임 정책을 시행하고 있지만, 아직도 세계적으로 유명한 명품 브랜드에서 공급망을 알 수 없는 야생동물이 사용되고 있다고 발표하였다.[87]

패션산업을 대상으로 동물의 권리를 위한 활동과 캠페인을 하는 대표적인 단체 중 하나는 1980년에 만들어진 PETA(People for the Ethical Treatment of Animals)이다. PETA는 동물을 윤리적으로 사랑하는 사람들이다. PETA는 패션산업이 지구환경을 지키고 동물을 보호하는 책임있는 윤리적 산업으로 전환해야 한다고 주장한다. PETA는 패션에서 모피 사용을 반대하는 캠페인에 적극적으로 참여해 왔다. "모피를 입느니 차라리 벌거벗겠다(I'd rather go naked than wear fur)."를 비롯하여 그들의 캠페인은 사회 저명인들의 지지, 도발적인 영상과 시위를 활용하여 모피 생산과 관련된 잔인성을 대중에게 알리면서 모피 없는(No

Fur) 패션을 추진했다. 캠페인은 소비자 태도를 바꾸고 패션산업 전반의 모피 금지를 위해 명품 브랜드, 패션쇼, 소매업체, 그리고 소비자를 대상으로 진행되었다. 1994년 미국 패션계의 거물인 캘빈 클라인(Calvin Klein)과 앤 클라인(Anne Klein)이 더는 모피를 사용하거나 모피 제품을 생산하지 않는다고 발표하면서, 모피는 이제 사회적 지위 상징의 수단이 아니라 사회적 책임이라고 디자이너로서의 의지를 밝혔다.[88]

야생동물뿐 아니라 동물유래 소재를 사용하는 것이 동물 복지뿐 아니라 환경과 인간의 건강에 미치는 영향도 중요한 문제이다. 가죽 정제 공정은 막대한 양의 물을 소비한다. 일반적으로 1톤의 원료를 가공할 때 20,000~80,000L의 악취와 부유물질이 있는 폐수가 발생한다.[89] 또한 동물 가죽은 유기 물질이기 때문에 적절한 처리 없이는 부패하고 분해된다. 따라서 가장 빠르고 효과적인 방법인 유해 중금속 물질을 사용하는 크롬 제혁(chrome tanning)*으로 동물 가죽을 처리한다. 제혁소에 사용되는 화학물질은 종종 환경에 유입되어 공기, 토양, 그리고 물을 오염시킨다. 국제암연구소(International Agency for Research on Cancer)는 제혁소에서 발생하는 폐기물을 인체 발암물질로 지정하였다. 또한 여러 연구에서 제혁소에서 일하는 근로자들이 혈액암, 방광암, 대장암, 폐암, 비강암, 부비동암, 호흡기관암, 직장암 등이 발생할 수 있다고 보고하고 있다.[90]

---

* 크롬 제혁(chrome tanning)은 유기 탄닌 대신 크롬아황산염을 이용한 무두질 과정으로 동물 가죽의 단백질 구조를 영구적으로 변형하는 가죽처리 과정임[Source: Encyclopedia Britannica].

가죽 산업의 사회적 윤리적 영향은 전 세계 가죽 수요의 10%를 생산하는 방글라데시를 살펴보면 알 수 있다. 아시아재단(The Asia Foundation)의 발표에 의하면 방글라데시의 전체 가죽 근로자의 92%가 제혁소에서 일을 하고 있는데, 이 근로자 대부분은 개인 보호 장비와 안전 조치 없이 작업을 한다고 한다. 몇몇 대규모 제혁소를 제외하면 대부분의 제혁소는 유해 화학물질의 보관, 운송, 사용에 대한 국제 표준을 따르지 않으며, 일부 중소 규모 공장에서는 제혁소 근로자들에게 깨끗한 식수나 성별에 따른 화장실조차도 제공하지 않는다고 한다.[91]

가죽과 모피와 같은 재료의 생산을 위해서는 물, 토지 및 에너지를 포함한 광범위한 자원이 필요하며, 이는 삼림 벌채, 서식지 파괴 및 환경오염으로까지 이어진다. 이러한 동물성 재료를 얻기 위해 가축을 사육하는 것과 관련된 탄소 발자국은 지금 인류가 직면한 기후변화를 가속화한다. 물론 최근 몇 년 동안 패션산업은 실험실에서 만든 가죽, 인조모피(fake fur), 그리고 파인애플 잎, 버섯, 포도껍질, 선인장 등으로 만든 식물성 가죽이 전통적인 동물 유래 재료의 대안으로 개발되고 상품화되었다. 또한 2017년에는 세계적인 명품 브랜드 구찌가 지속가능성과 윤리에 대한 약속을 인용하며 컬렉션에서 모피 사용을 중단한다고 결정하였다.[92]

모피 사용을 중단하기 위해서 패션 브랜드에서 윤리적 소재로 선택된 것은 인조모피와 인조가죽(fake leather)이다. 2015년에 동물애호가인 영국의 패션 디자이너 스텔라 매카트니(Stella McCartney)가 100% 모드아크릴(modacrylic)로 만들어진 인조모피를 사용하여 잔인함이 없는(cruelty-free) 패션을 선보였다.[93] 인조모피는 천연모피와 달리 직물이어서 비교적 바느질이 쉽고, 천연모피의 단점인 품질 관리가 용이하다. 물론 천연모피와 비교해 내구성과 단열성은 떨어진다. 인조모피는 대부분 나일론과 폴리에스터를 이용하여 극세사(microfiber) 형태의 파일 조직 직물이다. 폐기되어 매립하면 천연모피는 분해되어서 자연으로 돌아가지만, 인조모피는 생분해되지 않은 채 매립지에 그대로 있거나 미세플라스틱으로 분해되어 토양을 오염시킨다. 또한 인조모피는 만드는 데 석유와 에너지가 필요하다. 그러나 연구 보고서에 의하면 밍크(mink)을 잡아서 제품을 만들 수 있는 모피로 가공하는 데는 인조모피보다 3.5배의 에너지가 더 필요하다고 발표하였고,[94] 1kg의 모피를 생산하는 데 배출하는 온실가스의 양은 승용차가 1,274km를 운전한 것 같다고 발표하였다.[95]

천연모피와 인조모피에 대한 논쟁은 끊임이 없다. 여기서 중요한 쟁점은 패션산업의 전반적 공급망에 대해서 소비자는 환경적, 윤리적 문제에 대해 보다 폭넓은 인식을 해야 하고 더 책임감 있게 윤리적 제품을 생산자에게 요구할 수 있어야 한다는 것이다. 세계자연기금(World Wide Fund For Nature)*의 보고서 『진정한 명품(Deeper Luxury), 2007』에서 진정한 명품 브랜드는 제품을 통해서 소비자들이 사람과 지구를 존중할 수 있을 수단과 동기를 가질 수 있다는 기여의 기회를 제공해야 한다고 제안했다.[96] 명품은 예술작품과 같은 장인정신과 내구성이 만나 만들어 낸 자부심에서 진화하여 사회적으로 선한 영향력을 전파할 수 있는 제품이어야 진정한 명품이다.

---

* 세계자연기금(World Wide Fund For Nature)은 세계 최대 비영리 자연보호 기관으로 1961년에 설립되어 우리가 직면하고 있는 환경문제를 적극적으로 해결하고자 그 역할을 수행하고 있음.

4. Mitumba: 의류 폐기물

낡은 옷을 고쳐서 입고, 언니의 옷을 물려받아 입는 것이 너무나 당연한 시절이 있었다. 그러나 지금은 낡은 옷을 고치는 데 들어가는 시간과 비용을 고려하면 새 옷을 사는 것이 어쩌면 더 저렴하고 빠르다. 또한 트렌드의 변화가 가속화되면서 낡은 옷뿐만 아니라 낡지 않은 새 옷도 버려지고 있다. 대부분 옥스팜(Oxfam), 구세군(Salvation Army), 굿윌(Goodwill), 아름다운가게 등의 자선단체나 재활용 수거함을 통해서 수거된 일부 의류는 그 지역 내에서 분배 또는 판매되고, 그 외 대부분은 미툼바(mitumba)로 수출하게 된다. 미툼바는 스와힐리어(Kiswahili)로 '묶음'을 말한다. 고소득 국가에서 기부되고 버려진 옷들이 플라스틱으로 포장한 큰 묶음으로 만들어져 최빈국으로 수출된다. 우리나라 경우에도 의류 수거함에서 수거된 90%의 폐의류가 중고의류로 수출된다.[97] 그림13에 나타나듯이 글로벌 중고의류 무역은 꾸준히 증가하고 있다. 2020년과 2021년의 중고의류 최대 수출국은 미국, 중국, 영국, 독일, 그리고 한국이다(그림14). 특히 중국은 2020년에 비해서 중고의류 수출액이 2021년에는 121% 이상이 증가하였다.

그림13. 2001년-2021년 중고의류 수입과 수출 (단위:십억 달러)

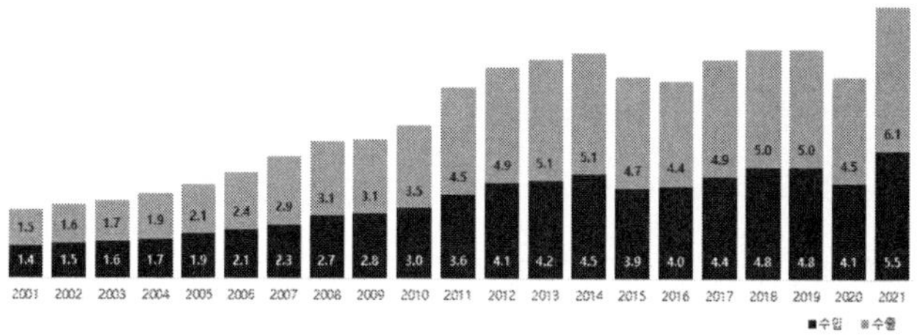

* 데이터 출처: UN Comtrade Database

그림14. 중고의류 수출 상위 5개국 (단위:백만 달러)

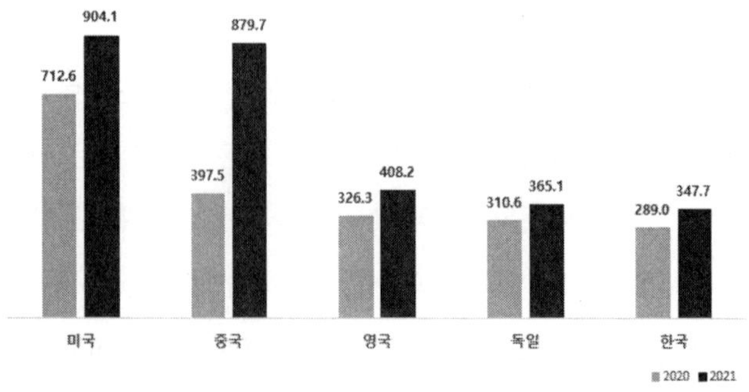

* 데이터 출처: UN Comtrade Database

특히 중고의류가 아프리카로 수입되는 것과 관련하여 가장 큰 문제는 중고의류가 자국의 섬유산업 발전을 저해한다는 것과 무역적자를 일으킨다는 것이다. 중고의류 무역으로 사하라 이남의 아프리카(Sub-Saharan Africa) 국가는 2020년에는 9억 8,400만 달러, 2021년에는 12억 달러의 무역적자가 있었다. 아프리카의 중고의류 수입 규제는 섬유산업의 강화뿐 아니라 몇 가지 이유가 더 있다. 첫째, 세탁되지 않은 중고의류가 자국민의 건강을 위협할 수 있다는 것이다.[98] 둘째, 현지에서 생산된 의류의 사용을 장려하여 문화적 정체성을 보전하고 아프리카 패션을 홍보하고 증진하기 위함이다.[99] 셋째, 대량의 중고의류 수입으로 아프리카 국가들은 재활용과 적절한 관리가 어렵고, 이로 인한 폐기물이 지역 환경에 부정적 영향을 초래한다는 것이다.

한편 중고의류 수입과 개발도상국의 시장경제의 측면에서 중고의류 수입 규제의 이유는 값싼 수입 중고의류의 유입으로 인해 아프리카 현지의 제조업체와 소매업체의 가격이 하락하여 일자리 손실과 경제 성장 감소로 이어지기 때문이다.[100] 따라서 2015

년 짐바브웨는 중고의류 수입을 금지했고, 2016년부터 동아프리카 공동체는 자국의 섬유산업 강화를 위해 높은 관세를 부과하거나 2019년까지 점차 중고의류 수입을 금지할 계획을 세웠다. 그러나 국제사회의 정치적 흐름, 글로벌 시장의 압력, 그리고 자국 내 시장 수요로 인하여 그 계획의 실행에 해결해야 하는 문제점이 있었다. 2015년에 중고의류 수입 금지를 시행했던 짐바브웨는 2017년에 규제를 완화하였다. 그리고 2018년에 금지를 시행한 르완다의 경우, 경제적 효과에 대해서는 다소 회의적이라 밝혔다.[101] 한편 2022년에는 나이지리아, 그리고 2023년에는 우간다가 중고의류 수입 금지의 의지를 밝혔다.[102,103]

동아프리카가 중고의류 수입을 금지함으로써 동아프리카에 나타난 부정적 영향은 다음과 같다. 첫째, 중고의류 산업은 판매와 유통과 관련되어 있으므로 자국의 중요한 고용 창출 산업이다. 중고의류 수입을 금지함으로써 그와 관련된 직업군의 사람들은 직업을 잃게 되었다. 둘째, 의류제조업의 역사가 길지 않은 아프리카 국가들은 장비와 인력개발 등의 초기투자 비용이 많이 필요하다. 초기투자 비용은 생산비용을 높이고, 결국 소비자 가격으로 이어져 오히려 경제적으로 넉넉하지 않은 소비자에게 필요한 최소한의 옷을 구매하는 것조차 어려워져 개인의 위생에 위험을 주었다.[104] 셋째, 세계무역 정책의 변화로 아프리카 성장 및 기회법(African Growth and Opportunity Act)*에 따라 미국 수출에 대한 관세 면제 특권이 있었는데, 이 중 일부를 상실하여

* 아프리카 성장 및 기회법(African Growth and Opportunity Act)은 2000년 제정된 사하라 이남 아프리카 지역의 경제를 형태로 새로운 무역과 투자에 관한 미국 경제 정책임. 면세 대상이 되는 5,000개 이상의 제품 외에도 1,800개 이상의 제품에 대해 사하라 이남 아프리카 국가에 미국 시장에 대한 면세 접근권을 제공하는 것으로 2025년까지 유효함[Source: Office of the United States Trade Representative].

이와 관련된 산업에 생계를 의존하고 있던 사람들에게 경제적 어려움을 주었다.[105]

중고의류는 기존 의류의 수명을 연장하고 새 의류에 대한 수요를 줄여서 자원의 수요를 줄이고 낭비를 최소화할 수 있다. 이는 패션산업과 관련된 탄소 배출량을 줄임으로써 환경에 긍정적인 영향을 미칠 수 있다. 그러나 소비자와 생산자의 책임감 없는 의류 폐기물은 탄소 발자국을 남기면서 개발도상국으로 이동되어서 많은 양이 재사용되기 전에 폐기되어 그 지역 사회의 생태계에 부정적 영향을 주고 있다. 2022년에 그린피스는 아프리카로 수출되는 중고의류를 '독이 든 선물(Poisoned Gifts)'이라고 불렀다.[106]

Obroni Wawu: 중고의류 수입품

가나에서 중고의류를 '오브로니 와우(Obroni Wawu), 죽은 백인 남자의 옷'이라 부른다. 이 말은 1970년대 선진국에서 첫 번째 중고의류 물결이 가나를 휩쓸었을 때 그곳 현지인들이 선진국의 중고의류를 부르는 명칭이었다. 그들은 이렇게 좋은 품질의 옷을 그냥 버렸다는 것을 믿을 수 없었다. 그들은 이 옷을 버린 소유자가 사망해서 품질 좋은 옷들이 버려졌다고 생각해서 중고의류를 '오브로니 와우'로 불렀다고 한다.

칸타만토 시장(Kantamanto Market)은 가나 아크라의 중심 상업 지구에 있는 서아프리카의 가장 큰 중고의류 시장이었다. 매주 1,500만 개의 중고의류가 고소득 국가로부터 수입되고, 그중 40%의 제품이 품질이 좋지 않아 판매되지 않고 폐기된다고 한다.[107] 명백한 사실은 그 양이 너무 많다는 것이다. 가나의 인구는 대략

3,000만 명이다. 다시 말해서 2주마다 국민 전체에 제공할 수 있는 한 벌의 중고의류가 도착한다는 것이다. 그러나 패스트 패션의 폐기물로 수출된 중고의류는 품질이 낮아서 중고시장의 선별과정에서 판매되지 못하고 폐기물이 되고 있다. 2023년 내셔널 지오그래픽에 의하면 아크라에 있는 코를레 석호(Korle Lagoon) 기슭의 물가에는 높이가 약 20m에 달하는 쓰레기 절벽이 있고, 그 쓰레기 더미 위에서는 소들이 무엇인가를 먹고 있다고 한다. 그런데 그 쓰레기 절벽의 60%가 버려진 옷이라고 한다.[108] 결국 코를레 석호 기슭에 있는 소들은 옷을 먹고 있는 것이다.

케냐의 경우도 중고의류 수입은 2005년에 2,700만 달러에서 2021년에는 1억 7,200만 달러로 중고의류 수입이 16년 동안 500% 이상 급증했다. 이 중 약 20%~50%는 현지의 기후와 스타일에 부적합하거나 얼룩이 있거나 수선할 수 없을 정도로 손상되었거나, 때로는 토사물로 뒤덮인 의류로 판매할 수 없어 판매하기 전의 선별과정에서 폐기된다.[109] 얼마나 많은 양의 중고의류가 재사용되지 않고 그대로 버려지는 데 대해서는 조사기관에 따라서 통계에는 차이가 있으나, 그 양은 우리의 상상 이상일 것이다.

그림15는 2021년 기준으로 중고의류를 수입하는 나라와 수입액을 볼 수 있는 지도이다. 2021년 최대 중고의류 수입국은 가나로 글로벌 중고의류의 4.1%을 수입하였고, 그 다음으로 파키스탄이 3.5%, 우크라이나가 3.4%, 아랍에미리트가 3.3%, 케냐가 3.2%를 수입하였다.[110] 2022년 글로벌 중고의류 최대 수입국은 파키스탄으로 글로벌 중고의류의 10.3%을 수입하였다. 그 다음으로 칠레가 5.2%, 콰테말라가 5.2%, 아랍에미리트가 4.4%,

그림15. 2021년 중고의류 수입국 (단위:달러)

* 데이터 출처: UN Comtrade Database

그림16. 2022년 중고의류 수입 상위 10개국 (단위:백만 달러)

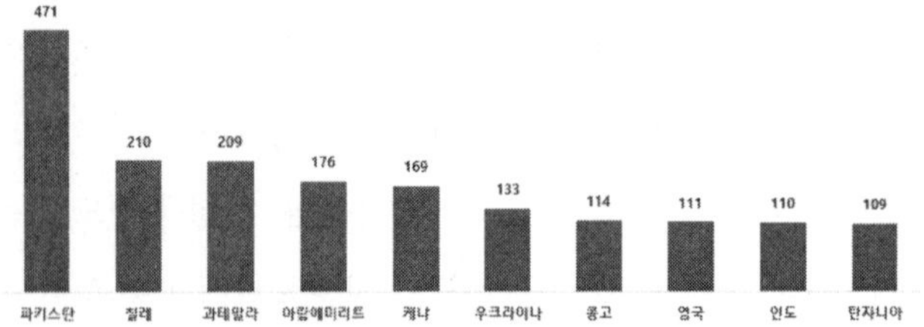

* 데이터 출처: UN Comtrade Database

케냐가 4.2%를 수입하였다(그림16). 주목할 만한 중고의류 수입국은 남아메리카에 위치한 칠레이다. 칠레는 중고의류 수입의 증가율이 가장 높은 나라로 2020년 7,700만 달러 규모에서 2021년 1억 5,600만 달러로 전년 대비 102%가 증가하였고, 2022년은 2억 993만 달러로 2020년에 비해 173%로 증가하였다. 지구상에서 가장 건조한 사막인 칠레 북부의 아타카마 사막(Atacama Desert)은 붉은 오렌지색 암석 협곡과 봉우리로 아름다운 곳이었으나, 지금은 그곳에는 66,000톤의 버려진 옷이 만든 쓰레기 산이 있다고 보도되고 있다(그림17).[111]

그림17(a). 칠레 북부의 아타카마 사막에 버려진 옷으로 만들어진 쓰레기 산의 위성사진

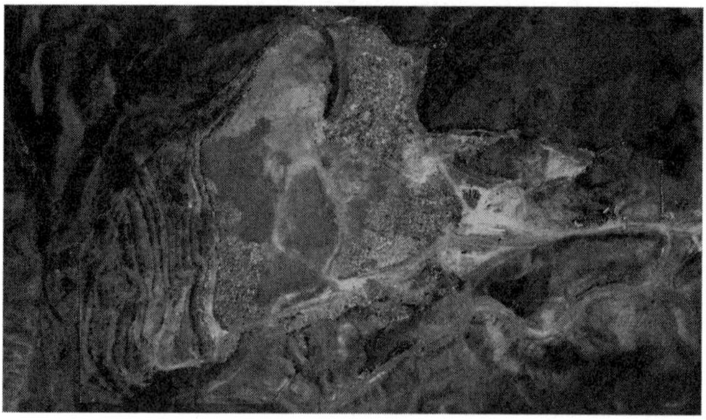

* 이미지 제공: SkyFi

그림17(b). SkyFi 이미지분석에 나타난 2022년 1월 이후 칠레 북부의 아타카마 사막에 버려진 옷으로 만들어진 쓰레기 산의 소각 흔적

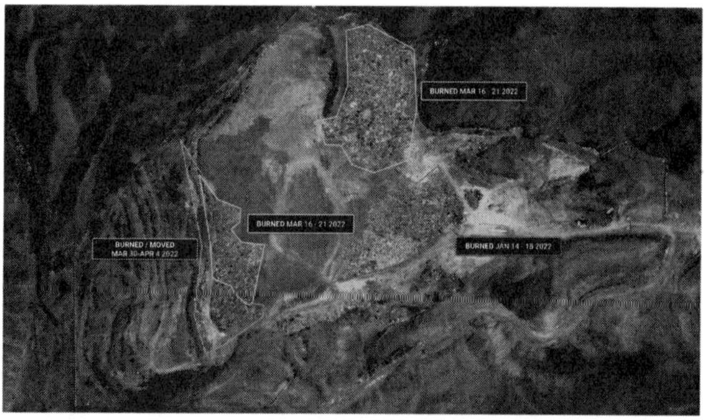

* 이미지 제공: SkyFi

2022년에 발표된 그린피스 보고서에 의하면 중고의류의 압도적인 양이 플라스틱을 함유한 합성섬유 의류라고 한다. 이는 선별에서 분리되어 버려지는 중고의류가 대부분 소각 또는 매립될 때, 지역 사회의 환경오염이 더 심각해지고 있음을 암시한다.

폐기의 과정에서 고려해 보아야 할 문제는 이 지역에는 폐기물 관리를 위한 준비된 시설이 없다는 것이다.[112] 따라서 많은 양의 의류 폐기물이 강, 토지, 그리고 주민들이 사는 지역에 버려지고 있어서 생활환경을 더욱 취약하게 한다. 결국 탄소를 배출하면서 전 세계에서 이송된 중고의류는 재사용 전에 폐기되어 지역의 매립지와 수역에 들어가 전체 생태계를 오염시키고 있다.

Clothing Recycling Bin: 의류 수거함

헌옷은 1998년 한국의 외환위기 당시 불우이웃 돕기 등 사회복지 사업을 목적으로 비영리 단체 또는 개인이 수거하여 재활용을 시작하였다. 처음에는 의류를 비닐봉지에 담아 재활용품과 같이 배출하였으나, 수거 과정에서의 재활용 의류가 비에 젖거나 오염이 되어서 전용수거함 형태로 발전하였다. 헌옷 수거업체는 매입 비용없이 수거함의 설치로만 수익을 올릴 수 있어서 무분별하게 수거함을 설치하였고, 관리 또한 소홀히 하여 보행자와 차량 통행에 불편을 주었을 뿐만 아니라 교통사고 유발의 원인이 되기도 하였다. 이와 관련하여 2013년 1월부터 2015년 12월까지, 2년 동안 국민신문고에 총 1,552건의 민원이 접수되었다.[113] 따라서 2016년 국민권익위원회의 권고 이후 지자체들은 의류 수거함 관리와 운영 지침을 새로 마련하거나 「자원의 절약과 재활용촉진에 관한 법률」을 바탕으로 조례로 제정하였다. 현재 재활용가능자원의 분리수거 등에 관한 지침(환경부훈령 제1462호)에 따르면 폐의류 수거는 시장·군수·구청장이 관할지역 내에 수거를 위한 전용 수거함 또는 거점 수거시설을 설치하고 관리 실태를 주기적으로 파악하여 종합적으로 관리하도록 규정하고 있다.[114]

그림18. 발생원에 따른 폐의류 폐섬유 세부분류 (폐기물관리법 시행규칙 제4조의2제1항 관련)

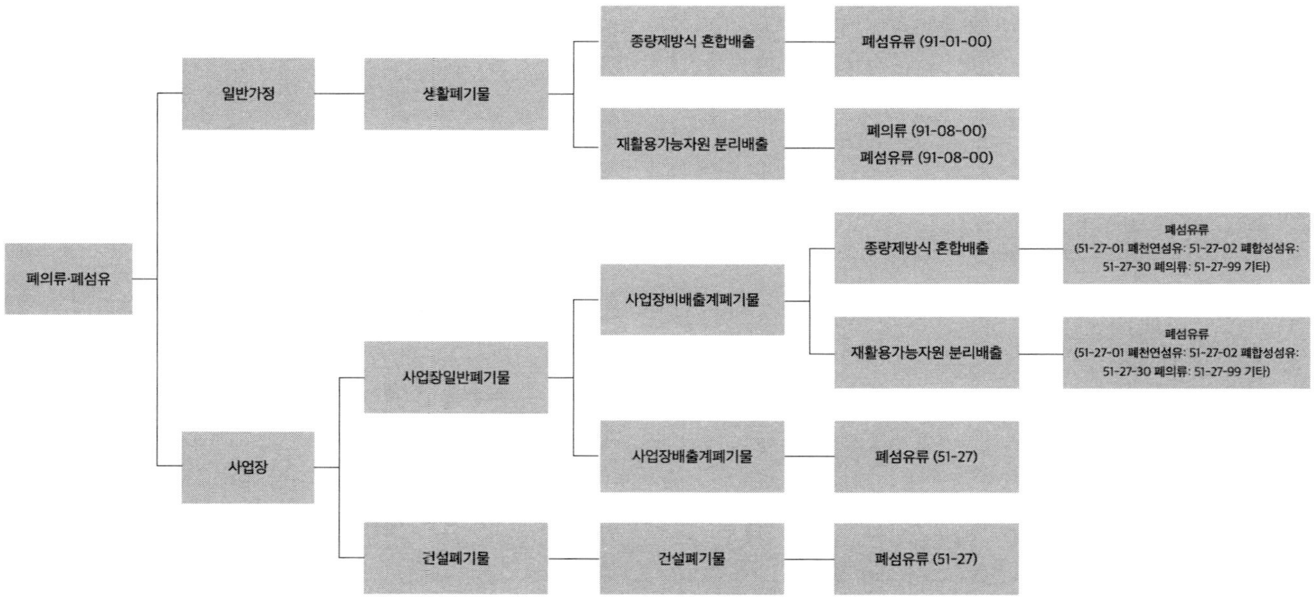

* 이미지 출처: 오정미 (2023) 패션산업의 자원순환경제 촉진을 위한 폐섬유·폐의류 분류체계 분석. 복식, 73(4), 1-15.

폐기물 관리법에 의하여 폐의류와 폐섬유는 생활계폐기물과 사업장폐기물에서 발생한다. 생활계폐기물은 일반가정에서 발생하는 생활폐기물과 산업장비배출계폐기물을 총칭하는 말이다. 폐의류와 폐섬유는 사업장배출계폐기물과 건설폐기물에서도 발생한다. 폐의류와 폐섬유는 「폐기물관리법 시행규칙 제4조의2제1항」에 의하여 생활폐기물의 폐의류 및 원단류(분류번호 91-08-00)로 분류된다. 사업장폐기물에서 발생하는 폐섬유류는 분류번호 51-27로 폐천연섬유(분류번호 51-27-01), 폐합성섬유(분류번호 51-27-02), 폐의류(분류번호 51-27-03), 그 밖의 폐섬유(분류번호 51-27-99)로 구분되어 있다. 그림18은 폐의류와 폐섬유의 발생원과 세부분류표를 폐기물관리법에 의해 요약한 것이다.[115]

의류를 폐기하는 이유는 오래된 것에 싫증이 나거나 유행이 지나 심미성이 떨어지거나, 제품의 질이 낮아져서 기능성이 떨어지기 때문이다. 그림19는 전체 생활계 재활용 가능 분리배출에서 폐의류와 폐섬유가 차지하는 비율이다. 생활계 재활용 가능 분리배출에서는 폐의류와 폐섬유의 발생량 비율은 2011년 1.39%에서 2021년 4.13%로 대략 197%가 증가하였고, 생활계에서 재활용 가능자원으로 분리배출된 폐의류와 폐섬유는 100% 재활용된 것으로 보고되고 있다.[116] 한국의류섬유재활용협회 관계자와의 인터뷰에 의하면 의류 수거함을 통해서 배출된 생활계 폐의류는 수탁업체에 의해서 수거된 후에 분류과정을 통해서 상품으로서의 가치가 없는 것은 매립 또는 소각되고, 중고상품으로 가치가 있는 제품의 매우 적은 양이 내수 시장에서 중고의류로 판매되고, 90% 이상이 개발도상국으로 수출된다.

그림19. 전체 생활계 재활용 가능 분리배출에서 폐의류·폐섬유 비율 (단위:%)

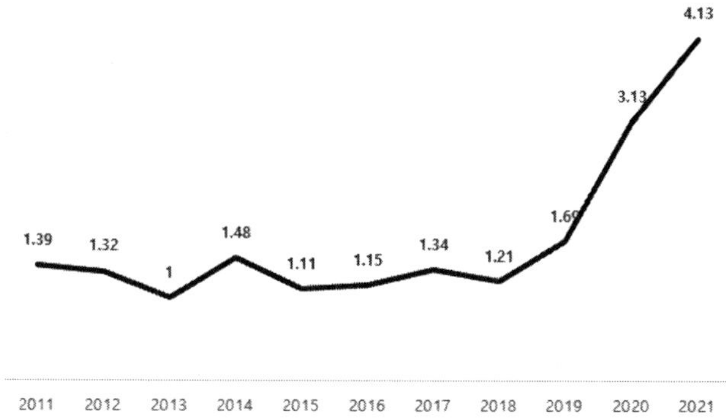

* 데이터 출처: 한국환경공단 자원순환 정보시스템 전국폐기물 발생 및 처리현황 자료

그림20. 한국 중고의류 수출, 수입, 무역수지 현황 (단위:천 달러)

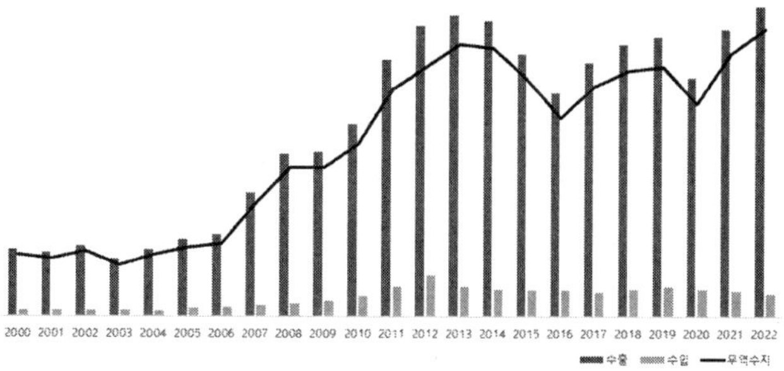

* 데이터 출처: 한국무역협회

우리나라는 미국, 중국, 영국, 독일 다음으로 중고의류 수출이 많은 나라로 2021년 기준으로 3억 4,770만 달러 중고의류를 수출하였다.[117] 그림20은 2000년 이후 한국의 중고의류 수출액과 수입액, 그리고 무역수지를 나타낸다. 중고의류 수출량은 2000년부터 2012년까지 증가하였다. 2012년 이후 수출은 감소하다가 2017년부터 상승하는 추세를 보이고 있다. 개인적 사용과 재수출을 목적으로 수입되는 중고의류는 2012년까지 증가하는 추세

를 보이다가 2013년부터 비슷한 수준을 유지하고 있다. 폐의류 무역수지는 2013년 3억 2,876만 달러로 정점에 오른 후 감소하였다가 2022년에는 3억 4,740만 달러로 나타났다.[118]

우리가 재활용가능자원으로 분리배출한 폐의류도 분류과정에서 일부는 최종처리된다. 다시 말하면 소각되거나 매립된다. 정확한 통계치는 알 수 없다. 「폐기물관리법 제25조」에 따라서 폐기물처리업 허가를 받은 업체 중 처리대상 폐기물에 폐의류를 포함한 업체가 배출된 폐의류를 수거하고 있으나, 아직도 다수의 미신고수거업체가 제도권 밖에 있다는 것이 업계의 의견이다. 또한 생활계에서 수거된 폐의류는 수거업체를 통해서 분리되고 다른 처리업체로 이동하게 된다. 그때부터는 수거된 폐의류가 사업장배출계폐기물로 분류될 수도 있다. 사업장배출계폐기물은 폐의류를 포함한 폐섬유류로 통계를 발표하고 있어서 정확한 폐의류의 양은 알 수 없다. 사업장배출계의 폐섬유류의 약 50%는 재활용되고 일부는 소각되고 매립된다.[119] KBS 환경스페셜, 『옷을 위한 지구는 없다, 2021』에서 우리나라의 매출 상위 패션기업 7곳을 대상으로 조사한 결과, 의류 재고를 소각하느냐는 질문에 4곳이 '소각한다', 각각 1곳이 '공개 불가'와 '응답 거부'를 택했고, 1곳이 '소각하지 않는다'고 했다. 현재 우리나라에서 얼마나 많은 옷이 불에 타고 땅에 묻히는지 정확한 숫자를 알 수는 없다. 그렇지만 그 숫자는 우리의 상상 이상일 것이다. 전 세계 인류가 지금과 같은 라이프스타일을 지속한다면 우리는 1.75개의 지구가 더 필요하다.[120] 우리가 기억해야 할 것은 KBS 환경 스페셜의 제목처럼 '옷을 위한 지구는 없다'는 것이다.

Unwanted Clothing 1: 기부

2019년 4월 강원도에 대형 산불이 발생했을 당시, 전국에서 구호 물품으로 보낸 옷이 오히려 골칫거리가 된 적이 있다. 당시 강원도 고성군에 구호 물품으로 들어온 옷은 무려 53톤, 이 중 30톤이 마지막까지 보낼 곳이 없어 버려졌다고 보도되었다.[121] 고성군의 대부분 주민은 고령자들인데 기부된 옷은 젊은 여성의 옷, 도시 스타일의 옷, 그리고 아동복이 대부분이라서 폐기되었다고 한다. 또한 옷을 보관하고 처리하는 데 적지 않은 인력과 비용이 들어 구호품이 아니라 짐이 되었다고 보도되었다. 또 다른 예로 지난 대지진으로 국가적 위기를 겪고 있는 튀르키예 구호 물품 품목에서 중고의류는 위생 문제가 발생할 수 있어서 배제되었다. 당시 수원시자원봉사센터로 구호품으로 전달된 중고의류만 10톤으로 자원봉사자들이 의류 품목별 분류와 처리에 많은 시간을 소요하였다고 한 인터뷰에 전했다.[122]

비영리 기구로 전국에 107개의 매장을 두고 있는 아름다운가게는 제품의 재사용과 순환을 통해서 사회에 생태학적 환경적 긍정적 변화에 기여하고 소외계층 및 공익 활동을 지원하고 있다. 그림21에서 나타나듯이 아름다운가게의 총기증량은 2002년 51,199점에서 2020년 28,195,518점으로 증가하였고, 2021년은 25,753,086점이다. 의류 품목이 2017년에 33%에서 2021년 60.57%로 증가하였으며, 신발과 악세사리 등의 잡화품목을 합치면 2021년 기준으로 패션에 관련된 제품이 93.70%이다. 관계자 인터뷰에 의하면, 의류 기증품 판매에 앞서 지역별 물류센터에서 선별하고 분류하는 과정에서 폐기량이 증가하면서, 이에 관련된 인력을 늘려야 할 상황이라고 한다. 또한 아름다운가게 관계자는

그림21. 아름다운가게 기증량 (단위:점)

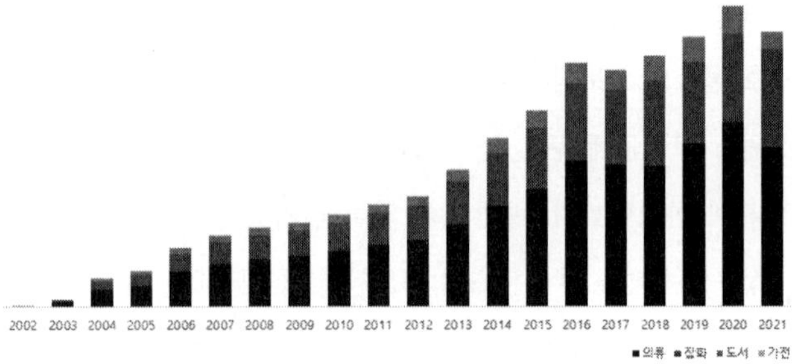

* 데이터 제공: 아름다운가게

기증자가 의류를 기증하기 전에 최소한 세탁을 해서 기부를 한다면 의류 폐기물량을 크게 줄일 수 있다고 토로하였다.[123]

강원도 고성군과 튀르키예, 그리고 아름다운가게에 관련된 기사를 종합해 보면 올바르지 않은 중고의류의 기부는 공공의 이익을 위한 단체에 오히려 방해가 되는 것으로 보인다. 앞서서 논의하였지만, 선의를 가지고 기부하였던 옷들이 지구 저편에서는 소각되고 매립되어 오히려 그 지역 사회에 부정적 영향을 주었다. 무엇이 문제였을까? 첫 번째는 기부자의 마음가짐이다. 기부 또는 재활용으로 배출되는 중고의류는 버리는 쓰레기가 아니다. 일차적으로 재사용을 목적으로 한다. 따라서 기부와 배출에 앞서서 분류하고 세탁한 후 올바른 방법으로 배출되어야 한다. 두 번째는 중고의류의 과잉기부, 다시 말하면 과잉소비에서 그 원인을 찾을 수 있다. 소비자들은 사회적으로 기여하고 싶은 동기를 가지고 자신의 옷을 폐기하지 않고 기부를 한다.[124] 그러나 그 양이 너무 많다. 앞에서 언급했듯이, 가나로 수입되는 중고의류의 양은 2주마다 가나의 전 국민에게 보급될 수 있는 양이다.

많은 소비자가 의류를 일회용품처럼 구매하고 폐기하게 된 것은 상품의 가격, 품질, 트렌드가 영향을 미쳤을 것이다. 과잉소비는 과잉공급과 관계가 있다. 얼마만큼 생산되었는지, 판매되었는지, 폐기되었는지, 또는 재활용되었는지 정확한 통계는 알 수 없으나, 글로벌 섬유 생산량은 2000년 5,800만 톤에서 2020년 1억 900만 톤으로 약 2배 증가하였다.[125] 2000년에 세계인구는 약 61억이었고, 2020년에 세계인구는 약 78억이었다. 섬유 생산량으로 의류 생산량을 추측해 보면 20년 동안 의류생산량은 인구증가를 고려한다고 하더라고 양적으로 너무 많다.

Unwanted Clothing 2: 중고마켓

밀레니얼 세대와 함께 패스트 패션이 2000년 이후 패션산업에 가장 큰 영향력을 준 비즈니스 모델이라면, 지금은 밀레니얼과 Z세대의 패스트 패션에 대한 우려, 지구를 지키기 위한 인식의 확대, 그리고 과학기술의 발전과 함께 서비스형 재판매(Resale-as-a-Service) 비즈니스 모델이 패션산업에 영향을 주고 있다. 서비스형 재판매의 시작은 잇지(Etsy), 이베이, 또는 아마존(Amazon) 등에서 1990년대에 시작했다. 그러나 중고패션 재판매의 기업화는 2009년 하버드 출신의 제임스 라인하트(James Reinhart)의 스레드업(thredUp)이다. 그는 중고의류를 더 쉽게 사고, 팔 수 있게 하도록 온라인 마켓플레이스인 스레드업을 설립했다.

2010년 스레드업은 "옷은 자라지 않지만 아이는 자란다(Clothes don't grow, kids do)"라는 슬로건으로 이제까지 소규모의 지역에서 판매하던 중고의류를 기업화하였다. 2011년 중고의류를 담아서 스레드업으로 보낼 수 있는 봉투(Clean Out Kit)를 선보이면서 전 미국의 중고의류를 대량으로 수집해서 온라인 플랫폼을 통해서 소비자들에게 재판매하였다.[126] 평균적으로 스레드업에 보낸 중고의류의 50%가 판매할 수 있는 중고의류로 상품화되고, 수요, 브랜드, 그리고 품질에 따라서 판매 가격이 결정되고 중고의류 판매자는 판매 가격의 3%~80%를 재판매로 벌 수 있다.[127]

2000년에 영국에서 온라인 패스트 패션 브랜드인 '영화와 TV에서 보는 것을 구매하세요(AsSeenOnScreen)'라는 ASOS는 2010년 ASOS 마켓플레이스가 출시하여 독립 브랜드, 중고제품, 그리고 빈티지 전문 플랫폼으로 운영되고 있다. 2022년 11월에 자라는 소비자들을 연결해 주는 프리온드(Pre-Owned)라는 소비자들끼리 사고파는(person-to-person) 중고의류 플랫폼을 통해서 중고의류 시장에 진출하였다.[128] 국내에서도 젊은 세대를 중심으로 중고의류 사업이 성장하고 있다. 한국소비자보호원의 중고거래 플랫폼 4곳, 중고나라·당근마켓·번개장터·헬로마켓을 조사한 결과, 주요 중고거래 품목이 생활용품(21.1%), 가전제품(16.2%) 다음으로 의류(13.7%)가 많은 것으로 나타났다. 연간 2조 5,000억 원의 중고물품이 사고팔리는 번개장터의 경우 2022년 패션제품의 거래액이 9,768억 원, 전체 거래액의 44%를 차지하였다. 이는 2019년 4,692억 원의 두 배가 넘은 거래액으로 국내 중고의류 시장은 그 규모가 계속 커질 것으로 전망되고 있다.[129]

또한 국내 대형 백화점에서도 중고의류를 판매하는 전문매장이 나타났다. 한 층 전체를 중고품 전문관인 세컨드 부티크로 꾸미는 파격적 시도를 한 현대백화점은 세컨드 부티크 개장 후 신촌점은 3일간 1억 5,000만 원의 매출을 달성했다.[130] 해당 기간 세컨드 부티크에는 하루당 약 1,000명 이상의 고객이 방문한 것으로 집계되었고, 전체 고객 중 90% 이상이 20대와 30대 고객층이었다고 한다. 또한 중고 명품 전문점인 럭스 어게인을 오픈하였다. 신세계백화점은 시그나이트파트너스, 롯데백화점은 클로젯셰어 매장을 운영하고, 또한 기존의 중고판매플랫폼 사업과 파트너십을 구축하고 있다.[131]

중고시장이 활성화된 것은 중고거래 플랫폼의 이용자가 늘어나면서 플랫폼의 편의성과 거래 안전성을 높이는 정책이 새롭게 도입이 되면서부터다. 또한 경기 침체로 인해 소비자 심리가 위축되고, 중고거래가 하나의 재테크 수단으로 부상하면서이다. 젊은층이 주도하는 한정판 상품의 재판매문화도 중고시장의 활성화에 영향을 주었다. 2023년 4월 번개장터는 첫 오프라인 프리마켓 '세컨핸드 이즈 더 뉴 블랙(Secondhand is the New Black)'을 개최했다. 행사 시작 3시간 전부터 입장 대기 줄이 생겨났고, 입장표가 조기 매진되는 등 높은 관심으로 시작된 행사는 5천여 개 이상의 다양한 중고 패션제품을 선보였고, 이 중 약 3천 5백여 건의 거래가 성사되었다.[132]

패션의 형식성이나 과시성 대신 합리적인 소비를 원하는 소비를 통해 자기만의 개성을 찾는 소비자들이 늘어나고 있다. 이들은 때때로 새것보다 더 가격이 높고 의미가 있는 중고, 다르게 표현하자면 빈티지(vintage)에 가치를 부여하기도 한다. 또한 패션이 만들어 내는 수많은 문제의 해결책으로 재사용과 재활용하는 것에 동참하기도 한다. 중고거래의 활성화를 위해서 소비자들의 중고의류에 대한 품질과 위생에 대한 위험을 줄이고, 제품의 신뢰성 확대를 위한 품질인증제도가 필요하다. 또한 중고거래를 통한 경제적 혜택이 합리적으로 주어져야 하고, 윤리적 소비를 위하여 적극적으로 동참하고 있는 소비자들에게 제품에 대한 정보를 투명하게 공유하는 제도가 시급하다.

PART 3

패션제품의 생산

성별, 나이, 지역, 사회, 또는 문화와 관계없이 전 세계에서 가장 많이 입는 보편적(ubiquitous) 의류제품은 아마도 청바지일 것이다. 청바지는 하얀색과 파란색으로 된 실을 능직의 직물로 만들어서 육체 노동에도 견딜 만큼 튼튼하게 만들어진 바지이다.[133] 2022년 기준으로 전 세계는 31억 개의 청바지를 생산하였다. 2022년 기준으로 세계인구가 80억이다. 숫자로만 계산해 보면, 나이와 성별과 관계없이 2022년에 2.6명 중 한 명은 새 청바지를 구매한 것이다.

청바지 생산을 하기 위해서는 섬유가 있어야 하고, 그 섬유로 실을 만들어야 한다. 완성된 일부의 실은 파란색으로 염색공정을 해야 하고, 흰색실과 파란색 실을 교차하여 직물을 만들어야 한다. 그 후에 재단과 봉제 작업을 거쳐야 한다. 과연 31억 개의 청바지를 만들려면 얼마나 많은 섬유가 생산되어야 할지, 얼마나 많은 염료, 에너지, 그리고 노동력이 필요할지, 그리고 그 과정에서 얼마나 많은 폐수와 온실가스가 배출되었을지 등에 대한 의문이 든다. 기후변화, 수질오염 및 토지 황폐화의 주요 원인인 패션산업은 생산자와 소비자 모두가 변화의 필요성을 공감하고 있다. 그러나 글로벌 섬유생산량에서 한 사람이 소비하는 섬유량은 1975년 8.3kg에서 2022년 14.6kg으로 증가하였다.[134]

패션제품의 재료가 되는 합성섬유의 생산은 많은 에너지가 필요하여 온실가스의 주요 배출원이고, 천연섬유인 면화의 경우에는 관개가 필요한 경우가 많아 지하수 자원을 고갈시킬 수 있고, 살충제와 제초제 사용으로 토양을 오염시킨다. 일반적으로 옷을 만들기 위한 직물은 다양한 처리 과정을 거친다. 각 처리는 제품 성능을 더 유용하게 하지만, 대부분의 경우 환경에는 부정적 영향을 준다. 직물의 특성과 제품의 유형에 따라 사용할 염색, 마감 가공 유형과 공정이 결정된다. 염료와 가공의 특성은 제품의 기능성과 내구성과 밀접한 관련이 있다. 더 많은 화학물질을 이용해서 색의 지속성을 높이기도 하고, 마감재를 이용하여 제품의 기능성, 내구성, 편이성 등을 보완하여 소비자의 제품 만족도에 부합하기도 한다. 또한 패션산업은 Tier 4:원재료 생산에서 Tier 1:재료를 완제품으로 제조하는 공정까지 고형 폐기물과 폐수 등 다양한 폐기물을 생산한다. 패션산업의 폐수는 화학물질과 염료로 오염되어 있을 수 있고, 고형 폐기물에는 섬유와 직물조각, 부속품 및 포장재가 포함된다. 패션제품의 생산과 소비에서 발생한 섬유 폐기물은 대부분 매립되거나 소각되어 심각한 환경문제를 일으키고 있는데, 섬유가 매립되었을 때 완전히 분해되어 자연으로 돌아가는 데는 많은 시간이 걸린다. 그림22는 의류제품에 사용되는 섬유들이 매립되었을 때 분해되어 자연으로 돌아

가는 데 걸리는 시간이다.[135,136]

인조섬유는 공장에서 생산하는 데는 짧은 시간이 걸리지만, 분해되는 데는 많은 시간이 필요하다. 심지어 고탄성의 스판덱스는 분해되는 데 얼마나 많은 시간이 걸리는지 지금은 알 수 없다. 면, 마, 양모, 실크와 같은 천연섬유는 인조섬유보다 분해되는 데 드는 시간은 짧으나, 대부분의 의류제품은 생산원가조절과 품질개선 등의 이유로 혼방으로 만들어지므로 분해하는 데 많은 시간이 필요하다. 제품에 부착되어 있는 지퍼, 단추 등의 부속품을 분리하지 않고 매립하기 때문에 그 분해시간은 더 길어질 것이다. 또한 천연섬유는 매립되어 분해되는 과정에서 메탄(CH_4)을 생성한다.[137] 메탄은 온실가스 중의 하나로 대기 중 열을 가두는 능력이 이산화탄소보다 25배 이상 강력하여 지구의 온도와 기후시스템에 영향을 미친다.[138]

그림22. 섬유가 자연 분해되는 데 걸리는 시간

* 이미지 제작: 저자

패션제품이 지구환경과 인류사회에 어떤 영향을 미치는가에 대해서는 제품의 전체 수명주기를 이해하는 것이 반드시 필요하다. 패션제품의 수명주기에는 섬유 재배 및 가공, 원사 제조, 직물 제조, 염색 및 마감, 절단 및 최종 제품 제조, 유통, 사용, 폐기, 그리고 재활용까지 모든 과정이 포함되기 때문이다.

1. Cotton Candy: 면화

섬유생산은 옷과 섬유, 그리고 기타 제품을 만드는 데 사용할 수 있는 재료를 만드는 과정이다. 옷을 만드는 데 사용되는 섬유에는 면, 마, 양모, 실크와 같은 천연섬유와 폴리에스터, 나일론, 레이온과 같은 인조섬유를 포함하여 여러 종류가 있다. 천연섬유를 생산하기 위해서는 일반적으로 식물을 재배하거나 동물을 기르고, 섬유를 수확한 다음 가공하여 사용가능한 재료를 만드는 과정이 포함된다. 한편 인조섬유는 석유나 석탄 등의 원료를 화학적으로 합성하여 원재료에서 섬유를 뽑아내는 과정을 통해서 만들어진다. 섬유 중에서 옷으로 가장 많이 사용되는 대표적인 섬유는 면화와 폴리에스터이다.

자연에서 나온 하얀 솜사탕 같은 면화에 대해 우리는 깨끗하고 건강한 이미지를 가지고 있다. 소비자의 93%는 면과 같은 천연섬유로 만든 의복이 좋은 품질을 가지고 있다고 믿고 있으며, 또한 소비자의 90%는 면화가 지구의 환경에 안전한 섬유라고 믿고 있다고 미국의 면화 협회는 발표했다.[139] 그림23은 전 세계 면화 생산량을 보여준다. 2022/23년 기준으로 면화의 전 세계 면화의 총생산량은 118,292,000베일(bale)로 1990년 87,165,000베일에 비해 증가한 양이지만, 2000년대 이후 일정량으로 유지되고 있다. 면화의 최대 생산국은 2022/23년 기준으로 중국, 인도, 미국, 브라질, 호주, 튀르키예 순이다(그림24).

그림23. 전 세계 면화 생산량 (단위:천 베일)

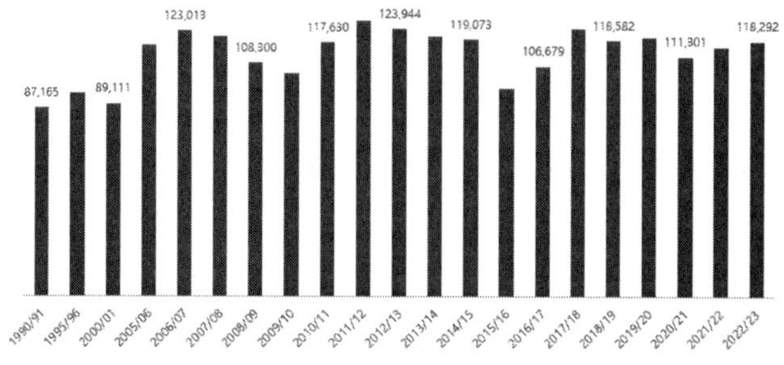

* 데이터 출처: USDA Foreign Agricultural Service

그림24. 2022/2023년 면화 생산 상위 10개국 (단위:천 톤)

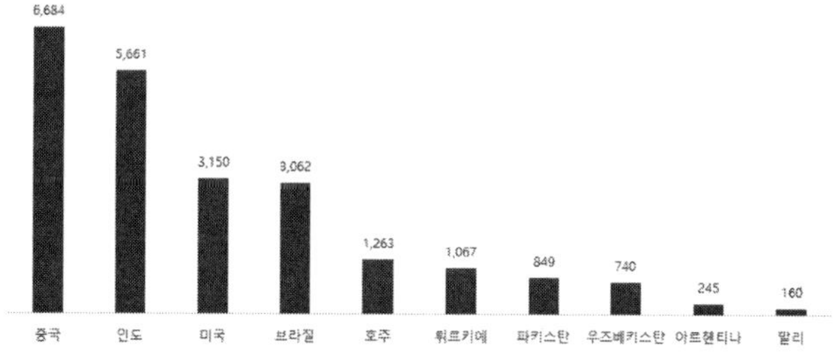

* 데이터 출처: USDA Foreign Agricultural Service

면화는 그 이미지와는 다르게 역사적으로 가혹한 이야기를 가지고 있다. 스벤 베커트(Sven Beckert)가 집필한 『면화의 제국(Empire of Cotton: A Global History), 2015』에 의하면 1000년부터 1900년까지 전 세계의 가장 중요한 사업이었던 면화의 생산과 그에 관련된 제조업은 노예제와 토착민의 약탈을 기반으로 한 산업이었다고 한다.[140] 특히 산업혁명으로 인한 런던의 회색빛의 스모그(smog)와 대조적인 흰색의 면화는 깨끗함의 상징으로 그 수요는 증가하였고, 미국 남부의 대농장은 면화 수요를 충당하기 위한 생산량 증가를 위해서 노예제도를 활용하였다.

면화의 가장 두드러진 환경적 영향은 농약, 특히 살충제 사용, 물의 사용, 서식지를 농업용 경작지로 전환함으로써 발생한다. 면화 재배로 사용되는 물과 그에 따른 오염은 중앙아시아의 아랄해(Aral Sea),[141] 파키스탄의 인더스강(Indus River), 호주의 머레이달링 강(Murray Darling River)과 같은 주요 생태계에 심각한 영향을 미쳤다. 특히 물 집약적인 작물인 면화는 토양과 기후에 따라서 차이는 있으나 면실 1kg을 재배하는 데 10,000~20,000L 물이 필요하다. 또한 면화의 생산량을 높이기 위해 사용되는 화학비료와 살충제는 토양을 오염시키고 주변의 생태계의 영향을 주고 인근 주민들의 건강에도 악영향을 주었다.

아랄해는 카자흐스탄과 우즈베키스탄 국경에 걸쳐 있는 중앙아시아에 있다. 1960년대 화이트 골드(White Gold)*라 불리는 면화를 대량생산하기 위해서 아랄해의 물을 면화 생산 관개시설로 전환하였다. 한때 세계에서 네 번째로 큰 호수로 우리나라 면적의 3분의 2였던 아랄해는 2018년 기준으로 이전 면적의 10%에 불과하다. 지금은 호수의 물은 거의 사라지고 소금사막으로 변했다. 그림25는 아랄해의 동쪽 해역이 2000년대 이후 사막화되는 과정을 보여준다. 또한 32종의 다양한 물고기가 서식하던 호수가 6종으

* 면화는 수세기 동안 재배와 무역으로 수익을 창출한 현금 작물로서 부를 창출하는 상징적인 의미가 있어 면화의 하얀색을 따서 백금, 화이트 골드(White Gold)라 칭함.

그림25. 아랄해의 동쪽 해역의 변화

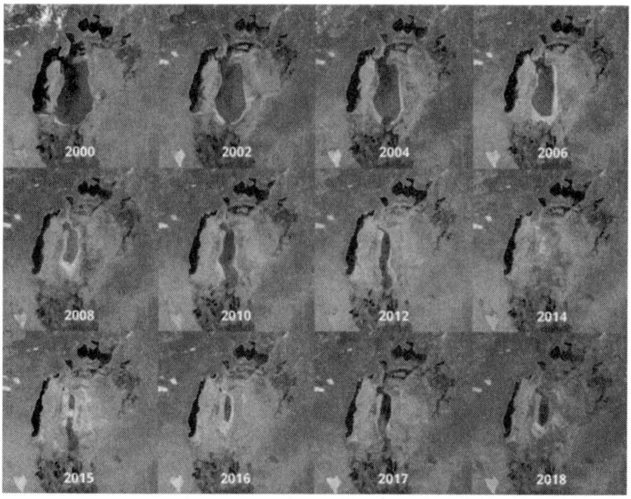

* 이미지 출처: NASA/Earth Observatory via Flickr (CC BY 2.0) https://earthobservatory.nasa.gov/world-of-change/AralSea/show-all

로 줄고, 어획량이 급감하면서 관련된 일자리가 사라져 주민들은 다른 곳으로 이주하였다. 그리고 살충제는 토양과 식수를 오염시켜 결국 아랄해를 전 세계에서 어린이 사망률이 가장 높은 곳으로 되게 하였다. 그리하여 아랄해의 몰락은 체르노빌 원자력 발전소 폭발 사고와 함께 소련의 2대 환경 재앙으로 꼽히고 있다.[142]

최근에 면화 생산과 관련되어서 큰 논쟁거리가 되었던 것은 면화 생산에 참여하고 있는 신노예제에 관한 이야기이다. 2019년 호주의 ABC방송은 중국 위구르 불법감금과 신장 방직공장의 강제노역을 폭로하였다. 이후로 2021년 스웨덴의 패션 브랜드 H&M의 신장 면화 보이콧(boycott)을 시작하여 해외 브랜드들이 이 운동에 동참하였고 영국과 미국에서는 신장 면화 제품 수입 금지법에 서명하였다.[143] 면화는 세계에서 가장 널리 보급된 수익성 있는 비식량 작물로 개발도상국 노동력의 7%가 면화 생산에 종사하고 있다. 특히 2020년 기준으로 아동 노동의 70%, 약 1억 1,200만 명의 어린이가 농업 분야에 종사하고 있다. 면화 생산에 동원되는 어린이는 해로운 화학물질에 노출될 수 있고, 고온과 벌레 및 기타 동물 위협의 위험에 노출되어 있어서 건강에 심각한 영향을 초래할 수 있다.[144] 따라서 유엔아동권리협약(United Nations Convention on the Rights of the Child)은 국제법으로 2025년까지 모든 형태의 아동 노동을 종식하고자 '지속가능개발목표(SDG8.7: 신노예제와 아동노동종식)'를 명시하였다.

면화는 자연에서 왔다는 깨끗한 이미지로 소비자들에게 오랫동안 사랑을 받아왔고, 지금은 다시 자연으로 돌아가는 생분해성 섬유이기에, 의류와 관련된 쓰레기가 심각한 문제를 일으키는 지금, 지구를 걱정하는 소비자에게 사랑을 받고 있다. 그러나 옷의 크기, 두께와 디자인에 따라 다르겠으나 티셔츠 한 장에 필요한 면화를 생산하는 데 들어가는 물은 약 2,720L 정도이다.[145] 2,720L는 한 사람이 3년 정도 마실 수 있는 양이다. 밭에서 재배한 면화를 바로 옷으로 만들 수는 없다. 조면(ginning), 소면(carding), 정소면(combing) 과정을 통해서 섬유에 있는 불순물을 제거하고 섬유의 길이를 균일하게 하여 직물로 제작되고 염색과정을 통해서 여러 가지 색을 입힌 다음 티셔츠로 제작된다. 면화가 티셔츠로 판매되기까지 필요한 물의 양은 우리가 상상하는 것 이상이다.

지난 70년 동안 전 세계 면화 재배 면적이 일정하게 유지되었음에도 불구하고 면화 생산은 많은 지역의 토양을 고갈시키고 황폐화했다. 대부분 토양이 고갈되면 면화 생산지를 새로운 곳으로 이동하기 때문에, 이에 따라서 자연 서식지가 계속 파괴되고 있다. 면화 밭에서 흘러나오는 살충제와 비료는 강, 호수, 습지, 지하 대수층을 오염시키고, 이러한 오염물질의 독성에 의해 직접적으로 또는 장기적 축적을 통해 간접적으로 생태계를 위협하고 있다. 면화를 재배에 관련된 많은 기관에서는 면화 생산 과정에서의 환경적 영향을 줄이려고 유기농 면화(Organic Cotton) 인증, 재활용 면화(Recycled Cotton)인증, 더 좋은 면화(Better Cotton Initiative)인증 등 많은 시도를 하고 있다. 또한 2020년 미국 면화 협회는 면화 생산과정에서의 물 사용, 에너지 효율, 온실가스 배출, 토양보전, 토양의 탄소함유, 그리고 토지 사용 등 6가지 주요 지표를 수집하여 투명하고 과학적인 데이터를 제공하는 프로그램을 구축하였다.[146] 더 중요한 사실은 패션산업에서 면화 수요는 지속적으로 증가하고 있다는 것이다.

Travels of a T-shirt: 면화의 사회적 비용

1999년 조지타운대학(Georgetown University)에서 기업화, 세계화, 국제통화기금(IMF: International Monetary Fund), 그리고 세계무역기구(WTO: World Trade Organization)에 반하여, 전 세계 근로자들의 존엄과 생계를 위협하는 것을 방지하기 위한 반세계화 시위가 있었다.* 그때 한 여학생이 “누가 당신의 티셔츠를 만들었나요?”라고 청중에게 질문을 했다. 그 질문을 들은 조지타운 경제학과 교수인 피에트라 리볼리(Pietra Rivoli)는 질문의 답을 찾기 위하여 티셔츠 여행을 시작하면서 쓴 책이 『글로벌

---

* 이 시위는 1999년 미국 서부의 시애틀에서 반세계화 운동(anti-globalization movement)과 같은 의미를 둔 운동으로 미국 동부에 위치한 조지타운 대학에서 학생들과 활동가들이 주최한 반세계화 시위임[Source: Rivoli, P. (2009) The travels of a t-shirt in the global economy. John Wiley & Sons, Inc.].

경제에서 티셔츠의 여행(The Travels of a T-shirt in the Global Economy), 2009)』이다.[147] 리볼리 교수는 텍사스 면화 농장에서 중국의 의류 제조공장, 미국의 의류 소매점을 거친 후, 마침내 아프리카 중고의류 시장에 도착하는 티셔츠를 추적하면서 글로벌 경제에 작용하는 정치적, 경제적 힘에 대해서 논의하였다.

리볼리 교수는 미국 정부의 보조금을 받는 농부들과, 세금 감면을 받는 미국의 제조업체와 수입업체들이 성공하는 것은, 이들이 국가로부터 글로벌 무역의 위험과 경쟁에서 보호받기 때문이라고 주장하였다. 대부분 면화를 재배하는 개발도상국에서는 정부 보조금이 없으므로 글로벌 무역의 위험과 경쟁에서 오는 부담을 개인이 감당해야 한다. 그녀는 개발도상국에서 생산된 면화가 세계 시장에서 경쟁하기 위하여 생산가 이하로 면화 공급가격을 낮추어야 하고, 그 압력과 경제적 부담은 결국 개발도상국의 농부 개인이 감당해야 한다고 결론지었다. 그녀는 저서에서 하나의 비극적인 예로 인도의 면화 재배지역에서 2007년 6개월 동안 500명의 농부가 자살한 사건을 들었다. 그들은 대부업자들이 상환금을 회수하러 오는 시기에 면화의 흉작을 예측하고 자살을 선택하였다. 그들에게는 미국과는 달리 흉년을 버틸 수 있는 정부 지원금이 없었기 때문에 그들의 선택은 죽음이었다고 한다.

면화는 세계에서 가장 널리 퍼진 수익성 있는 비식량 작물로서 1톤의 면화는 세계에서 가장 빈곤한 지역에서 평균 5명에게 일자리를 제공하고, 수백만 명의 소규모 자작농들의 중요한 생계 수단이며 일부 최빈국에서는 가장 중요한 수입원인 수출품이다.[148] 면화의 생산비용, 기상이변, 생산량, 시장 가격의 변동으로 농부들은 농장에서 일하는 근로자에게 안정적이고 적절한 임금을 제공하기 어렵다. 또한 살충제나 비료 등을 구입하는 데 비용이 많이 들기 때문에 때때로 투자비용보다 적은 이익을 얻는다. 이러한 농부의 위기는 농부의 자살로 이어졌다. 리볼리 교수의 책에서 언급한 인도의 면화 재배지역에서 발생한 자살 건수는 1995~2012년 기간 동안 전체 농민 자살 284,694명 중 68%에 달했고, 안드라 프라데시(Andhra Pradesh)주에서는 1995~2012년 동안 35,898명의 농민이 자살했다고 보고되고 있다.[149]

또한 면화 농장의 근로자들은 먼지와 자외선 외에도 살충제 사용의 잔류 영향에 노출되어 있다. 파키스탄의 면화 농장에서 면화 따는 사람을 대상으로 한 연구에서 면화를 따는 여성의 75%가 농약에 중독되어 있으며, 나머지 25%는 위험한 수준의 중독 상태로 나타났다.[150] 면화 재배를 위해 투입되는 살충제를 포함한 농약은 인간의 육체적 건강에 직접적 영향을 끼친다. 그러나 기후와 자연환경 그리고 시장경제의 변화로 예측이 점점 힘들어지는 면화의 수익은 농부에게 정신적 그리고 사회적 고통을 초래하고 있다.

면화 농장에서 면화가 수출되기까지

면화 농장에서 생산된 면화는 베일(bale)로 만들어져서 수출된다.

1. **수확.** 농장에서 수확한 면화는 모듈로 만들어져서 조면기(cotton gin)로 이동한다.
2. **조면.** 조면기를 이용하여 면화에서 면화씨와 먼지, 기타 물질들을 제거하고, 면화 솜(lint)을 압축하여 저장을 위한

처리 후, 운송의 효율성을 높이기 위하여 규격화된 베일로 포장한다. 그림26-1은 베일을 만들기 위해 면화 솜의 무게를 측정하는 과정이다. 생산국가에 따라서 베일 기준이 있지만, 미국의 경우 면화베일의 크기는 일반적으로 약 0.48m^{3}이고 무게는 226.8kg이다. 조면 처리 후 각 베일에는 베일, 씨앗, 농업국 분류 사무소를 식별하는 영구적 베일고유번호(Permanent Bale Identification)가 부착된다. 베일의 각 측면에서 두 개의 작은 샘플을 채취하고 베일고유번호를 지정한 후 채취한 샘플은 면화 사무국으로 이동된다.

3. **분류.** 면화 분류는 제조 또는 완제품에 영향을 미칠 수 있는 면화 속성을 측정하기 위한 표준절차의 적용을 의미한다. 각 베일 샘플에 대해 HVI(High Volume Instrument) 테스트* 방법을 사용하여 길이, 강도, 균일성 및 마이크로네어(micronaire)**를 포함한 섬유 속성을 측정한다. 각 샘플의 면화 속성 데이터는 베일고유번호와 연결된다.
4. **보관.** 분류되어 베일고유번호가 부착된 면화는 수출을 위해 창고에 보관된다.시장에 출시되는 모든 면화 베일에는 베일고유번호와 바코드가 표시되어 있으므로 직물 공장에서는 베일의 섬유까지 추적이 가능하고 섬유 속성 데이터를 볼 수 있다. 그림26-2는 포장이 끝난 베일이 다른 나라로 수출되기 위하여 베일고유번호와 바코드가 베일에 부착된 모습이다.

그림26. 베트남으로 수출하기 위해 창고에 보관되어 있는 바코드를 부착한 면화 베일

그림26-1.

그림26-2.

* 이미지 제공: 저자

Price of a Cotton T-shirt: 면화 가격

독일의 다이 자이트(Die Zeit)지의 볼프강 우카티우스(Wolfgang Uchatius)는 2010년 H&M 티셔츠 가격이 어떻게 4.95유로로 10년 전인 2000년과 똑같은 가격인가에 대한 해답을 얻기 위해 방글라데시에 있는 H&M 티셔츠의 공급망을 추적하였다.[151] 그가 찾은 해답은 낮은 면화 가격, 열악한 근로조건과 낮은 임금에 의한 낮은 생산 비용, 저렴한 배송비, 대량 판매에 의한 이익 창출 등이었다.[152] 리볼리 교수의 주장처럼 우카티우스도 세계 면화 가격에 부정적 영향을 주는 요인은 미국의 면화 보조금 정책이라고 지적했다.

미국은 중국과 인도에 이어 세계 3위의 면화 생산국이다. 국제기구에서는 미국 정부가 면화 재배 농부들에게 정부 보조금을 제공함으로써 과잉생산을 초래하여 세계 면화 시장 가격을 낮추게

---

* HVI(High Volume Instrument) 테스트는 길이, 균일성, 마이크로네어, 섬도, 강도, 색상 등 다양한 섬유 속성을 측정할 수 있는 시험기임[Source: Cottonworks™].

** 마이크로네어(micronaire)는 면섬유의 섬도를 상대적으로 측정한 것임. 값이 낮을수록 가늘고 미세한 면화를 나타내고, 값이 클수록 거친 면화를 나타냄[Source: Cottonworks™].

만들고, 이는 개발도상국과 최빈국의 면화 재배 농부들의 생계에 부정적 영향을 미친다는 것에 대해 연구·논의되고 있다.[153] 2010년 당시 티셔츠 한 장에 필요한 면화 가격은 약 0.40유로였다. 방글라데시 의류제조업의 근로자는 열악한 환경에서 근무했다. 당시 하루 인건비로 1.18유로를 받는 근로자들이 2,000벌의 티셔츠를 만들어 내어 낮은 생산 가격을 유지할 수 있었다. 티셔츠 배송은 컨테이너와 대형선박을 이용하는 데, 티셔츠 한 장에 약 0.06유로가 소요되었다. 티셔츠 비용, 국제배송비용, 세금, 국내 운송비용, 매장 관련 간접비를 제외하고 H&M이 티셔츠 한 장에 얻는 순이익은 0.6유로이지만, 대량 판매로 기업은 이익을 창출하였다.[154]

H&M의 티셔츠 가격과 공급망에 관한 정보를 얻고자 2023년 9월 20일 저자는 H&M 독일 온라인 스토어를 방문하였다. H&M에서 판매하고 있는 100% 면 티셔츠는 4.99유로였다. H&M의 100% 면 티셔츠 가격은 2000년 4.95유로, 2010년 4.95유로, 그리고 2023년에는 4.99유로이다(그림27). 23년 동안 H&M의 티셔츠 가격은 0.04유로 증가했다. 공급업체명은 비교할 수 없으나, 볼프강 우카티우스 조사했을 때와 같이 공급업체의 주소는 방글라데시로 명시되어 있었다.

그림27. 100% 면 티셔츠 가격

* 이미지 제작: 저자

그림28. 세계 면화 평균 가격 (단위:cent/kg)

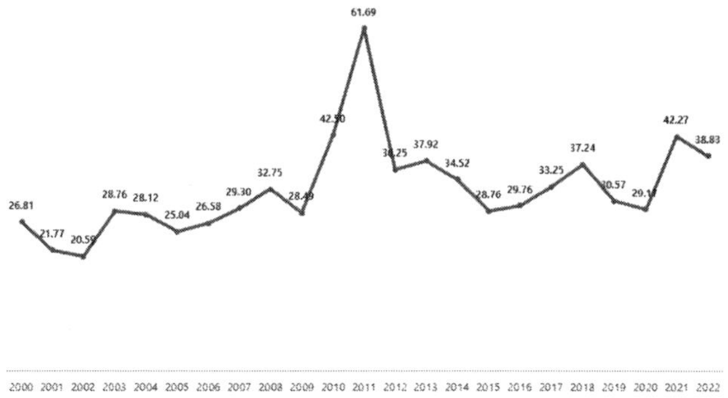

* 데이터 출처: International Monetary Fund

그림28에서 2000년부터 2022년까지의 세계 면화 가격을 살펴보면 2002년 20.59센트로 최저가였고, 2011년 61.69센트로 최고가였다. 볼프강 우카티우스가 비교한 2000년은 26.81센트였고, 2010년은 42.50센트였다. 의류 공급망 구조를 고려해 보면, 이 티셔츠는 2000년에 의류매장에서 판매되었고 직물업체가 1999년 또는 1998년에 거래된 면화를 사용하였을 것이다. 이것을 고려해서 비교해 보면, 2000년 티셔츠의 면화는 2019년의 것으로 평균 면화 가격은 30.57센트, 2010년 티셔츠의 면화는 2009년의 것으로 28.49센트, 2023년 티셔츠의 면화는 2022년 것으로 38.83센트이다. 물론 시장경제에서 가격은 수요와 공급에 의해서 정해진다. 한편 작물의 생산량은 온도, 일조량, 비, 바람 등의 재배환경에 영향을 받는다. 특히 2011년에는 파키스탄, 중국, 호주 등 여러 주요 면화 생산국가에서는 홍수, 가뭄 등 악천후로 인해 면화 생산에 줄어들면서 면화의 공급 부족과 수요의 증가에 대한 우려로 면화 가격이 역사상 최고조에 달했다.[155]

다시 H&M 티셔츠 가격으로 돌아가서, 방글라데시의 지난 20년 동안의 소비재 인플레이션을 살펴보면, 2000년의 1,000 타카(BDT)*는 2022년 238.91타카로 22년간 가격은 280.02% 상승하였고, 가치는 76.11% 감소하였다.[156] 그러나 지난 20년 동안 세계 면화의 평균 가격은 크게 변하지 않았다. 지난 20년 동안 거의 변하지 않은 가격의 면 티셔츠를 공급하는 데에는 누군가에게 보상되지 않은 큰 희생이 있었을 것이다.

Organic Cotton: 불편한 진실

일반 면화는 살충제, 제초제, 고엽제, 비료, 다량의 물을 사용하여 재배되는 반면, 유기농 면화는 합성 살충제와 화학 비료를 사용하지 않고 생산된다. 첨가물은 거름 형태로만 사용되며, 토양의 질은 돌려짓기로 조절된다. 따라서 환경에 미치는 영향이 크게 줄어들고 깨끗하고 안전한 면화를 생산하는 동시에 지속가능한 생산과 자원순환을 할 수 있다.

따라서 패션 브랜드에서 유기농 면화와 재활용 섬유 제품은 기존의 제품보다 소비자 가격이 더 비싸다. 뉴욕 타임스지에 의하면 2022년 미국의 패션 디자이너 마이클 코어스가 선보인 여성용 유기농 면 후드가 달린 스웨트셔츠는 기존의 면 후드가 달린 스웨트셔츠보다 가격이 25달러가 더 비쌌고, 타미 힐피거(Tommy Hilfiger)의 남성용 유기농 슬림핏 티셔츠는 일반 면화 제품보다 3달러 더 비쌌다고 한다. 또한 제품 설명에는 "본 제품에는 화학 살충제, 화학 비료, 유전자 변형 종자를 사용하지 않고

---

* 타카(BDT: Bangladeshi Taka): 방글라데시 화폐 단위.

재배한 독립적으로 인증된 유기농 면이 포함되어 있다."라고 명시되어 있다고 한다.[157]

뉴욕 타임스의 기자들은 유기농 면화의 생산과 인증과정을 알아보기 위해 세계 유기농 면화 공급의 최대 단일 생산국인 인도의 농장을 방문하여 농부들을 인터뷰하였다. 유기농 면화를 조달, 가공, 재배하는 인도의 농부들은 유기농 면화의 생산량 증가에 관련된 보고서와 유기농 정품인증은 가짜라고 말했다고 한다. 전 세계적으로 판매되는 유기농 면화의 절반 정도를 생산하고 있는 인도의 유기농 면화 중 2분의 1 또는 5분의 4는 유기농이 아니라고 한다.[158] 인도 마디아 프라데시(Madhya Pradesh) 유기농 면화 농부들은 평균 수확량으로 17,079루피(약 227달러)를 벌고 있는데, 이는 일반 면화 농부들보다 거의 21% 적은 수익이다. 살충제와 화석연료 비료 없이 재배하면 일반 면화 재배보다 유기농 면화의 수확량은 평균 28% 낮다.

섬유학자 카비타 마투르(Kavita Mathur) 박사는 유기농 면화가 기존의 면화보다 더 부드럽고 고품질로 만든다는 것은 불가능하다고 말한다.[159] 면직물의 품질과 촉감은 섬유의 길이에 따라서 결정되는데, 패션 브랜드에서도 인기가 있는 피마(Pima)** 와 수피마(Supima)***와 같이 촉감이 부드럽고 내구성이 뛰어나려면 섬유의 길이가 길어야 한다. 그러나 매우 긴 섬유를 가진 면화는 특정 기후와 조건에서만 재배할 수 있으며 합성 살충제와

** 피마(Pima)는 미국 남서부에서 이집트산 면화를 선별하여 개발된 강도가 뛰어나고 견고한 미국산 면화을 부르는 이름으로, 또는 아메리칸 피마(American Pima)라고도 칭함[Soucre: Merriam-Webster Dictionary].

*** 수피마(Supima)는 미국산 섬유길이가 긴 면화 섬유를 홍보하기 위해 만들어진 상표로, 수피마(Supima®) 상표를 사용하기 위해서는 허가된 공급망을 통해서만 공급됨[Source: Supima Cotton, Inc.].

비료 없이 생산하기가 특히 어렵고 비용이 많이 든다. 따라서 유기농 면화로 옷을 만드는 경우 섬유의 길이가 짧아서 촉감이 거칠고 내구성이 떨어진다. 또한 부드러운 촉감을 가진 유기농 피마는 전 세계에서 재배되는 면화의 1% 미만이다.[160]

마투르 박사는, 유기농 면화 작물은 일반적으로 기존 면화 작물보다 수확량이 적기 때문에 기존 작물과 동일한 양의 재료를 공급하기 위해 유기농 면화는 더 많은 토지, 물, 에너지가 있어야 하며, 이는 결국 더 많은 온실가스 배출을 초래할 것이라 말했다. 또한 농업경제학 박사인 다니엘 섬너(Daniel Sumner)는, 이것은 두 가지 서로 다른 영향 영역을 절충하는 문제라고 말하면서 살충제와 비료로 인한 부정적인 환경 영향은 유기농 면화가 더 적지만, 유기농 면화는 수확량이 적기 때문에 더 넓은 토지와 많은 양의 물, 그리고 더 많은 물 발자국(water footprint)*을 남긴다고 덧붙였다.[161]

2. Casual Life, Easy Care: 폴리에스터

의류의 약 70%는 스판덱스(spandex), 나일론(nylon), 아크릴(acrylic)을 포함한 인조섬유로 구성되어 있다. 그림29에서 보여주는 것처럼 폴리에스터는 생산되는 섬유 중 가장 일반적이며 모든 섬유 생산량의 53.7%를 차지한다.[162] 내구성이 좋고 관리하

---

* 물 발자국(Water Footprint)란 개인, 단체, 기업이 지역사회에서 상품을 만들거나 서비스를 제공하는 데 필요한 담수의 양[Source: Ercin, A.E. and Hoekstra, A.Y. (2012) Carbon and water footprints: Concepts, methodologies, and policy responses. UNESCO.].

그림29. 2021년 세계 섬유 생산량 (단위:백만 톤)

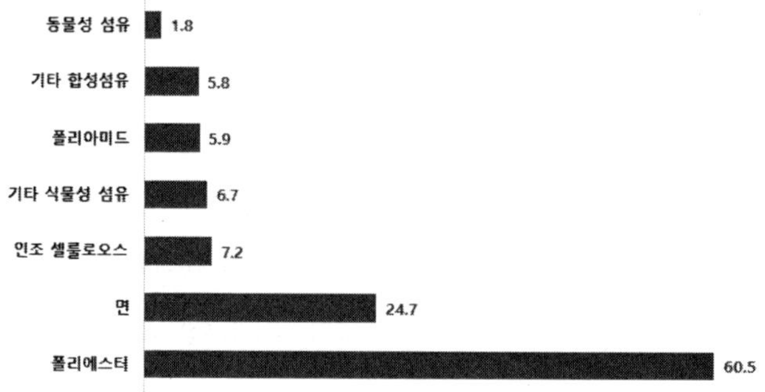

* 데이터 출처: Preferred Fiber & Materials Market Report 2021

기 쉬운 폴리에스터는 바쁜 현대인들의 라이프스타일에 잘 맞는 섬유이다. 세탁기와 건조기를 사용하여도 변형이 없고 구김이 적어 다름질하지 않아도 된다. 물론 폴리에스터는 피부에 열과 습기를 가두어 불편함과 피부 자극을 유발할 수 있고, 보푸라기와 정전기가 발생하기 쉬우며 광택이 고급스럽지는 않다. 섬유의 단점을 보완하면서 생산단가를 낮추기 위해서 폴리에스터는 다양한 천연섬유와 혼방하여 직물로 제작되었다. 폴리에스터의 한 해 생산량은 1975년 337만 톤에서 2021년 6,050만 톤이다.[163]

석유나 석탄과 같은 원료를 화학적 공정으로 합성해서 만든 폴리에스터는 지구에 어떤 영향을 주고 있을까? 가장 먼저 생산할 수 있는 원료를 자연에서 추출한다. 그리고 그 공정을 수행하기 위한 많은 에너지가 사용되고, 따라서 온실가스를 배출한다. 생산하는 동안 호흡기에 문제를 일으키는 독성물질인 삼산화안티몬(antimony trioxide)을 사용하여 건강을 위협하고, 폴리에스터 의류를 세탁할 때 미세플라스틱으로 알려진 작은 섬유가 나와서, 이는 결국 해양 및 기타 수로로 유입되고 있다. 폴리에스터가 땅속에서 분해되는 데 수백 년이 걸릴 수 있고, 소각하면 유해 독성 가스를 유발하여 폐기물 처리 과정에서 심각한 문제가 발생할 수 있다.

미세플라스틱은 자연에서 분해되지 않고 다양한 경로를 통해 대기, 토양, 해양을 오염시켜 생태계를 위협한다. 또한 미세플라스틱은 해양 생물과 육상 생물에 의해 섭취되어 생물의 소화기관을 막거나, 독성물질을 방출하여 생물의 건강에 영향을 끼치고 있다. 그림30에 나타난 바다에 있는 미세플라스틱의 발생원을 살펴보면, 합성섬유에서 35.0%, 자동차 타이어에서 28.0%, 도시 먼지에서 24.0%, 도로표시*에서 7.0%, 해양선박 코팅에서 3.7%, 개인위생 및 관리를 위한 화장품에서 2.0%, 제조, 운송, 및 재활용 중에 유출되는 플라스틱 입자에서 0.3% 발생함을 알 수 있다.[164]

그림30. 바다 미세플라스틱 발생원 분포

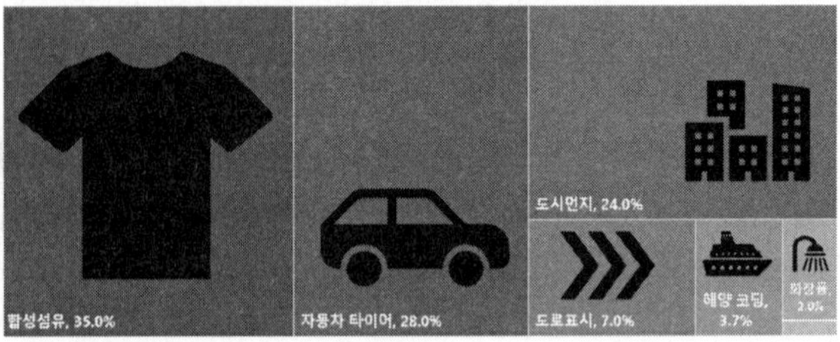

* 데이터 출처: International Union for Conservation of Nature

Microplastics: 바다로 간 플리스 자켓

최근 합성섬유의 세탁 과정에서 발생하는 극세사가 해양의 미세플라스틱의 오염의 주요 원인으로 평가되고 있다. 극세사는 선형 밀도가 약 1데시텍스 이하, 0.3데시텍스 이상인 스테이플 섬유 또는 필라멘트이다. 이 크기는 실크 섬유의 지름의 절반, 면화 지름의 3분의 1, 가는 양모의 지름의 4분의 1, 사람의 머리카락보다 100배 더 가늘다. 아크릴(acrylic), 비스코스(viscose), 폴리프로필렌(polypropylene) 등도 극세사로 생산되어 사용되지만, 폴리에스터와 나일론이 가장 많이 사용된다.

극세사로 만든 직물은 일반적으로 가볍고, 주름이 잘 생기지 않으며, 고급스러운 드레이프가 있고, 보풀이 잘 생기지 않는다. 다른 제품에 비해 상대적으로 내구성이 뛰어나고, 비슷한 무게의 직물과 비교했을 때 통기성이 좋고 착용이 더 편안하다. 또한 극세사로 만든 직물은 열전도율이 낮아서 단열성이 높다.[165] 이렇게 기능적인 면에서 많은 장점이 있으나, 극세사는 미세플라스틱의 한 종류이다. 물론 극세사 방출은 직물의 특성과 세탁 방법에 관련이 있다. 연구 결과에 따르면, 세탁 중에 방출되는 극세사는 세탁된 의류의 종류에 따라 세탁된 직물 1kg당 124~308mg 범위로 나타났으며, 이는 64만 개~150만 개의 극세사 수에 해당한다.[166]

합성섬유 중에서 의류제품의 재료로 가장 많이 사용되는 섬유인 폴리에스터로 만든 부드럽고 보송보송한 소재인 플리스(fleece) 또는 후리스는 가볍고 따뜻한 장점이 있고 날씨가 쌀쌀해지는 시기에 인기가 많은 소재이다. 플리스란 표면의 파일(pile)이 일어나도록 만든 직물로 양의 플리스**에서 이름을 따왔지만, 일반적으로 100% 폴리에틸렌 테레프탈레이트(PET: polyethylene terephthalate)이다. 1980년대 말든공장(Malden Mills, 현재의 Polartec LLC)과 파타고니아(Patagonia)가 협업하여 폴리에스터로 플리스를 만들어서 파타고니아는 1985년에

---

* 도로 표시는 페인트, 열가소성 수지, 폴리머 테이프, 에폭시 등의 다양한 재료를 이용하여 도로 표면 위에 표시함. 미세플라스틱 손실은 풍화 작용이나 차량과의 마모로 인해 발생함.

** 플리스(fleece)는 가죽의 얇은 층과 함께 있는 양, 염소, 또는 야크 등의 털을 지칭함.

최초로 플리스 스웨터, Snap-T 풀오버를 출시했다.[167] 그 이후 다른 아웃도어 브랜드들도 플리스 제품을 출시하였는데, 특히 90년대 후반 미국의 캐쥬얼 브랜드인 갭은 플리스로 제작한 후드가 달린 스웨트셔츠는 최고의 매출을 올렸다고 뉴욕 타임스와의 인터뷰에서 FIT(Fashion Institute of Technology)의 인그리드 존슨(Ingrid Johnson) 교수는 언급했다. 또한 2010년대 후반부터 우리나라에서는 간절기 의류로 플리스가 주목을 받게 되었다. 그러나 따뜻하고 폭신한 플리스 재킷은 폴리에스터로 만들어진 옷이다.

1kg의 폴리에스터 플리스 직물은 한 번의 세탁으로 450만 개의 섬유를 방출한다는 충격적인 연구결과도 발표되었다.[168] 2016년 연구에 따르면 전 세계 해양에는 15조에서 51조 사이의 미세플라스틱 입자가 있다고 추정했다.[169] 2020년 연구에 의하면 미세플라스틱은 이제 표층수에서 심해에 이르기까지 바다의 모든 부분에 존재한다고 보고했다. 또 다른 연구에 의하면 미세플라스틱은 사람의 배설물에서도 발견되었는데, 이는 미세플라스틱이 사람의 몸 안에 존재한다는 것을 시사한다.[170] 현재 추세가 계속된다면 2050년까지 전 세계 바다에는 물고기보다 플라스틱이 더 많을 수 있다고 추정했다.[171] 그림31은 미세플라스틱과 인간의 먹이사슬을 보여준다. 바다에 사는 생물이 바다로 유입된 미세플라스틱을 섭취하고, 우리는 바다에서 채취한 다양한 먹거리를 섭취한다. 결국 우리는 우리도 모르게 바다의 식량자원을 통해서 우리의 몸에 미세플라스틱을 축적하고 있다.

폴리에스터 의류의 미세플라스틱이 프탈레이트(phthalates)와 비스페놀 A(bisphenol A)와 같은 독성 화학 물질을 바닷물로

그림31. 미세플라스틱과 인간의 먹이사슬

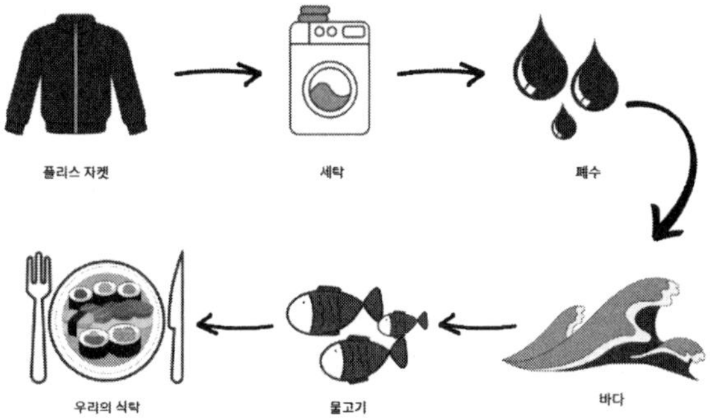

* 이미지 제작: 저자

침출하여 동물성 플랑크톤에 의해 섭취되고 조직에 축적되어 잠재적으로 해양생물과 생태계에 영향을 준다.[172] 유엔환경프로그램(UNEP: United Nations Environment Programme)이 2021년에 발간한 『오염에서 해결책까지: 해양 쓰레기와 플라스틱 오염에 대한 세계적인 평가(From Pollution to Solution: A Global Assessment of Marine Litter and Plastic Pollution)』 보고서에서는 미세플라스틱의 화학물질이 특히 여성의 건강과 관련이 있다고 경고한다. 이 화학물질은 인간 유전학, 뇌 발달, 호흡률의 변화 등의 다양한 건강 문제들이 포함할 수 있다고 덧붙였다.[173]

위에서 언급된 연구들은 모두 폴리에스터와 같은 합성섬유가 미세플라스틱의 주요 공급원이라 지적했다. 따라서 유럽 연합국은 세탁에서 생성되는 미세플라스틱을 포함하여 환경의 미세플라스틱 문제를 해결하는 조치로, 세제 및 세탁기와 같은 제품에서 미세플라스틱 반출을 줄이기 위해 2025년부터 판매하는 세탁기에 미세플라스틱을 거를 수 있는 필터 장치를 해야 한다고 발표하였다.[174] 또한 유럽 연합국은 소비자가 세탁 시 극세사를 배

출하는 제품을 식별할 수 있도록 섬유 라벨에 관한 규정도 도입했다.[175]

End of Life: 재활용 섬유

매년 수백만 톤의 폐의류 매립지가 지구 저편의 최빈국에서 생겨나고, 매립지에서는 메탄이 공기 중으로 배출되고 화학물질은 토양과 지하수로 배출되고 있다. 또한 분해되는 데 섬유에 따라서 수백 년이 걸릴 수 있다. 새로운 섬유 생산으로 나타나는 탄소 발자국과 환경의 부정적 영향을 극복하는 방법으로 패션산업에서는 섬유의 재활용을 확대하고 있다. 그러나 2021년 기준으로 새 의류를 생산하는 데 사용되는 재료 중 재활용 직물에서 나오는 비율은 1% 미만이다.[176] 섬유를 재활용하는 데 몇 가지 어려움이 있다.

첫째는 사용이 끝난 의류와 섬유 제품의 회수이다. 재활용 가능한 공급 원료를 위한 폐의류와 폐섬유 수집은 여전히 많은 노동력과 기반 시설이 필요하다. 재활용에 대한 소비자 인식이 개선되고 있지만, 재활용을 목적으로 수거되는 의류 수거함이 소비자들의 잘못된 인식으로 생활 쓰레기 배출구로 사용되어 자원순환의 목적으로 사용할 수 없게 오염이 되기도 한다.

둘째는 회수된 의류와 섬유 제품의 분류이다. 재활용하기 전에 지퍼, 버클, 단추 등 다양한 부속품을 제거해야 할 뿐만 아니라 대부분의 의류는 다양한 섬유과 혼합되어 있기에 회수된 제품에서 단일섬유를 추출하는 것은 매우 복잡한 공정이다. 예를 들면 면 100% 또는 폴리에스터 100% 등의 단일섬유로 만들어진 제품은 기계적 방법으로 재활용할 수 있다. 그러나 면 80%,

폴리에스터 20%로 만들어진 혼방제품의 경우 재활용하기 위하여 화학적 방법으로 두 가지 섬유를 분류해야 한다.

셋째는 비용이다. 엘렌 맥아더 재단(Ellen MacArthur Foundation) 연구에 따르면 재활용 폴리에틸렌 테레프탈레이트(rPET: polyethylene terephthalate) 필라멘트의 가격은 일반적으로 새로운 원료로 만든 폴리에틸렌 테레프탈레이트 필라멘트의 가격보다 10~15% 더 높은 것으로 나타났다.[177] 따라서 재활용 섬유로 만든 제품의 가격은 일반적으로 새로운 섬유로 만든 제품의 가격보다 높다. 이는 의류제품에서 섬유를 재활용하는 것이 순수 섬유를 생산하는 것보다 더 복잡하고 비용이 많이 들기 때문이다. 그러나 최근 기술이 개발되고 정부에서는 패션산업에서 재활용 소재 사용을 장려하는 정책을 시행하여 재활용 섬유의 공급이 증가함에 따라 재활용 섬유를 사용한 제품의 가격은 감소하고 있다.

넷째는 소비자의 인식이다. 재활용 섬유를 활용한 제품에 대한 소비자 인식과 수요가 부족하다. 섬유 폐기물에서 얻은 재활용 섬유는 불균일한 섬유 유형과 불균일하게 분포된 짧은 섬유 길이를 가지고 있어서 품질이 새 원사보다는 낮다. 예를 들면 재활용 폴리에스터는 인장 강도, 직물의 촉감, 흡수성 등이 새 원사로 만들어진 폴리에스터와는 다르다.[178] 따라서 소비자들은 재활용 재료로 만들어진 제품에 대해서 기능성이 떨어져서 결국 재정적 손해를 볼 수 있다고 생각한다. 한국의 성인을 대상으로 한 연구에서도 소비자들은 섬유를 사용한 의류의 실용성과 기능성이 떨어진다고 여겨서, 구매의도가 훨씬 낮은 것으로 나타났다.[179] 그러나 2개월 동안 재활용 폴리에스터 티셔츠와 새 원사로 만들어진 폴리에스터 티셔츠를 착용한 소비자들은 재활용 섬유와 새 섬유의 차이를 인식하지 못했고, 또한 선호도에서도 차이가 없었다고 한다.[180]

우리의 생활환경에서 가장 흔한 유형의 플라스틱인 폴리에틸렌 테레프탈레이트(PET)를 재활용하여 만든 재활용 폴리에스터(rPET)를 가지고 2010년 나이키가 월드컵 유니폼으로 선보였을 때, 패션산업은 새로운 지속가능성을 실행할 수 있는 가능성을 보았다. 그 이후 재활용 폴리에스터의 시장점유율은 2019년 14%로 성장하였다. 텍스타일 익스체인지(Textile Exchange)는 기후변화에 관한 유엔 기본 협약의 기후 행동을 위한 패션산업 헌장(FICCA: Fashion Industry Charter for Climate Action)과 협력하여 '2025 재활용 폴리에스터 챌린지(2025 Recycled Polyester Challenge)'를 시작하여 패션기업들이 2025년까지 재활용 폴리에스터의 45%에서 100%를 제품에 사용하는 것을 목표로 세웠다.[181]

재활용 폴리에스터는 기존의 플라스틱을 녹여서 새로운 폴리에스터 섬유로 재방사함으로써 얻어진다. 예를 들어 5개의 탄산음료 플라스틱병은 특대형(EXL) 티셔츠 하나를 만들기에 충분한 섬유를 생산한다. 재활용 폴리에스터는 플라스틱이 매립지나 바다로 흘러가지 않도록 방지할 수 있다. 특히 화학적 재활용되어 생산된 폴리에스터는 새 원료로 만든 폴리에스터와 품질 측면에서 같고 생산에 더 적은 자원이 사용된다. 따라서 재활용 폴리에스터는 친환경적이며 패션산업을 지속가능한 산업으로 전환하는 것이 핵심 전략이다. 그러나 재활용 폴리에스터를 지속가능한 순환자원으로 사용하는 데는 해결해야 할 숙제가 있다.

첫째는 재활용에 한계가 있다는 것이다. 많은 의류제품은 폴리에스터만으로 만들어지는 것이 아니라 기타 섬유를 혼합하여 만들어진다. 이 경우 재활용이 불가능하지는 않더라도 어렵다. 대부분의 재활용 폴리에스터는 비용적 이점 때문에 기계적 방법으로 재활용된다. 기계적 재활용은 플라스틱병을 가져다가 세척하고 잘게 부순 다음 다시 폴리에스터 칩으로 바꾸는 것인데, 이 방법을 이용하여 섬유를 만들면 섬유는 품질이 낮아져서 100% 재활용 폴리에스터로 제품을 만들기 어렵고, 제품을 만든다고 하더라도 다시 재활용할 수 있지 않아 완전한 자원순환을 할 수 없다.

둘째는 폴리에틸렌 테레프탈레이트(PET) 재활용 과정은 환경에 영향을 미친다는 것이다. 폴리에스터 재활용 과정과 관련된 또 다른 문제는 기계적 재활용으로 생성된 칩의 색상이 다양할 수 있다는 것이다. 일부는 흰색으로, 다른 일부는 크림색으로 변해서, 색이 일관적이지 않다. 일부 염색업체에서는 흰색을 얻기가 어려워서 염소 기반 표백제를 사용한다. 염료 흡수가 일관되지 않으면 배치 간 색상의 일관성을 얻기가 어렵기 때문이다. 따라서 물, 에너지, 화학물질을 이용한 공정은 피할 수 없는 과정이다.

셋째는 재활용으로 만들어진 폴리에스터도 여전히 미세플라스틱을 배출한다는 것이다. 소비자가 제품을 사용하는 동안 세탁하는 과정에서 미세플라스틱이 빠져나와 해양과 토양에 유입된다.

젊은층을 중심으로 의식 있는 소비자들은 지구를 위하는 패션제품을 더 선호한다는 조사 결과는 매체를 통해서 발표되고 있지만, 윤리적 패션에 대한 인식이 가장 높음에도 불구하고 젊은층은 윤리적 제품을 덜 소비하는 것으로 나타났다.[182] 소비자들이 지속가능한 제품과 소비에 점점 더 관심을 두고 있지만, 이러한 태도는 특히 패션제품과 관련하여 실제 행동으로 이어지지 않고 있다. 이는 아직도 많은 소비자가 패션산업이 환경에 미치는 영향이 얼마나 위험하고 지대한지에 대한 인식이 부족했음을 시사한다. 따라서 인식의 확산을 위해 무분별한 소비가 지구 생태계에 미치는 영향을 체감할 수 있는 교육과 홍보를 강화해야 한다.

텍스타일 익스체인지의 CEO인 클레어 베르캄프(Claire Bergkamp)는 섬유의 재활용을 방해하는 가장 큰 요인 중 하나는 폐의류와 폐섬유를 재사용 또는 재활용할 수 있는 공급망으로 되돌리기 위한 시설과 규제가 아직 강력하지 않다는 것이라고 한다. 그녀는 패션산업이 환경에 주는 부정적 영향을 줄이기 위해 사용할 수 있는 섬유와 재료의 표준을 개발해야 한다고 덧붙였다. 또한 유럽 연합에서는 단일섬유로 구성된 의류(Single-Fiber Clothes)가 섬유의 재활용을 통한 지속가능성을 높이는 최고의 해결 방법이라고 제시하고, 단일섬유 사용에 관한 시행을 친환경 디자인 조건으로 채택할지를 고려하고 있다고 발표하였다.[183]

3. Comfort and Flexibility: 스판덱스

스판덱스(spandex)는 여성의 속옷에서 고무를 대체할 수 있는 소재로 1958년 듀폰(DuPont) 연구소의 화학자인 조셉 쉬버스(Joseph C. Shivers)에 의해서 발명되었다. 처음에는 여성의 신체를 교정하는 브래지어와 거들에 사용되었다. 다른 천연 및 합성섬유와 혼합되어 의류를 만드는 데 사용되는 스판덱스는 고무사보다 가볍고, 고무사와 달리 바디오일, 땀, 로션, 또는 세제에 노출되어도 분해되지 않는 장점이 있다.[184]

1960년대 패션산업은 스판덱스를 사용하여 슬림하고 신축성 있는 바지를 대중화하기 시작했다. 1968년 프랑스 올림픽 스키팀이 라이크라(LYCRA®)*로 만든 스키복을 착용했다. 스판덱스의 열풍은 1970년대 디스코 댄스 문화와 함께 영화 『그리스(Grease), 1978』에서 올리비아 뉴튼존(Olivia Newton-John)이 입은 검정색 레깅스, 1979년 아바(ABBA)의 스판덱스 캣슈트, 그리고 제인 폰다(Jane Fonda)의 시그니처 에어로빅 룩 등으로 이어졌다. 또한 스키니진(Skinny Jeans)의 열풍으로 유행한 청바지와 레깅스의 합성어인 제깅스(Jeggings™)**의 유행도 스판덱스의 대중화에 영향을 주었다. 진정한 스판덱스 대중화라 할 수 있는 지금의 애슬레저*** 트렌드를 불러일으킨 것은 1998년 캐나다 벤쿠버에서 요가에서 영감을 받아 선보인 기능성 운동복인 룰루레몬(Lululemon)이다.[185] 2000년대 룰루레몬은 글로벌 패션 시장에 애슬레저 혁명을 일으켰다.

캐나다 청소년을 대상으로 한 2018년 보고서에 의하면 스포츠에 참여하는 청소년 비율이 감소함에도 불구하고 룰루레몬과 같은 애슬레저 매장을 자신이 가장 좋아하는 의류 브랜드라고 답한 고소득층 청소년의 비율은 지난 2008년에 비해 6배나 증

---

* 라이크라(LYCRA®): 1959년에 듀폰의 화학자인 조셉 쉬버스(Joseph Shivers) 박사가 스판덱스를 발명하기 전까지 'Fiber K'라는 이름으로 사용하였는데, 자사의 스판덱스를 다른 섬유 브랜드와 구별하기 위해 상품명인 '라이크라(LYCRA®)'를 듀폰 브랜드 이름으로 사용함 [Source: The LYCRA Company (n.d.) See how LYCRA® fiber has shaped the world.].

** 제깅스(Jeggings™)는 21세기 초기에 청바지와 레깅스의 합성어로 만들어진 단어로서 쉽게 늘어나서 다리에 꼭 맞고 청바지처럼 보이는 천으로 만든 바지를 일컬음[Source: Oxford English Dictionary].

*** 애슬레저(Athleisure)란 1979년 Sporting Goods Manufacturers Assoication in US에서 새로운 시장으로 규정하면서 만들어진 이름[Source: Velocci, T. (1979.3.) Our the games people play and pay to watch. Nation's Business, 29-35.]으로 2016년에 메리엄-웹스터 사전에 운동(athletic)과 여가(leisure)를 합친 신조어로 등록됨. 운동과 일상생활을 위한 캐쥬얼 의류를 총칭함[Source: Merriam-Webster Dictionary].

가했다.[186] 코로나19의 대유행으로 인해 많은 의류 기업이 문을 닫거나 재정적으로 힘들었을 때도 룰루레몬은 2020년 최고 매출을 달성했다. 국내에서도 룰루레몬과 함께 한국 애슬레저 전문 브랜드인 뮬라웨어, 안다르, 젝시믹스도 급성장세를 보이고 있다(그림32). 특히 국내 애슬레저 시장 점유율 1위를 하는 젝시믹스의 매출을 살펴보면 2018년 217억 원, 2020년 1,197억 원, 2021년 1,478억 원, 그리고 2022년 1,953억 원으로 급성장하고 있으며, 2023년 상반기 역대 최대 실적을 경신했다.[187]

역사학자이면서 의류학자인 디어드레 클레멘테(Deirdre Clemente) 교수는 애슬레저가 장기적인 패션 트렌드가 된 이유를 3가지로 요약했다.[188] 첫째는 합성섬유의 기술 발전으로 인해 물세탁 가능한 스판덱스는 천연섬유보다 더 유연하고 내구성이 뛰어나기 때문이다. 둘째는 건강한 외모에 대한 현대인의 집착은 요가 팬츠를 착용한 사람을 '매우 건강한 사람'이라는 지위를 부여함으로써, 애슬레저가 제품을 통한 베블런의 과시적 소비 효과를 만들어 냈기 때문이다. 셋째는 시간(time), 공간(place), 상황(occasion)에 따른 패션의 형식이 점점 사라지면서 애슬레저를

그림32. 2020년-2022년 애슬레저 전문브랜드 매출액 (단위:원)

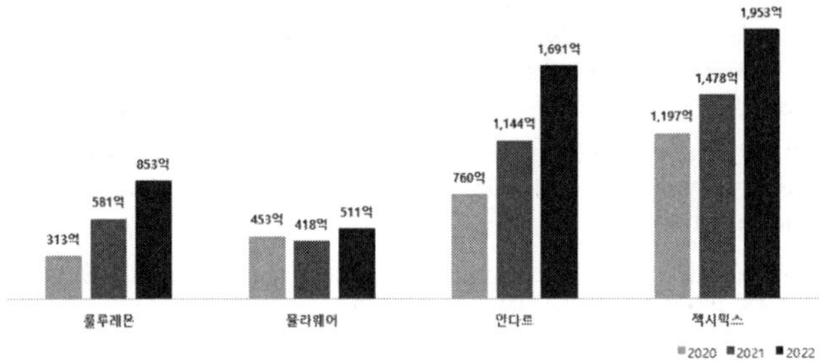

* 데이터 출처: 금융감독원 전자공시시스템(DART)

언제든지 어디서든지 상황에 구애받지 않고 입을 수 있는 옷이라는 사회적 공감대를 형성했기 때문이다.

2011년 미국의 국립 공영라디오(NPR)에서는 현대인의 비만 문제에 대해서 논의하는 시리즈 중에 스판덱스를 다루었다. 미국 성인 여성의 3분의 2가 플러스 사이즈 브랜드의 고객으로, 신축성은 의류제품이 갖추어야 할 필수적인 조건이 되었다. 의류제품의 사이즈와 핏(fit)에 대한 전략을 글로벌 패션 브랜드에게 제공하는 알바논(Alvanon)의 사장이자 패션 비즈니스 권위자인 에드워드 그리빈(Edward Gribbin)은 스판덱스가 신체를 제한하는 대신 신체에 맞게 변형되기 때문에, 스판덱스는 체형에 상관없이 모두가 입을 수 있는 옷을 만들 수 있는 민주적인 섬유라고 말했다.[189]

실험실에서 발명된 스판덱스의 주원료는 다른 합성섬유와 마찬가지로 화석연료, 특히 석유이다. 위에서 언급했듯이 스판덱스는 환경에 부정적 영향을 준다. 또한 스판덱스의 전구체인 폴리우레탄(polyurethane)은 발암성이 있는 톨루엔 디이소시아네이트(TDI: toluene diisocyanate)가 있고 독성물질인 메틸렌 디페닐 디이소시아네이트(MDI: methylene diphenyl diisocyanate)가 있다.[190] 완전히 화학적 반응이 끝난 폴리우레탄은 화학적으로 불활성이어서 호흡기에 민감한 소수 소비자를 제외하고는 일반인에게 유해하지는 않다. 다만 폴리우레탄 생산과정에서 잠재적으로 생산 근로자들이 해로운 독성물질에 노출될 가능성이 있다.*

---

* 스판덱스 생산과정에서 발생된 사고로 보도된 것은 아니지만, 1984년 12월 2일 인도의 보팔(Bhopal)에 있는 유니온 카바이드 살충제 공장에서 사고가 일어나 메틸렌비스페닐 디이소시아네이트를 포함한 여러 유독가스가 최소 30톤 배출됨. 그날 밤 60만 명 정도가 가스에 노출되었는데, 인도 정부는 약 15,000명이 사망한 것으로 추산하였고, 30년이 지난 2014년에도 신체적·정신적 문제를 가진 신생아가 태어남[Source: Taylor, A. (2014.12.2.) Bhopal: The world's worst industrial disaster, 30 years later. The Altantic.].

스판덱스를 지속가능한 섬유로 만들기 위한 노력은 꾸준히 일어나고 있다. 듀폰에서는 스판덱스의 신축성과 유사한 직물인 Sorona®를 개발했다. Sorona®는 매년 재생 가능한 식물의 성분을 사용하여 만든 섬유로, 폴리머의 37%가 옥수수에서 추출한 포도당 성분이다.[191] 전 세계 스판덱스 시장점유율 1위를 하고 있는 우리나라 효성(Hyosung)의 크레오라(Creora®)는 석유를 바이오 기반의 추출물로 대체한 크레오라 바이오베이스드 블랙(Creora® bio-based Black)과 재활용 스판덱스인 크레오라 리젠 블랙(Creora® regen Black)을 2023년에 출시하였다.[192]

4. Dyeing for Color, Dying for Color: 염료

뉴욕, 런던, 밀라노, 그리고 파리. 이름만 들어도 패션을 사랑하는 사람들을 설레게 하는 이름이다. 세계 4대 패션쇼가 열리는 도시이다. 디자이너들은 새로운 트렌드를 매 시즌 발표한다. 발표된 트렌드는 브랜드에 따라서 차이는 있겠으나 각자의 중점 고객층에 맞게 재구성하여 매장에 출시되어 판매된다. 트렌드는 색에서 시작된다. 팬톤(PANTONE®)과 WGSN(Worth Global Style Network)을 포함하여 패션 업계의 색상 예측을 전문으로 하는 세계적인 회사가 유행색 트렌드를 제공한다. 물론 이 예측은 소비자의 공감을 얻었을 때 시즌의 유행색이 된다.

1800년대 중반까지 모든 염료는 곤충, 식물 또는 광물과 같은 천연자원에서 추출하여 사용하였다. 천연자원에서 염료를 생산하는 것은 매우 어렵고 고가여서 색이 있는 옷을 입는 것은 부의 상징이었다. 그리고 산업혁명과 함께 19세기 중반 합성염료의 발견은 패션의 민주화를 일으키는 혁명이었다. 최초의 합성염료인 모브(mauve: 보라색)은 1856년 윌리엄 헨리 퍼킨(William Henry Perkin)이 말라리아 치료를 위해 퀴닌을 합성하려고 시도하던 중 발견했다.[193] 이후 인디고(indigo: 남색), 푹신(fuchsine: 자홍색), 알리자린(alizarin: 빨간색)을 비롯한 수많은 다른 합성염료가 개발되었고, 천연염료보다 색감이 선명하고 저렴하게 대량생산되었다.

더 선명하고 색상이 오래 지속되기 위해서 섬유가 가진 고유의 색을 표백하기 위하여 과산화수소(hydrogen peroxide), 차아염소산나트륨(sodium hypochlorite) 및 아염소산나트륨(sodium chlorite)과 같은 표백제를 사용한다. 색의 선명도를 높이기 위해서 형광 증백제는 스틸벤(stilbene), 쿠마린(coumarin) 및 벤즈이미다졸 유도체(benzimidazole derivatives) 등이 사용된다. 또한 색상을 지속하기 위해 고정제인 탄닌산(tannic acid) 및 금속염 등을 사용한다. 이러한 화학물질 중 상당수는 제대로 취급하지 않으면 위험할 수 있다.

19세기 독일의 동식물학자이자 위생학자였던 구스타프 예거(Gustav Jäger)는 화학 염료로 염색된 옷이 피부에 직접 닿았을 때 인체에 주는 부정적 영향을 주장하면서, 염색되지 않은 양모 소재가 피부에 가장 밀접한 속옷의 소재로 적당하다고 주장했다.[194] 그의 주장은 영국 패션 브랜드 예거(Jaeger)에 영향을 주어서 양모 소재로 만든 내복을 만들어 '닥터 예거의 위생적인 양모 시스템(Dr. Jaeger's Sanitary Woolen System Co Ltd.)'을 설립했다. 그림33은 염색하지 않은 양모로 만든 내복이 얼마나 신체에 유익한지를 알려주고 있는 광고이다.

그림33. 닥터 예거의 위생적인 양모 내의 광고

* 이미지 출처: Dr. Jaeger's sanitary woollen system / Dr. Jaeger's Sanitary Woollen System Co., Limited. Public Domain Mark. Source: Wellcome Collection. https://wellcomecollection.org/works/zn534yzj

과학기술의 발전으로 신체에 유해하지 않은 염료는 많이 개발되었고, 또한 화학첨가제의 사용기준이 설정되고 있다. 유엔환경프로그램(UNEP)은 국제 화학물질 관리에 대한 전략적 접근 방식(SAICM: Strategic Approach to International Chemicals Management)이라는 사무국을 만들어서 화학물질의 건전한 관리 촉진을 위해 글로벌 정책 프로그램을 운영한다. 또한 제품 수명주기와 공급망 전반에 걸쳐 화학물질의 건전한 관리를 위하여 관리제품 내 화학 물질(CiP: Chemicals in Products) 글로벌 지침을 발표하고 있다.

그러나 합성염료는 유황, 비소, 포름알데하이드 등 8,000개 이상의 화학물질이 염색 공정에 사용되며, 이 과정에서 많은 양의 물, 에너지가 사용된다. 특히 직물 염색은 수질오염의 주요한 요인이다. 직물 제품 1kg을 생산하는 데 50~90g의 염료와 200L의 물이 필요한 것으로 추정된다.[195,196] 염료를 직물에 고정하기 위해 고정제를 넣어도 염료의 약 10~15%가 일반적으로 고정되지 않은 상태로 남아 있으며, 이 일부는 산업폐수로 직접 배출된다.[197] 전 세계적으로 섬유산업 폐수를 통해서 배출되는 섬유 염료는 매년 약 280,000톤이다.[198] 산업폐수가 제대로 처리되지 않은 상태로 수중 서식지로 배출될 때 먹이사슬에 유입되어 신체에 축적되어 돌연변이 유발 및 발암 결과를 일으킬 가능성이 있다.[199]

몇 년 전 CNN의 기사 「아시아의 강이 검게 변하고 있다(Asian rivers are turning black), 2020」는 방글라데시의 패션산업을 중심으로 다루었다.[200] 방글라데시는 중국 다음으로 세계에서 두 번째로 큰 의류제조업 국가로, 섬유산업이 국민생산의 20%를 차지하고 약 400만 명의 고용 창출을 하는 중요한 산업이다. 그러나 섬유 염색 및 가공 공장에서 생성된 침전물이 다카(Dhaka: 방글라데시 수도)를 흐르는 강과 운하를 검정으로 변하게 하고 물은 걸쭉해지고 있다고 한다. 또한 일부 공장에서 적절한 보호장비를 입지 않고 염색작업을 해서 독성물질에 직접적으로 공장 근로자를 위협하고 있다고 덧붙였다. 방글라데시 정부는 적극적으로 이 문제를 해결하고자 노력 중이지만 지금도 해결해야 할 문제들이 여전히 남아 있다.

Wardrobe Essential: 청바지

1800년대에 데님(Denim)을 이용하여 육체적 노동을 하는 사람들의 작업복 바지였던 것이, 나이, 성별, 인종, 나라, 종교와 관계없이 입는 지금의 청바지(Blue Jeans)이다. 1950년대에 제임스 딘(James Dean)이 영화 『이유 없는 반항(Rebel Without a Cause), 1955』에서 10대를 대변하는 패션으로, 청바지는 패션 이상의 문화로 자리매김을 시작하였다. 1974년 캘빈 클라인(Calvin Klein)이 디자이너 진을 출시하면서 청바지는 연령과 사회적 계층을 뛰어넘어 모두가 입는 패션이 되었다.[201] 우리나라 청바지 문화는 1982년 교복 자율화와 함께 청소년과 젊은층을 중점고객으로 한 뱅뱅과 핀토스를 포함한 국내 브랜드가 활성화가 되고, 또한 죠다쉬(Jordache)와 같은 해외 청바지 브랜드가 수입되면서 본격적으로 시작되었다.[202]

이렇게 전 세계인의 일상복이 된 청바지를 만들기 위해서는 일련의 화학공정을 거쳐야 한다. 전통적으로 청바지를 만드는 직물인 데님은 하얀색 면사와 인디고 염료로 파란색 면사를 능직으로 짜서 만든다. 물론 천연 인디고*도 있지만, 지금은 1878년 독일 화학자 아돌프 폰 바이어 (Adolf von Baeyer)가 발견한 합성 인디고로 염색한다.[203] 인디고 염료를 합성하려면 염색과정 자체와 마찬가지로 포름알데히드(formaldehyde)를 비롯한 여러 가지 독성을 가진 화학물질이 필요하다.[204] 또한 청바지는 완성되기 전에 직물을 파란색으로 바꾸는 것 외에도 수축을 최소화하고, 염료를 고정하고, 더 부드럽게 만들기 위해서 물리적 화학적 처리를 거쳐

---

* 인디고(Indigo)는 인류에게 날려진 가장 오래된 염료 중 하나로 인디고페라 틴크토리아(Indigofera Tinctoria)라고 불리는 식물의 잎을 사용한 색[Source. Young, C. (2022) The color of fashion: The story of fashion is woven through with color. Welbeck Publishing.].

야 한다. 표백제를 비롯한 여러 가지 처리제들이 청바지를 만드는 과정에 사용된다. 특히 인디고는 지속성이 매우 높은 난분해성 염료이며 높은 용해도(10g/L)로 화학적, 광분해적으로 안정적이기 때문에 폐수에서 제거하는 데 어려움이 있다.[205]

2010년 아시아 최고의 청바지 생산지역인 중국 광저우의 젱청(Zengcheng)에 있는 신탕(Xintang) 지역은 중국 청바지 생산량의 60% 이상을 생산하였다. 이 지역에서는 직물 제조, 염색, 재단, 봉제, 그리고 포장에 이르기까지 청바지의 전체 제조 공정이 이루어지고 있다. 그린피스의 연구자들은 청바지의 직물 생산과 염색 시설 근처의 침전물과 주민들이 생활용수로 사용하는 물을 채취하여 분석한 결과 21개 중 17개의 표본에서 카드뮴(cadmium), 크롬, 수은, 납, 구리 등의 중금속을 발견하였다.[206] 그 이후, 중국의 지방정부는 오염 문제를 해결하기 위해 새로운 정책을 시행하고 있다.

그린피스의 『독성 스레드(Toxic Threads), 2012』 보고서에서는 청바지 제조업체인 리바이스(Levi's)가 멕시코의 수질오염과 관련이 있다고 보고하였다.[207] 그 이후에 리바이스는 의류 염색 및 처리 과정에서 유해 화학 물질 사용을 줄이겠다고 약속했으며, 2020년까지 모든 공급망에서 유해 화학 물질 무배출(Zero Discharge of Hazardous Chemicals)을 목표로 하였다. 청바지의 생산량이 증가하는 만큼 독성 및 발암성 화합물을 생성할 수 있는 오염물질이 폐수를 지속해서 생성한다. 지금도 세계 일부 지역에서는 데님 공장 근처의 강이 파랗게 물들어 강에서 서식하는 물고기가 오염되어서 죽고, 근로자와 주민들은 각막 또는 결막 손상, 피부 자극, 피부염 및 암이 발생할 수 있는 위협적인 환경에 노출되어 있다.

데님 직물을 이용하여 작업용 바지인 청바지가 생산되기 시작한 지 70여 년이 되는 기간 동안 청바지는 다양하게 진화하고 있다. 스톤워시드(stonewashed) 또는 애시드워시드(acid washed)를 이용한 색이 바래고 낡은 느낌을 표현할 수 있는 새로운 트렌드의 청바지가 그 대표적인 예이다. 이 기법은 염료가 잘 고정되지 않아서 발견한 우연한 효과이지만, 1970년대 이후 소개되어 지금은 청바지 색의 하나로 상품화되었다. 일련의 화학제품을 넣어 만든 청바지를 석재나 산에 세척하여 색을 빼고, 낡은 느낌을 표현하기 위해 청바지 표면의 섬유를 일부러 제거한다.[208] 낡은 느낌의 빈티지룩은 청바지뿐만 아니라 다른 패션 아이템에도 유행이 되었다. 특히 발렌시아가(Balenciaga)의 파리 스니커(Paris Sneaker) 라인의 빈티지룩은 가격이 두 배 이상으로 높다. 어쩌면 이 가격은 당연할 것이다. 완성된 제품에서 색을 빼고 마모를 하는 과정이 더 추가되었기 때문이다. 염료를 일부러 뺀 물과 일부러 뜯겨져 나간 섬유는 땅으로 또는 하수구를 통해서 바다로 흘러갔을 것이다.

5. Sweatshop: 사람을 위한 옷, 옷을 위한 사람

제품을 빠르고 저렴하게 제조하기 위해 많은 글로벌 패션 브랜드들은 노동법이 미약하고 정부의 통제가 미약한 개발도상국을 찾아서 전 세계로 이동하였다. 어쩌면, 지금도 이동 중이다. 과거에는 미국, 프랑스, 이탈리아 등이 의류 제조에 주요한 중심지였다. 1994년 우루과이 라운드(Uruguay Round)로 다중섬유

협정(MFA: Multi Fibre Arrangement)*이 종료되고 자유무역주의가 시작되면서 전 세계의 패션 수요국은 인건비 상승에 따른 비용을 절감하고 효율성을 높일 수 있는 의류 제조국을 찾아서 지속해서 움직였다. 지금도 전 세계는 중국의 의존율이 높지만, 2000년대 초반에까지만 해도 전 세계의 의류 수출의 40%는 중국이었다. 중국 내의 재료비 상승과 인건비 상승, 그리고 중국 위안화의 변화 등 무역의 위험부담이 높아지면서 의류 소비국은 인도네시아, 파키스탄, 방글라데시, 인도 등의 새로운 제조국으로 이동했다.[209]

착취공장(sweatshop)이란 용어는 찰스 킹스리(Charles Kingsley)의 『불쾌한 싸구려 옷(Cheap Clothes and Nasty), 1850)』에서 '열악한 작업장에서 근로자가 땀을 흘리는 시스템'이라는 의미로 사용된 말이다.[210] 착취공장은 매우 열악하고 사회적으로 용납할 수 없거나 불법적인 근무조건을 가진 작업장을 부르는 말이다. 갭, 나이키, 아디다스, 유니클로 등 세계적으로 유명한 패션 브랜드들의 대부분은 이 문제로 지속적으로 고발을 당하고 비판을 받았었다. 착취공장 근로자들, 주로 여성과 어린이들은 혹독한 근무 일정과 기초생활을 할 수 없는 빈약한 임금으로 고통받으며 비위생적이면서 안전하지 않은 작업환경에 노출되어 있다. 나이키는 베트남에서 착취공장 문제로 1990년부터 여러 차례 고발을 당하고 브랜드 이미지 개선을 위해 20년 동안 애를 쓰고 있다. 2000년에 독일의 대표적 스포츠용품 기업인 아디다

* 다중섬유협정(MFA: Multi Fibre Arrangement)이란 1974년부터 1994년까지 급격한 수입증가로 국내 산업이 심각한 피해를 입고 있는 국가에 대해서 수입을 제한하는 할당량을 설정하는 협정. 개발 도상국이 선진국에 수출할 수 있는 섬유와 의류 양에 대한 할당량 제도[Source: World Trade Organization].

스는 인도네시아에서 저임금, 초과 근무, 신체적 학대, 아동 노동으로 고발 당했다. 2007년 갭키드(GapKids)의 의류 생산현장에서 인도 델리의 아동근로자가 하루 최대 16시간의 작업을 했다고 보도되었다.[211] 2015년 홍콩 노동 단체인 SACOM(Students and Scholars Against Corporate Misbehaviour)은 중국에 있는 유니클로 공장의 가혹하고 위험한 근로 조건에 대해 고발했다.[212]

앞에서 잠시 언급한 방글라데시는 지금 전 세계에서 의류생산 2위 국가이다. 안타깝게도 역사적으로 가장 치명적인 의류공장 산업재해는 방글라데시에서 연이어 일어났다. 2012년 타즈린 패션(Tazreen Fashions) 공장 화재는 112명의 근로자가 사망하였고, 200명 이상이 크게 다쳤다. 보고서에 의하면 공장주와 중간 관리자들이 화재 경보가 울린 후에도 근로자들이 재봉틀에서 떠나는 것을 막았다고 한다.[213] 또 하나의 역사적인 사건은 2013년 의류공장의 구조적 결함으로 발생한 라나 플라자(Rana Plaza) 붕괴사고이다. 8층 구조물의 라나 플라자에는 상점, 은행 그리고 의류 제조공장이 있었다. 붕괴 전날 이미 건물의 균열을 알고 있었고, 그 직후 상점과 은행은 폐쇄하였다. 그러나 라나 플라자의 의류 제조공장 근로자들은 출근을 강요받았고, 그로 인하여 1,134명의 사망자와 2,500명의 부상자가 발생하였다.[214,215] 이 비극은 패션산업에 지대한 영향을 미쳤으며 개발도상국의 의류 근로자들이 직면한 열악한 작업 조건과 안전에 대한 위험을 조명했다.

그러나 의류제조업에서 나타난 노동력 착취 문제는 단지 개발도상국만의 문제가 아니다. 1911년 뉴욕 트라이앵글 셔츠웨이스트* 공장(Triangle Shirtwaist Factory in New York City) 화재에서는 공장주가 도난과 무단 침입을 방지하기 위해 공장의 출구

문을 잠가 놓았다. 화재가 발생했을 때, 의류 근로자들은 탈출할 방법이 없어서 그 안에 갇혀서 총 146명이 목숨을 잃었다.[216] 이후에 의류제조업의 노동환경에 대한 인식이 확산되어 노동조합, 최저임금법, 소방 안전 규정 등 노동법이 미국에서 시행되었지만, 착취공장에 대한 문제는 지금도 여전히 일어나고 있다.

2019년 뉴욕타임스지는 미국의 로스앤젤스(Los Angeles)에 기반을 두고 있는 패스트 패션 브랜드 패션노바의 의류공장에서는 다른 직업의 선택권이 없는 서류가 미비한 이민자들이 시간당 5달러 정도를 받으면서 하루에 12시간씩 일을 하고 있다고 폭로하였다.[217] 한편 1960년대와 70년대 섬유 패션산업은 대한민국 산업의 중심이었고, 그 당시의 섬유산업 종사자의 노동환경은 열악했으며, 최저생계비에 못 미치는 임금 조건에, 특히 여성이 많이 종사하고 있었다.[218] 1980년대 중반부터 국내의 의류 산업은 생산기지를 중국, 베트남, 인도, 인도네시아 등 해외로 이전하였다. 국내 패션기업들이 해외에 설립한 봉제공장에서 노동권 침해와 근로자 학대에 연루된 사례도 있었다.[219]

위에서 소개한 몇몇 사례는 패션산업의 사회적, 윤리적인 관행을 말해 준다. 물론 모든 패션 브랜드가 이러한 문제에 연루된 것은 아니다. 윤리적 관행, 지속가능성 및 근로자 복지를 증진하기 위해 전 세계의 많은 기업은 노력하고 있다. 그러나 투명성, 책임성 및 국제 노동 기준 준수를 통해 패션산업 내에서 발생하는 모든 노동 및 윤리적 문제를 해결하기 위해 더 노력해야 한다.

---

* 셔츠웨이스트(shirtwaist)는 1890년대에 앞면에 단추가 있고 맞춤형 칼라가 있으며 때로는 검은색 넥타이로 착용되는 남성용 셔츠와 유사한 스타일에서 유래한 용어로 지금의 여성용 블라우스임[Source: Fashion History Timeline (n.d.) Fashion Institute of Technology, State University of New York.].

사람을 위한 옷인데, 옷을 위해 많은 사람의 희생이 강요 당하고 있는 것은 아닌지 이제는 우리 모두 고민해야 할 때이다.

Made in L.A.: 이민자가 만든 옷

캘리포니아주의 로스앤젤레스는 미국 의류생산의 중심지이다. 약 45,000명 이상의 근로자가 의류제조업에 종사하고 있다. 종사들 대부분은 라틴계와 아시아 이민자들로 구성되어 있다. 수천 개의 소규모 공장들은 빠른 생산과 열악한 작업환경에서 대기업의 수주를 따기 위해 경쟁이 치열하다.[220] 2008년 에미상을 수상한 다큐멘터리 『L.A.에서 만들어진(Made in L.A.), 2007』은 공정한 근로조건과 근로자의 권리를 위해 3년간 투쟁한 과정을 담은, 의류제조업에 종사하는 이민 근로자들의 이야기이다.[221] 이 영화는 도시의 패션산업에서 이주 근로자, 특히 서류가 미비하여 등록되지 않은 근로자들이 직면한 현실을 고발하고, 착취 노동에 관련된 이민자들의 광범위한 사회적 문제를 조명하였다.

계약직 근로자들은 일주일에 6일, 하루 10~14시간 동안 옷을 바느질하고, 다림질하고, 포장해도 최저 임금이나 초과 수당을 받지 못하고 위생적이지 못한 공장의 작업환경에서 일해야만 했다고 한다. 의류 근로자의 작업 환경을 개선하기 위해 착취 방지 운동을 선도하는 근로자 권리 단체인 의류 근로자 센터(Garment Worker Center)는, 이곳에서 생산되는 제품의 95%가 포에버21로 납품된다는 사실을 파악하였다. 2001년 아시아 태평양계 미국인 법률 센터는 소매업체의 본사가 있는 로스앤젤레스의 19명의 의류 근로자를 대신하여 포에버21을 고소하였다. 의류 근로자들은 포에버21 매장에서 피켓 시위를 벌이고, 13달러짜리 블라우스를 만들 때 근로자들은 0.19달러만 받는다고 항의하면서 불매 운동을 하였다. 그러나 포에버21은 대부분의 소매업체와 마찬가지로 자사 제품이 만들어지는 근로조건이나 작업 환경에 대해 알지 못했으므로 책임이 없다고 주장했다.

서류가 미비한 이민자들의 열악한 근로조건에 대해서 광범위한 지역 사회의 지지를 얻었지만, 지방법원 판사는 이들의 사건을 "가치가 없다(No merit)."고 일축하였다. 그리하여 24개월간의 긴 항소 절차를 진행해야만 했다. 한편 포에버21은 원고인 의류 근로자 센터와 기타 단체를 명예훼손 혐의로 고소했다. 3년 후, 포에버21과 활동가들은 지역 패션산업 개선을 위해 협력하는 것으로 긴 법적 분쟁은 끝났다.

이 영화가 만들어진 지 15여 년이 지난 2022년 5월 12일, 미국의 상원의원 커스틴 길리브랜드(Kirsten Gillibrand)가 상원에서, 그리고 미국의 하원의원인 캐롤린 말로니(Carolyn Maloney)가 하원에서 의류 근로자의 권리를 강화하고 미국산 의류제조업을 조성하기 위하여 새로운 노동법안인 「FABRIC법(Fashioning Accountability and Building Real Institutional Change)」을 제출하였다.[222] 이 법안은 1938년에 만들어진 공정노동 기준법(Fair Labor Standards Act)을 개정하여 미국이 책임 있는 의류생산의 글로벌 리더로 자리매김하기 위한 것이다. 첫째는 최저 임금 기준을 시행하여 임금 착취를 근절하고, 둘째는 작업장 보호를 통해 작업장의 위반에 대처하고, 셋째는 브랜드 관행의 투명성을 개선하고, 넷째는 보조금 프로그램을 통해 미국 내 제조업을 활성화하는 방안을 포함하고 있다.[223]

Workers' Rights: 봉제 청년 전태일

1960년대에 청계천 평화시장은 인근의 동화시장, 통일상가 등과 함께 대한민국 70% 이상의 기성복을 생산하는 의류제조업의 중심지였다. 당시의 의류제조업의 근로자들은 높이 1.5m 남짓의 다락방에서 하루 평균 14~15시간 일했고, 휴일은 한달에 2번 뿐이었다.[224] 환기 시설이 없는 근로환경으로 인하여 폐질환을 얻은 근로자들은 산업재해로 인정되지 않고 오히려 해고되었다. 대부분 근로자는 작업량에 따라서 지급되는 도급제*로 근로수당을 받았고, '시다'**라 불리는 많은 수습공은 13세에서 17세 사이의 청소년들로, 이들은 저임금으로 생활고에 시달렸다.

대다수 공장이 근로기준법을 준수하지 않고 있음을 알게 된 전태일은 1969년 6월 재단사 모임인 '바보회'를 만들어 회원들과 근로기준법에 관해서 연구하고 노동청에 진정하였다. 그러나 공장주와 노동청과의 약속은 지켜지지 않았다. 1970년 11월 13일 그는 자신의 몸을 불사르면서 공장주들에게 근로기준법을 준수할 것을 호소하였다. 그의 분신 사건 이후, 전태일의 어머니인 이소선 여사와 그의 친구들은 청계피복노조를 결성하고, 200여 명의 대학생이 참여하면서 노동운동과 학생운동을 연계시켜서 근로조건 개선을 지속해서 요구하는 연대활동으로 이어졌다.[225]

아름다운 청년, 전태일이 봉제 근로자들의 열악한 노동실태를 알리면서 분신한 지 50여 년이 지난 지금, 한국의 의류 산업

---

* 도급제(Piece rate pay)은 근로자가 작업에 든 시간을 기준으로 급여를 받는 대신 수행한 단위(예: 생산된 티셔츠 또는 벽돌 수)에 따라 급여를 받는 것을 일컬음[Source:International Labour Organization].

** 시다는 봉제공장에서 실밥 정리 같은 단순 작업을 하면서 작업을 보조하는 사람을 부르는 말로 '견습공,' '수습,' 또는 '조수' 등의 의미를 가짐.

의 근로환경은 어떠할까? 2020년에 서울 봉제인 노조의 회원인 박태숙 님과의 인터뷰 기사에 의하면 봉제 근로자들은 근로계약서 없이 작업량에 따라서 근로수당을 받고, 자영업자로 분류되어 4대 보험을 받지 못한다고 한다.[226] 18세부터 봉제업에서 일을 시작하여 약 35년간 재봉사로 일하고 있는 홍정애 님의 근무환경과 근로조건도 크게 다르지는 않았다고 보도되었다. 또한 그녀는 코로나19로 일감이 줄어 소득도 감소하는 등 피해를 봤지만, 하루 작업을 마치면 할당량을 손으로 직접 영수증에 기재하고 현금으로 직접 받았기 때문에 근로 이력을 증빙할 수 없어 정부 지원금을 신청조차 못 했다고 한다.[227] 그림34에서 재봉사들이 받는 공임이 여성 셔츠를 만드는 데에는 1988년에 장당 2,500~2,800원이었고, 2022년에 3,000~3,500원이었다. 신사복 자켓 상의를 만드는 데에는 1988년에 한 벌당 7,300원, 2022년에 9,500원이었음을 알 수 있다. 재봉사들이 받는 공임은 35년 동안 거의 같다. 영세업에서 일하는 많은 봉제사들은 지금도 하루에 12~15시간의 장시간 노동을 하고 있다고 한다.

그림34. 1988년과 2022년 재봉사의 공임

* 이미지 제작: 저자

Sewing Sisters: 기적의 주인공들

또래의 친구들이 학교에 갈 때 재봉틀과 씨름을 했던 소녀 재봉사들의 삶을 다룬 다큐멘터리 『미싱타는 여자들, 2022』이 개봉되었다(그림35).[228] 어린 나이에 노동으로 가족을 부양해 온 여성들은 오빠 또는 남동생을 위해서 '7번 시다'로 봉제 근로자의 삶을 시작했다. 그녀들이 '1번 미싱사'가 되는 동안 노동 현실은 크게 달라지지 않았다. 아름다운 청년 전태일의 분신으로 봉제 근로자들의 삶에 대해서 어느 정도는 알려졌으나, 그들이 대부분 여성이라는 사실에 대해서 우리 사회는 무관심했다. 1970년대 청계천 평화시장에서의 근로자들은 '시다' 또는 '공순이'로 불리는 10대 소녀들이었다. 밥도 못 먹고 화장실을 참으며 일해야 하는 노동 현실은 크게 변하지 않았으며, 가난이 여전히 그녀들의 목을 졸랐다고 그녀들은 영화에서 회고한다. 그러나 그녀들은 블러디 테일러리즘(Bloody Taylorism)*으로 한강의 기적을 일으

그림35. 미싱타는 여자들(2022년)

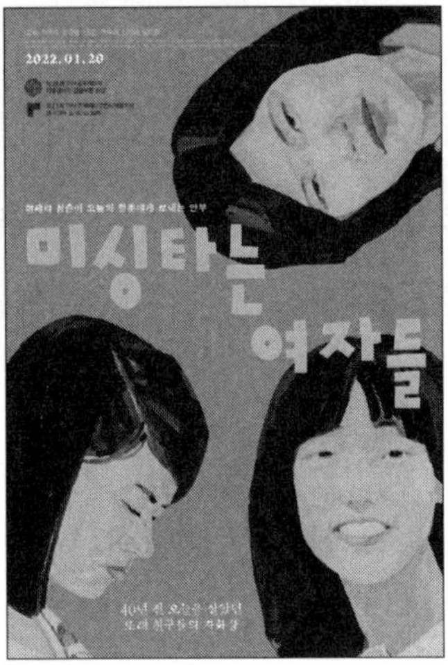

*이미지 제공: 플라잉타이거픽처스(유)

킨 대표적인 주인공들이다.[229]

한국의류산업협회가 2021년에 발표한 『봉제업 실태 조사』에 따르면 봉제산업은 다른 사업과 달리 여성이 57.3%로 남성보다 더 많이 종사하고 있다.[230] 봉제사 숙련공의 평균 월급은 290만 원이고, 비숙련공은 219만 원이다. 업종의 특성상 성수기와 비수기로 인하여 정규직으로 임용하였을 경우, 비수기에 지급하여야 할 4대 보험료 부담이 있어서 객공으로 고용하고 있다. 따라서 그들에게는 상여금, 퇴직금도 없다. 특히 국내 봉제 업체는 낮은 임금, 근무환경 열악, 미래의 불확실성 등으로 신규인력 유입이 단절되어 종사자의 80%가 50대~60대로, 고령화가 가장 심각한 문제로 지적되고 있다(그림36).

그림36. 국내 봉제업체 봉사자 연령별 인력 분포

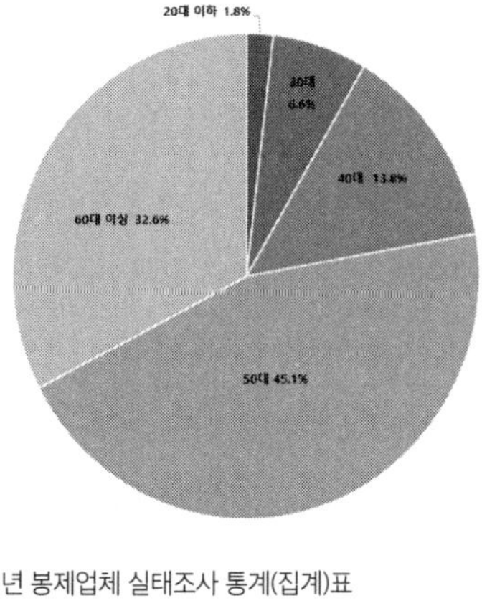

* 데이터 출처: 2021년 봉제업체 실태조사 통계(집계)표

---

* 테일러리즘(Taylorism)은 20세기 초 미국의 기계공학자인 프레데릭 윈슬로 테일러(Frederick Winslow Taylor)가 효율성과 생산성 향상을 위해서 시간과 동작을 분석하여 개발한 과학적 관리 방법으로 작업을 작고 반복적인 단계로 나누어서 각 단계를 수행하는 시스템임[Source: Encyclopedia Britannica]. 블러디 테일러리즘(Bloody Taylorism)은 테일러즘 경영 원칙을 사용하는 공장에서 근로자를 착취하고 학대하는 것을 묘사하는 데 사용되는 용어임[Source: International Encyclopedia of Human Geography (2nd Edition)].

봉제 근로자들이 처해 있는 문제는 우리나라뿐이 아니다. 전 세계의 패션산업 근로자의 80%가 여성이다.[231] 패션사업은 1조 5,300억 달러 규모의 산업으로, 환경으로부터 신체를 보호하고, 입는 사람의 정체성을 나타내는 인류의 필수품인 옷을 만드는 사람들은 압도적으로 여성들이 많다. 그리고 그녀들 대부분은 빈곤 속에 살고 있다. 우리가 입는 셔츠에 자수나 스팽글 장식을 하는 대부분의 근로자는 자신의 집에서 정규화된 계약 없이 공장 근로자들보다 평균 40% 낮은 임금을 받으며 가족을 부양하고 자녀를 교육하기 위해 일을 하고 있다.[232]

2010년 10월 명품 디자이너 비비안 웨스트우드(Vivienne Westwood)는 유엔과 세계무역기구(WTO)의 윤리적 패션 이니셔티브(EFI: Ethical Fashion Initiative)와 협력하여 케냐에서 업사이클링 가방과 악세사리를 출시했다. 윤리적 패션 이니셔티브(EFI)는 패션, 인테리어, 식품 및 예술 분야의 안목 있는 글로벌 브랜드와 재능 있는 지역 예술가, 디자이너, 장인 및 소규모 생산자와 연결하여 개발도상국에서 사회적 기업을 설립하고 강화하는 것을 목적으로 한다. 웨스트우드는 이 프로젝트에 미혼모, 미망인, 에이즈 피해자 등 아프리카에서 가장 빈곤한 여성에게 일자리를 창출하는 역할을 하였다. 웨스트우드는 이 프로젝트는 "자선이 아니다, 그냥 일이다(Not Charity, Just Work)."라고 설명했다.[233] 또한 그녀는 이 프로젝트에 참여한 여성들은 극심한 빈곤에 살고 있지만, 그녀들은 자신의 삶을 개선하려는 강한 열망을 가진 사람들이라고 덧붙였다.

국제노동기구(ILO: International Labour Organization) 아시아 태평양 지역 사무소의 수석 전문가인 조니 심슨(Joni

Simpson)은 패션산업에서 성차별에 관련된 문제는 많은 관심을 받고 있지만, 많은 활동이 일회성이거나 고립되어 발생하여서 사례를 통한 경험의 효과가 적극적으로 정책에 반영되지 못하고 있다고 언급했다. 그녀는 다양한 이해관계자의 대화를 통해서 여성의 역량 강화는 단순히 생산 현장을 넘어서 포괄적으로 공식적인 합의와 법적 구속력이 있는 조치를 지속해서 구현해야 한다고 강조하였다.[234] 전 세계 신흥개발국의 여성들은 자녀를 양육하고, 가족 구성원을 보살피고, 그리고 가사 노동을 하면서 소득 창출을 하기 위해 과거에도 오늘도 열심히 옷을 만들고 있다. 2022년 2월 23일, 유럽 연합집행위원회(EC: European Commission)에서는 이들을 위한 근로자의 권리에 관한 지침을 제안하였다.

PART 4

패션산업의 변화

패션산업은 변화, 더 적절한 말은 위기를 맞이하였다. 2018년 기후변화에 대응하기 위하여 「유엔기후변화협약(UNFCCC: United Nations Framework Convention on Climate Change)」의 발표와 더불어, 세계에서 세 번째로 큰 제조업인 패션산업이 지구 생태계에 주는 영향을 줄이기 위해서 '기후 행동을 위한 패션산업 헌장(FICCA)'을 발표하였다.[235] 패션기업들은 공동 노력을 위해서 정보를 공유하고, 파트너십을 맺고, 공유된 원칙과 목표를 가지고 패션산업에서 2050년까지 온실가스의 순 배출 제로(Net Zero Emission)를 목표로 설정하였다. 목표에 도달하기 위해서 2030년까지 재생 가능 에너지원에서 100% 에너지를 조달하고, 친환경적인 원자재를 조달하고, 2030년까지 산업의 전체 공급망에서 석탄을 이용한 에너지를 단계적으로 감소하는 것을 목표로 한다.

디지털 혁신과 통신기술의 발전은 패션산업을 발전시키는 혁신이지만, 동시에 큰 충격이기도 하다. 소셜 미디어와 온라인 쇼핑은 전통적인 소매업 산업구조의 붕괴를 가져왔다. 기업은 빠르게 변화하는 소비자의 요구를 충족하기 위해 더 빠르게 대응하려고 노력하고 있다. 특히 패스트 패션 비즈니스 모델의 시장점유율은 급성장하였고, 패스트 패션 브랜드의 성장세는 매년 약 5%씩 증가하여 더욱더 고무적이다.[236] 과잉생산과 과잉소비로 의류 근로자들은 안전하지 않은 환경에서 일하는 경우가 많으며 체계적으로 저임금, 강제 노동, 심각한 건강 위험, 언어적·신체적 학대를 당하고 있다. 특히 패션 공급망의 하위구조는 많은 여성 근로자로 구성되어 있고, 그녀들은 근로환경에서 불평등을 경험하고 있다.[237] 글로벌 패션산업의 표준 임금과 생활 임금 사이에 2~5배의 격차가 있어 많은 근로자의 기본적인 생활권이 보장되고 있지 않다.[238]

패션산업은 기후변화와 자원고갈로 인한 긴급한 환경적, 사회적 문제를 해결하고자 혁신적인 창의력으로 해결점을 찾아가고 있다. 의류 쓰레기로 인한 환경 문제와 자국의 제조업 발전을 위해서 중고의류 수입 금지를 발표하는 개발도상국이 늘어나고 있다. 한편 선진국에서는 중고의류가 '사용한(used)' 제품이 아니라 '이전에 사랑받았던(pre-loved)' 제품으로의 인식 변화로, 중고의류 시장의 규모는 2023년에 약 510억 달러일 것으로 예측되고, 또한 패션제품을 개인 소유에서 공유하는 소비 모델로 전환하여 임대시장도 성장하여 2023년에는 약 19억 달러로 예측되고 있다.[239]

지속가능성이란 '미래 세대가 자신의 필요를 충족할 수 있는 능력을 손상하지 않으면서 현재의 필요를 충족시키는 것 (Meeting the needs of the present without compromising the ability of future generations to meet their own needs)'으로 1987년 유엔 브룬트란트 위원회(United Nations Brundtland Commission)는 정의하였다.[240] 과잉공급과 과잉소비에서 발생하는 문제들이 기후 변화라는 전 지구적 문제와 연결되면서 패션산업은 환경적, 사회적, 윤리적 문제의 심각성이 논의되고 있다. 패션산업의 지속가능발전목표(SDGs: Sustainable Development Goals)의 기본 이념인 '어느 누구도 뒤처지지 않게(Leave no one behind)'를 실천하고자 전 세계에 산재해 있는 공급망 전체의 기업 관행을 전환하기 위하여 기술적 혁신과 더불어 새로운 규제와 정책을 개발하고 시행하고 있다.

1. Green Fashion: 친환경적 패션

친환경 패션(eco-friendly fashion), 지속가능한 패션(sustainable fashion), 윤리적 패션(ethical fashion)으로도 알려진 그린패션은 환경적, 사회적 책임을 다하는 방식으로 디자인되고, 생산되고, 소비되는 패션을 의미한다. 그린패션의 목표는 패션산업이 환경에 미치는 부정적인 영향을 최소화하고, 윤리적인 근로 환경을 장려하며, 내구성이 뛰어나고, 탄소 배출량이 적은 제품을 만드는 것이다. 이는 단지 제품에만 국한되지 않는다. 소비자의 인식과 행동을 변화시키고 패션에 대한 보다 의식적이고 책임감 있는 접근 방식을 장려하는 것이기도 하다.

그린패션의 대표적인 브랜드는 피플트리(People Tree)이다.[241] 1991년에 일본 토교에서 사피아 미니(Safia Minney)가 설립한 글로벌 빌리지(Global Village)가 지금의 피플트리로 성장하였다. 피플트리는 최초의 지속가능한 패션 브랜드 중 하나로, 세계 공정 무역 기구(World Fair Trade Organization)가 인증한 유일한 브랜드이다. 피플트리는 공정한 임금과 좋은 노동환경을 장려하고 유기농 면, 천연섬유, 천연염료와 같은 지속가능한 소재를 사용하여 윤리적 패션제품 생산을 목표로 하고 있다.

1992년 브라질 리우데자네이루에서 개최된 유엔환경개발회의(United Nations Conference on Environment and Development)로 알려진 지구정상회의(Earth Summit)는 패션산업을 비롯한 다양한 산업에 큰 영향을 미쳤다. 이 회담은 지구환경 문제를 해결하고 지속가능한 발전을 촉진하는 것이 목표였다. 패션산업이 회담의 초점은 아니었다. 그러나 지구 정상회담의 원칙과 토론은 패션업계의 관행과 지속가능성에 대한 인식에 영향을 미쳤다. 지구 생태학에 관심을 가지게 되면서 패션산업은 친환경 소재, 윤리적인 제조 공정, 지속가능한 디자인 원칙 등에 관해서 연구 및 개발하기 시작했다.

지구환경에 관심을 가지고 환경에 미치는 영향을 평가하여 제품을 생산하는 브랜드는 아마도 미국의 아웃도어 제품을 생산하는 파타고니아(Patagonia)가 최초일 것이다. 파타고니아는 1985년부터 자원환경 보존과 복구를 위하여 연간 총매출의 1%를 환경단체에 기부하는 '1%는 지구를 위해서(1% for the Planet)' 프로그램을 시작하였다.[242] 또한 2002년에는 파타고니아의 창립자인 이본 쉬나드(Yvon Chouinard)와 블루 리본 플라이(Blue Ribbon Flies)의 소유주인 크레이그 매튜스(Craig Mathews)는 다른 기업들도 이와 같은 일에 동참하기를 장려하기 위해 비영리 단체를 설립했다.

그러나 2000년대 패스트 패션 비즈니스가 급성장하면서 패스트 패션 브랜드들은 거대 글로벌 기업으로 성장하였고, 전통적 방식으로 비즈니스를 수행하던 패션기업들도 앞다투어 패스트 패션 브랜드를 만들었다. 그렇게 또 그린패션은 많은 소비자에게 잊혀져 갔다. 2009년 유엔기후변화회의(United Nations Climate Change Conference) 또는 코펜하겐 서밋(Copenhagen Summit)과 관련하여 설립된 코펜하겐 패션 서밋(Copenhagen Fashion Summit)은 패션의 지속가능성에 대해 패션산업의 의사결정자들의 협력을 촉발했다.[243]

유엔환경프로그램(UNEP)과 언스쿨 오브 디스럽티브 디자인(UnSchool of Disruptive Design) 간의 공동 프로젝트로 행동 해부학(Anatomy of Action)을 만들었다.[244] 이는 지속가능한 라이프스타일을 위한 글로벌 운동으로 긍정적으로 영향을 미치면서 모두가 참여할 방법을 전달하고 있다. 패션 슬로우 다운(Fashion Slow Down) 캠페인에서는 "더 좋은 옷을 조금 구매하자(Buy fewer and better clothes)."라고 제안한다. 이 캠페인에서는 소비자들에게 현명한 구매를 유도하고 인간의 존엄성과 규제의 정당성을 존중하지 않고 대량생산을 기반으로 하는 패스트 패션을 피하는 것을 권하고 있다.

국내에서도 2014년 9월, 친환경 소재와 기술혁신을 통해 지속가능한 가치를 기반으로 하는 소셜벤처 기업 케이오에이(Knocking On A)*가 설립되었고, 케이오에이는 패션 브랜드

* 케이오에이는 2023년 9월에 코오롱인더스트리아에 흡수합병되어 한 회사가 됨[Source: 양지호 (2023.9.7.) 코오롱인더, 케이오에이 합병 마무리…"포트폴리오 강화." 현대경제신문.].

'르 캐시미어(Le Cashmere)'를 만들었다. 몽골 생산자와 직거래를 통해서 울타리 없는 방목으로만 생산된 산양의 털을 사용하여 효율적 제조와 유통으로 제로 웨이스트(Zero Waste), 즉 재료의 손실과 과잉재고를 없애는 혁신적인 기술을 실천하였다. 친환경, 동물친화적, 생산자와의 상생이라는 원칙을 가지고 지속가능 캐시미어 국제 인증제도 구축과 관련, 아시아개발은행(Asia Development Bank)으로부터 우수한 섬유 상표인 '몽골리안 노블 섬유(Mongolian Noble Fibre)' 마크를 획득하였다. 그리하여 르 캐시미어는 영국의 지속가능섬유연합(Sustainable Fibre Alliance) 회원으로 인정받았다. 또한 르 캐시미어는 옷이 한 벌 팔릴 때마다 나무 한 그루를 심는 '르 캐시미어 숲'을 조성하여서 현재까지 10,000그루의 나무를 심었다고 발표하였다.[245]

한국의 소비자는 아시아권 국가 중에서 환경 문제에 비교적 민감하고 지속가능한 소비에 대한 관심도가 높고, 87%의 소비자는 지속가능한 브랜드의 제품 구매를 희망한다는 조사 결과가 발표되었다.[246] 의식 있는 소비자들은 브랜드의 투명성을 요구하고, 젊은 세대는 자발적으로 의류의 재활용, 중고의류에 많은 관심이 있다. 세계 중고의류 시장은 2021년 1,380억, 2022년 1,770억 달러에 달하는 것으로 추산되고, 이 가치는 향후 몇 년 동안 급속히 증가하여 2027년까지 그 규모가 3,510억 달러에 이를 것으로 예측된다.[247] 또한 국내의 패션 브랜드들도 친환경, 지속가능성 등을 화두로 고민하기 시작하였다.

2020년 산업통상부와 한국섬유산업연합회는 「섬유패션산업 한국판 뉴딜 실행전략」을 발표했다.[248] 그린과 디지털 혁신을 통해서 섬유패션산업의 선도국가로 자리매김하는 것을 비전으로

4개의 추진전략을 세웠다. 첫째는 섬유패션산업을 환경 친화적 산업으로 전환하는 전략이다. 친환경 소재 개발, 염색 업종의 그린산업 전환, 자원순환형 그린섬유 생태계 육성, 친환경과 디지털분야 전문인력 양성 등이 포함된다. 둘째는 디지털 기술을 활용한 산업혁신 전략이다. 공정별 디지털 제조기술 개발, 빅데이

그림37. 자원순환형 패션산업의 생태계 조성과 패션산업의 ESG 역할을 강화하기 위한 캠페인

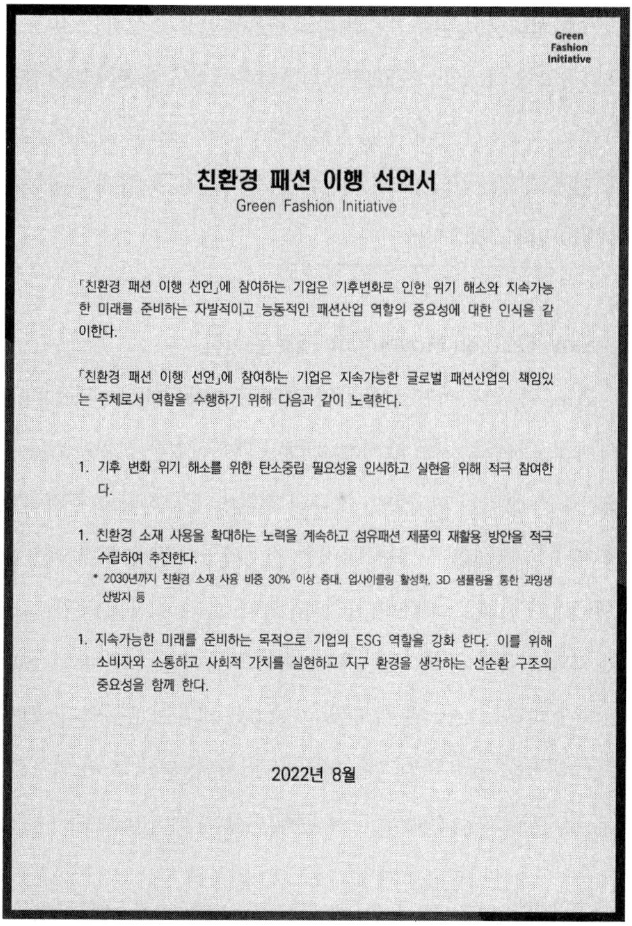
Green
Fashion
Initiative

친환경 패션 이행 선언서

Green Fashion Initiative

「친환경 패션 이행 선언」에 참여하는 기업은 기후변화로 인한 위기 해소와 지속가능한 미래를 준비하는 자발적이고 능동적인 패션산업 역할의 중요성에 대한 인식을 같이한다.

「친환경 패션 이행 선언」에 참여하는 기업은 지속가능한 글로벌 패션산업의 책임있는 주체로서 역할을 수행하기 위해 다음과 같이 노력한다.

1. 기후 변화 위기 해소를 위한 탄소중립 필요성을 인식하고 실현을 위해 적극 참여한다.

1. 친환경 소재 사용을 확대하는 노력을 계속하고 섬유패션 제품의 재활용 방안을 적극 수립하여 추진한다.
   * 2030년까지 친환경 소재 사용 비중 30% 이상 증대, 업사이클링 활성화, 3D 샘플링을 통한 과잉생산방지 등

1. 지속가능한 미래를 준비하는 목적으로 기업의 ESG 역할을 강화 한다. 이를 위해 소비자와 소통하고 사회적 가치를 실현하고 지구 환경을 생각하는 선순환 구조의 중요성을 함께 한다.

2022년 8월

* 이미지 제공: 한국패션산업협회

터 플랫폼 구축 및 활용, 한국형 디지털 생태계 조성, 그리고 디지털 비즈니스 모델 창출 등을 포함하고 있다. 셋째는 첨단기술로 안전한 사회 구현 전략이다. 한국형 방역산업 생태계 육성, 안전보호 소재산업 육성, 그리고 첨단 산업소재 자립화 등을 포함하고 있다. 넷째는 연대와 협력을 통한 산업생태계 강화 전략이다. 이를 위해서 지역거점 봉제 혁신공정을 구축하고, 섬유산업 공급망 안에서 기술협력을 강화하고, 수요와 공급 간의 연대협력 기반을 조성하고 의류생산의 리쇼어링 기반을 조성하는 것 등을 포함하고 있다. 또한 2022년 산업통상부에서도 패션산업을 지속가능한 산업으로 전환하고, 자원순환형 패션산업의 생태계 조성과 함께 패션산업의 ESG* 역할을 강화하기 위한 캠페인 활동을 추진하였다(그림37).[249]

Slow Fashion Movement: 새로운 시각

2007년, 작가이자 활동가인 케이트 플레처(Kate Fletcher)가 에코로지스트(The Ecologist)에서 패션산업은 산업구조를 재평가하고 산업을 바라보는 시각의 전환이 필요하다고 주장하면서 슬로우 패션(Slow Fashion)를 소개하였다.[250] 슬로우 패션은 1980년대 카를로 페트리니(Carlo Petrini)와 지역 활동가 그룹이 지역 전통과 문화, 좋은 음식, 미식의 즐거움, 느린 삶의 속도를 수호하려는 슬로우 푸드(Slow Food) 개념과 유사하다. 케이트 플레처는, 슬로우 패션은 더 나은 디자인, 생산, 소비 및 생활을 의미한다고 설명했다. 다시 말해 슬로우 패션의 느림은 시간

---

* ESG는 환경(Environmental), 사회(Social), 지배구조(Governance)의 첫 글자를 조합한 단어로 기업의 친환경, 사회적 책임, 투명한 지배구조를 의미함[Source: Cambridge Dictionary].

을 기반으로 한 빠름의 반대 의미가 아니라 품질을 기반으로 한 더 좋은 제품의 의미를 부여하는 것이다. 슬로우 패션은 디자이너, 소매업체, 그리고 소비자가 제품을 생산하는 근로자와 그 지역사회와 생태계에 미치는 영향을 인식하므로 패션산업에서의 지속가능성을 촉진하는 개념이다.[251]

슬로우 패션은 트렌드에 지지 않는 디자인과 오래 지속되는 최고급 품질의 의류를 생산하여 제품의 수명을 길게 연장하는 생산에 초점을 두고 있다. 공급망의 모든 측면을 고려하여 사람, 환경, 동물 모두를 존중하는 것을 목표로 하는 생산 접근 방식으로, 디자인 과정에 더 많은 시간을 투자하여 제품의 품질을 보장하는 것을 의미한다. 좋은 재료로 제품을 생산하기에 제품 수명은 상대적으로 길다. 그래서 일반적으로 가격은 상대적으로 비싼 편이다. 생산과 소비의 속도를 늦추려는 제조업체와 소비자의 인식이 높아짐에 따라서 생산자는 문화적, 정서적 연결이 있는 패션제품을 개발하는 것이다. 또한 소비자는 패션제품과 문화적 또는 정서적으로 연결되어 있다고 느끼면 오랫동안 제품을 보관하고 소유할 것이다.[252] 패스트 패션은 소비자들에게 옷은 많을수록 좋다는 사실을 알려 주었고, 이로 인해 범지구적으로 해결해야만 하는 문제가 발생했다. 따라서 슬로우 패션은 패스트 패션의 짧은 패션 주기로 인해 발생하는 사회적, 환경적 문제를 해결하기 위해서 제품의 생산 주기를 늦춤으로써 지구 생태계의 오염을 막을 수 있고, 생태계가 재생되는 시간을 확보할 수 있다. 또한 느린 방식에서는 제품이 소량으로 천천히 생산되므로 자원 소비와 폐기물의 양도 줄일 수 있을 것이다.

슬로우 패션의 대표적 브랜드는 캐나다의 '인써클드(Encircl

ed)'이다. 인써클드는 제품의 관리가 용이하면서 캐주얼에서 정장, 낮과 밤, 계절에 관계없이 착용할 수 있는 다용도의 트렌드 없는 워크레저(workleisure) 패션으로 착용자의 편안함에 중점을 둔 여성복이다. 인써클드는 제품을 만드는 데 해로운 물질을 사용하지 않고 지속가능한 방식으로 공급된다.[253] 공급망의 투명성을 보장하기 위하여 소재의 특징, 소재의 마모와 수명주기에 관한 정보를 모두 공개하고 있다. 또한 이 브랜드는 '비콥(B Corp™)' 인증을 받은 소수의 회사 중 하나이다. 비콥은 모든 사람, 지역 사회, 지구에 이익이 되도록 글로벌 경제를 변화시키려는 비영리 네트워크이다.[254] 비콥인증은 글로벌 비영리 단체인 비랩(B Lab™)이 수여하는 것으로 인증을 받고 유지하려면 기업은 사회와 환경 영역의 평가에서 200점 중에서 최소 80점을 받아야 한다(그림38). 또한 투명성을 보장하기 위해 관련된 모든 정보는 공개되고 있다.

그림38. 행성 B는 없다

Certified B Corporation

* 이미지 제공: B Corp™

---

* 사장의복이란 나중에 착용할 목적이나 변형할 목적으로 사용하지 않고 옷장에 보관하는 의복을 총칭함[Source: 노영래, 김시월 (2002) 소비자의 환경의식, 재활용의식과 재활용행동에 관한 연구: 미혼취업여성의 사장의복을 중심으로. 한국가정학회지, 40(1), 163-178.].

소비자 측면에서 슬로우 패션 원칙을 생활에 적용하기 위해서 '캡슐 옷장 챌린지'가 소셜 미디어를 통해서 일어났다. 캡슐 옷장 챌린지는 『적은 수로 풍부하게(Be More With Less)』의 블로거인 코트니 카버(Courtney Carver)가 저술한 책, 『프로젝트 333(Project 333), 2022』에서 소개된 방법이다.[255] 그녀는 옷장에 실제로 입는 옷이 몇 개인지 인지하지 못하고, 지속적으로 구매하여도 늘 입을 옷이 없는 소비자들에게 옷과 신발, 액세서리를 포함한 단 33개의 품목만으로 3개월을 지내는 프로젝트을 제안하였다. 캡슐 옷장을 만들면서 입지 않고 그냥 옷장 속에 있는 사장의복*을 정리하고 기부, 재판매, 재활용하여 슬로우 패션에 도전함으로써 미니멀한 라이프스타일을 추구하는 것이다.

Greenwashing: 이미지만 친환경

그린워싱은 환경적으로 건전한 제품에 대한 수요증가를 기업에서 의도적으로 이용하기 위해서 회사나 제품의 환경적 이점을 과장하는 행위이다.[256] 2021년 국제소비자보호집행기관(International Consumer Protection and Enforcement Network)과 영국의 시장경쟁감시국(Competition and Markets Authority)은 전 세계의 웹사이트를 대상으로 친환경 마케팅이 소비자에게 미치는 영향을 조사한 결과 온라인에서 제기된 친환경 주장의 40%가 오해의 소지가 있다고 발표하였다.[257] 특히 패션산업은 복잡한 글로벌 공급망으로 이루어져 있기에 때로는 그린워싱의 최악의 범죄집단으로 묘사되고 있다.[258] 소비자들은 친환경이라고 불리는 제품과 기업을 긍정적으로 평가하고, 때로는 다소 가격이 비싸더라고 구매할 의도를 밝히고 있다.[259] 그러나 복잡한 글로벌 공급망으로 공급과정이 불투명하기에, 이에 대한 더 많은 조사가 이루어져서 공급망을 투명하게 공개해야 한다고 많은 활동가와 연구자들은 주장한다. 그린워싱은 소비자와 환경 모두에 부정적 결과를 초래한다.

패션기업의 그린워싱 사례로는 섬유의 재활용, 공급망의 윤리, 친환경 재료의 사용 등으로 볼 수 있다. 글로벌 패션 대기업에서 재활용 수거와 재활용률에 대한 통계를 발표하고 있으나, 환경단체에서는 이러한 숫자에 대해서 회의적이다. 이는 2023년 그린피스 보고서에 의하면, 패션제품의 생산량 증가율을 고려해 볼 때 기업의 재활용 섬유 활용 정책이 시행되기에는 불가능하다고 보기 때문이다.[260] 또한 버리는 옷의 수집과 재활용을 위한 전처리 과정 등에서 발생하는 문제들로 인해서 실제 섬유의 재활용률은 2022년을 기준으로 1% 미만에 그치기 때문이다.[261]

의류 폐기물을 재사용하고 자원으로 재활용되기 위해서 H&M은 2013년부터 소비자가 원치 않는 제품을 수거하는 '의류 수거 프로그램(Garment Collecting)'을 시작하여, 2020년에는 약 18,800톤의 의류제품을 수집했다.[262] 2016년부터 자라는 '중고의류 기부 프로그램(Used Clothing Donation Program)'을 실시하였다. 그러나 원하지 않는 의류를 수거하는 프로그램은 저가의 의류를 더 쉽게 구매하고 더 쉽게 폐기하게 소비자를 자극하고, 수거된 의류의 재활용 과정이 불투명하여 긍정적 환경 기업 이미지를 만드는 것이 목표인 그린워싱이라고 비판받기도 했다.[263]

또한 2023년 5월 12일 H&M은 자사의 '컨셔스 초이스(Conscious Choice)' 컬렉션 제품이 그린워싱의 형태라고 제기된 집단소송에서 패소했다.[264] 원고는 제품 라벨, 광고, 웹사이트를 통한 마케팅을 이용하여 H&M이 그린워싱에 관여하였고 컬렉션 제품이 '지속할 수 있고 환경친화적'이라고 생각하도록 소비자를 유도하고 있다고 주장하였다. 또한 그러한 마케팅에도 불구하고 H&M의 컨셔스 초이스 컬렉션은 실제로 폴리에스터와 같은 합성 소재의 비율이 일반 H&M 제품보다 높다고 원고는 주장했다.

그린워싱은 제품이나 서비스의 환경적 이점에 대해 과장되거나 허위 주장을 하는 반면, 그린허싱(Greenhusing)은 지속가능성에 대해 전략적으로 침묵을 지키거나 충분한 증거를 제공하지 않고 친환경적이라고 주장하는 것을 뜻한다.[265] 그린허싱의 경우, 지속가능성에 대한 노력을 의도적으로 모호하게 유지하고 브랜드에 대한 긍정적인 인식을 유지함으로써 기업이 실제보다 더 친환경적으로 보이기를 의도적으로 계획하는 경우이다. 패션 브랜드는 그린워싱 또는 그린허싱을 함으로써 종종 의식이 있는 소비자에게 피해를 주고, 결국에 지구 생태계에 해를 끼친다. 그린워싱을 의도적으로 기획하는 브랜드가 법적 또는 사회적 제재 없이 기업의 이윤을 창출할 경우 그린워싱은 계속되고 또 다른 기업 또는 제품에 확장될 것이다.

따라서 이를 방지하고자 그린워싱 기업에 대해서 소비자 집단은 집단소송을 취하였고 미국의 연방거래위원회(Federal Trade Commission)에서는 새로운 규제 방식을 만들고 2012년에 발표된 「환경 마케팅 표시 사용지침(FTC's Green Guides)」을 개정하기 위한 준비작업을 지금 하고 있다.[266] 유럽 연합집행위원회(EC)는, 「녹색인증(Green Claims Directive)」은 제품이나 서비스에 수명주기 관리 관점을 고려하여서 친환경임을 구체적이고, 과학적 증거로 입증되어야 하며, 독립적인 공인 검증 기관에 의해 확인되어야 하고, 무엇보다도 소비자에게 명확한 방식으로 전달되어야 한다고 제안하였다.[267] 그린워싱에 중점을 두고 기업이 고객에게 말할 수 있는 것과 없는 것을 규제하기 위해 「불공정한 상업 관행 지침(Unfair Commercial Practices Directive)」을 개정하는 새로운 제안을 발표하였다.[268]

우리나라의 공정거래위원회는 그린워싱의 효과적인 규제를 위하여 「환경 관련 표시·광고 심사지침」 개정안을 마련하였고, 개정 심사지침은 2023년 9월 1일부터 시행되고 있다. 개정안은 기존의 심사지침의 일반원칙이 7가지인 진실성, 명확성, 상당성, 실증성, 전과정성, 구체성, 완전성으로 세분화하여, 각각 구체적인 사례를 제시하였다.[269] 그 내용을 요약하면 다음과 같다.

진실성에 있어서는 표시·광고의 내용이 객관적인 사실에 근거해야 하고 사실과 다르게 표시·광고하여 직접적 또는 간접적으로 소비자를 기만하거나 오인시킬 우려가 없어야 한다. 예를 들어서 휘발성유기화합물 한 가지만 미검출된 접착제의 시험성적서를 가지고 '친환경', '무독성' 등의 포괄적이고 절대적 표현을 사용하는 경우, 해당 제품이 환경오염과 무관하다고 소비자가 오인할 수 있으므로 '휘발성유기화학물 미검출 제품'이라고 사실 그대로 표시·광고할 필요가 있다.

명확성에 있어서는 표시·광고의 문구·도안·색상의 위치와 크기 표현이 정확하고 명료해야 하며, 모호하게 표시·광고하여 소비자를 오인시키지 않아야 한다. 환경적 속성과 효능을 비교하는 표시·광고는 그 비교의 내용, 근거, 비교 시점 및 방법 등을 사실에 근거하여 명확하게 하여야 한다. 제품에 '환경적으로 바람직함'으로 표시하는 경우, 다른 제품보다 환경에 유리하다는 인상을 주는데, 이를 입증할 가능성이 매우 낮기에 '주요 브랜드의 경우 재활용 함량이 20%인 것과 비교하여 본 제품은 50%의 재활용된 함량을 포함' 등으로 비교 대상과 내용을 명확하게 기재해야 한다.

상당성에 있어서의 표시·광고는 환경에 영향을 미치는 정도가 상당하다고 인정되는 사항이어야 하고, 전체적으로 적절한 표현과 수단을 통하여 제시되어야 하며, 소비자가 이를 실제보다 과장되게 인식할 수 있도록 하여서는 안 된다. 예를 들면 의류의 재활용 섬유 함량을 2%에서 3%로 늘린 경우 '재활용 함량 50% 증가'로 표시하게 되면 기술적으로는 사실이나, 재활용 섬유 1%를 더 사용한 것이 실질적인 환경 개선을 했다고 보기 어렵다. 해당 표현은 재활용 섬유 사용을 크게 늘렸다는 인상을 줄 수 있기 때문이다.

실증성에 있어서의 표시·광고는 정확하고 재현 가능한 최신의 객관적·과학적 근거를 바탕에 두어야 하고 사실과 관련한 사항에 대하여 실증할 수 있어야 한다. 제품에 '생분해 가능'이라고 표시하는 경우, 이러한 주장을 하기 위해서는 해당 제품의 분해 조건, 시간, 비율 등 분해능력을 객관적·과학적으로 증명할 수 있어야 하며, 시험결과 등 그 근거를 포함해서 광고하는 것이 바람직하다.

전과정성에 있어서의 표시·광고는 상품의 원료 획득, 생산, 유통, 소비, 폐기 등 전과정에 걸친 영향이 고려되어야 한다. 만약 환경 관련 표시·광고가 주장하는 내용이 상품의 전과정 중 일부 단계에만 해당되는 경우, 소비자가 그 사실을 알 수 있어야 한다.

다만 일부 단계에서 환경적 속성이 개선되었다고 하더라도 상품의 전과정을 고려하면 개선의 효과가 상쇄되거나 오히려 감소한 경우 환경적 속성이 개선된 것처럼 표시·광고해서는 안 된다. 예를 들어서 생산과정에서 발생하는 탄소 배출량이 3분의 1로 감소한 것을 근거로 자사의 개선된 제품이 "탄소 배출을 33% 더 줄였다."라고 표시·광고하면서 작은 글씨로 "운송 제외"라고 표시하는 것은 안 된다. 상품의 탄소 발생은 운송 부분에서 가장 많이 발생하며 전체적인 상품의 수명주기를 보면 탄소 배출량이 약간 감소한 것이므로 이러한 표시·광고는 소비자를 오인시킬 수 있다.

구체성에 있어서의 표시·광고는 그 대상이 제품이나 포장 중 어디에 관한 것인지를 명확히 구별되어야 하며, 만약 그것이 제품이나 포장 전체가 아닌 일부분이면 그 일부분이 어디인지를 명확히 해야 한다. 예를 들면 샤워커튼을 담은 비닐 포장에 추가 설명 없이 "재활용 가능"이라고만 표시된 경우, 재활용이 가능한 것이 비닐 포장인지 샤워커튼인지 분명하지 않기 때문에 소비자는 제품 전체를 재활용할 수 있다고 오인할 수 있으므로 재활용이 가능한 부분을 특정하여 표시해야 한다.

완전성에 있어서 표시·광고를 할 때는 소비자의 구매 선택에 중요한 영향을 미칠 수 있는 사실이나 내용의 전부 또는 일부를 누락·은폐 또는 축소하여서는 안 된다. 예를 들어서 헤드레스트, 프레임, 매트리스로 구성된 침대의 경우, 매트리스에 대해서만 친환경 인증을 받았음에도 이러한 사실을 밝히지 않고 제품 전체에 대해 인증받은 것처럼 "친환경 침대"라고 광고한 경우, 기만적인 표시·광고에 해당할 수 있다.

Higg Index: 사회적 환경적 발자국

힉지수(Higg Index)는 의류, 신발, 섬유산업 내 제품, 브랜드, 제조 시설의 환경적, 사회적 지속가능성 성과를 측정하고 평가하기 위해 지속가능의류연합(SAC: Sustainable Apparel Coalition)과 기술파트너 힉(Higg)이 만든 평가도구이다. 공급망 안에서의 사회적, 환경적 성과와 제품의 환경적 영향을 함께 평가하는 힉지수는 지구환경, 사회적 노동 환경, 브랜드와 판매, 재료의 지속가능성, 그리고 제품을 포함하여 5가지 항목을 평가한다.[270] 특히 재료의 지속가능성에 대해서는 온실가스 배출, 화석연료 사용, 물사용, 수질 오염 등으로 지구환경에 대한 영향을 평가한다. 힉지수는 전반적인 글로벌 패션산업의 지속가능성을 측정하고 전체 공급망 투명성을 제공하는 도구로 약 250개의 브랜드가 참여하고 있다.

그러나 힉지수를 이용한 H&M의 친환경 전략은 그린워싱이라고 발표되었다. H&M은 1947년 스웨덴의 단일매장에서 시작하여 2017년에는 나이키와 아디다스에 이어 세 번째로 전 세계 패션 시장의 점유율을 가진 기업이다.[271] 2002년부터 사회적책임경영(Corporate Social Responsibility) 보고서를 통해서 지속가능성 전략, 정책, 목표, 그리고 성과 보고서를 꾸준히 발표하고 있다. H&M은 고객에게 각 제품의 환경적 건전성을 알리기 위해 재료에 대한 힉지수(Higg MSI: Materials Sustainability Index)를 사용하여 정량적 점수를 제품별로 사용하였다. 하지만 H&M 제품 점수 절반 이상이 실제보다 환경에 더 나은 것으로 묘사되었고, 일부 제품에는 완전히 잘못된 점수도 있다고 발표되었다.[272]

2022년 노르웨이 소비자 보호원(Norwegian Consumer

Authority)은 힉지수를 개별 소비자 제품 라벨에 사용하는 것이 노르웨이 마케팅법에 위반될 수 있고, 힉지수로 인하여 소비자가 제품이 환경에 해가 없다고 믿는 오류를 불러일으킬 수 있어서, 오히려 기업의 그린워싱을 도울 수 있다고 보도하였다.[273] 또한 재료에 대한 힉지수(Higg MSI)는 화석연료를 바탕으로 만든 합성물질에 유리하게 구성되어 있어서 패스트 패션의 핵심 소재인 합성섬유에 유리하게 평가되므로 재료에 대한 힉지수(Higg MSI) 사용 중단을 요구하였다.[274] 힉지수에서 사용했던 생산에서 소매점까지, 다시말해 요람에서 문까지(Gradle-to-Gate)의 평가방식에서 원자재부터 생산, 가공, 제조, 사용, 재활용, 그리고 최종폐기까지 포함한 요람에서 요람까지(C2C: Cradle-to-Cradle)의 환경평가를 위해 지속가능의류연합(SAC)은 재료에 대한 힉지수(Higg MSI)의 사용을 잠정적으로 중단하였다.

Cradle-to-Cradle: 자원순환경제

패션산업에서는 자연에서 자원을 얻어서 제품을 만들고 다 사용한 제품은 버려진다. 다른 산업처럼 패션산업도 '쓰고(take)-만들고(make)-버리고(waste)'의 선형적 경제구조로 되어 있었다. 그러나 패션의 과잉공급은 자원을 고갈시키고, 온실가스와 오폐수를 배출시키고, 잦은 구매로 인한 폐기물량이 증가하면서 궁극적으로 패션산업이 자연환경에 주는 부정적 영향은 과학적으로 증명되고 있다.[275] 패션산업은 현존하는 자원과 제품을 최대한 오랫동안 공유, 임대, 재사용, 수리, 개조 및 재활용하는 생산과 소비에 관련된 전 과정을 포함하고 있는 자원순환경제(Circular Economy) 모델로 전환하는 것을 목표로 한다.[276] 또한 제품의 디자인, 생산, 유통 및 폐기에 순환 원칙을 적용하여 자원 집약적인 패션산업이 환경에 미치는 영향을 최소화하는 자원순환경제로 전환하기 위해서는 많은 요인이 해결되어야 한다.

요람에서 요람까지(C2C)의 핵심개념은 '생체모방(biominetics)'으로 제품에 관여하는 모든 과정을 유기체를 형성하는 시스템으로 생각하는 것이다. 자연계에서 폐기물이란 없고, 모든 것이 원자 하나까지도 재활용된다는 개념이다.[277] 모든 원재료 생산은 탄소 발자국을 남긴다. 2018년 퀀터스(Quantis)는 『패션 측정(Measuring Fashion)』에서 글로벌 의류와 신발 산업이 환경에 미치는 영향을 다중지표접근방식으로 기후변화, 자원, 물 회수, 생태계, 인간의 건강 등 여러 측면에서 평가했다.[278] 이 보고서에 의하면 동물성 섬유와 가죽을 제외한 총 섬유생산에서 발생하는 온실가스는 패션산업에서 배출하는 온실가스의 15%를 차지한다. 다른 환경보고서에 의하면 환경에 미치는 영향을 온실가스 배출, 토지이용, 수질오염, 대기오염, 폐기물, 물 사용량으로 측정하였을 때, 공급망 안에서 패션제품의 원재료 생산 과정이 미치는 영향이 65%를 차지한다고 발표하였다.[279] 원재료 생산 과정에서 배출되는 탄소량을 측정하는 방법이 지금까지는 일관적이지 않고 그 수치도 일치하지는 않지만, 원재료 생산 과정이 환경에 심각한 영향을 미친다는 것은 명백한 사실이다.

천연섬유 또는 인조섬유와 관계없이 제품을 만들기 위한 재료를 생산하고 제품을 만들고 유통하여 소비자가 사용하고 폐기하는 모든 과정에서 다양한 오염물질, 온실가스, 폐수, 폐기물은 생성된다. 이 과정에서 폐기물이 발생하지 않도록 제품을 개발하는 것이 순환경제의 목표이다. 더는 제품으로 재활용할 수 없어 최종 폐기한 물질을 안전한 토양의 퇴비로 사용할 수 있는 제품을 만드는 것이 순환경제에서 이루고자 하는 요람에서 요람까지(C2C)의 전략이다. 19세기에 네덜란드 작은 마을에서 시작하여 글로벌 브랜드 성장한 C&A는 자원의 순환을 촉진하기 위하여 순수 유기농 티셔츠를 만들어서 요람에서 요람까지(C2C) 인증을 개발했다.[280] 요람에서 요람까지(C2C) 인증은 소비자가 제품을 다 사용한 후에도 영구적인 사용 및 재사용 주기를 유지하도록 설계되어 안전하고 건강한 재료를 사용하여 제품이 만들어졌음을 의미한다. C&A의 셔츠는 의류의 사용, 재사용, 사용이 끝나면 토양의 영양분으로 생분해가 된다.

한국에서는 2022년 50개 브랜드가 '친환경 패션 이행 선언서'에 선언하고 자원순환형 섬유 패션 생태계 조성을 위하여 친환경 섬유 시장 확대, 생분해·리사이클 등 친환경 섬유 소재 기술개발, 폐의류 등 자원순환형 생태계 조성을 위한 노력을 하고 있다. 그럼에도 불구하고 대부분의 유통되고 있는 의류제품은 여러 가지 섬유를 혼합한 혼방직물이어서 섬유로 추출해서 재활용하기는 매우 어렵다.[281] 따라서 현재의 대부분 섬유의 재활용된 제품은 원래의 제품보다 품질이 낮아져서 다운사이클링(downcycling)으로 분류된다. 예를 들면 직물의 폐기물은 단열재로 사용되거나 건축의 내외장재로 사용되는 건축용 패널로 만들어 건물, 의자, 또는 데크로 재탄생한다.[282]

따라서 유럽 연합은 호라이즌 유럽(Horizon Europe) 프로젝트인 '순환적이고 지속가능한 섬유와 의류(Cisutac: Circular and Sustainable Textile and Clothing)' 프로그램을 2022년에 9월에 시작했고, 48개월 동안 지속할 예정이다.[283] 순환적이고 지속가능한 섬유와 의류(Cisutac) 프로그램은 세 가지 파일럿 프로젝트를 시작했다. 첫째는 재사용을 위해 기존 제품의 가치를 최대한 유지하는 것이다. 둘째는 재활용을 위한 섬유 분류과정에서 잘못된 섬유를 추가하는 등의 오류를 방지하는 것이다. 셋째는 수작업, 분류, 해체, 그리고 수리에 필요한 노력을 줄이는 것이다. 프로젝트의 범위는 순환 병목 현상이 가장 많이 발생하는 3개의 하위그룹인 의류, 산업용 직물로 만들어진 작업복, 아웃도어 장비와 스포츠웨어이다. 이 파일럿 프로젝트를 통해서 작업복과 배낭, 텐트 같은 아웃도어 제품의 수리 및 분해를 개선하고, 버려진 옷의 분류를 통해서 직물의 재사용, 셀룰로오스 섬유 재활용, 폴리에스터와 면섬유를 섬유로(fiber-to-fiber) 재활용하는 방법을 모색한다. 한편 이 프로젝트는 정책과 법안을 지원하기 위한 개방형 데이터 표준 및 순환 설계 지침을 사용하여 섬유 폐기물 수집 현황과 유럽 분류 능력에 대한 지침서를 제공한다.[284]

한국에서는 섬유패션산업 한국판 뉴딜 실행 전략의 하나인 친환경 소재 개발은 수입의존도가 높은 생분해성 섬유, 재활용 섬유 소재 및 제조 공정 기술 개발을 통해 친환경 섬유의 원료부터 제품화까지 원천기술 확보로 국내 친환경 섬유 기술력을 강화하고 글로벌 시장 진출과 확대를 목표로 하고 있다.[285] 또한 한국섬유개발연구원은 친환경 생분해 섬유소재산업 활성화 지원사업을 추진하고 있다.[286] 생분해성 섬유가 퇴비화되면 새로운 작물을 재배하는 데 사용할 수 있는 영양이 풍부한 비료가 생성된다. 이는 재료를 더 오랫동안 사용하고 새로운 원자재의 필요성을 줄여 순환경제의 고리를 닫는 데 도움이 된다. 대부분의 의류 폐기물은 궁극적으로 매립되거나 소각된다. 소각은 일산화탄소, 질소 산화물, 이산화황 및 미립자 물질을 포함하여 독성 가스와 입자가 대기 중으로 방출되고, 이러한 오염물질은 호흡기 문제, 산성비 및 온실가스를 초래한다.[287] 또한 폐섬유류는 매립되어 분해되면 이산화탄소보다 25배 더 강력한 온실가스인 메탄가스(CH_4)를 생성하고, 화학 물질이 토양과 물에 반출되어 지하수를 오염시킨다.[288] 따라서 생분해성 섬유를 퇴비화함으로써 메탄 배출량을 줄여서 기후변화를 완화하는 데 도움을 줄 수 있다.

국내의 생분해 전문기업인 주식회사 프로팩(ProPac)에서 폴리락트산(PLA: polylactic acid)을 첨가하지 않고 별도로 퇴비화 시설이 갖춰지지 않아도 생활환경 온도와 습도에서 자연분해가 가능한 생분해성 신소재인 폴리부틸렌 아디페이트 서스네이트 테레프탈레이트(PBAST: polybuthylene adipate succinate terephthalate)를 개발하여 의류제품으로 선보였다(그림39). PBAST는 그동안 폴리부틸렌 아디페이트 테레프탈레이트(PBAT: polybuthylene adipate-co-terephthalate)를 사용한 생분해 제품의 한계로 지적되어 온 색의 투명도가 개선되었고, 가공 과정에서 갈라짐과 백화현상이 발생하지 않는다. PBAST는 미세플라스틱 발생량을 감소시킬 뿐 아니라, 제품 사용 후 배출되면 농가에서 퇴비로 사용할 수 있는 요람에서 요람까지(C2C)의 좋은 예가 되는 신소재이다.

그림39. 생분해 섬유 PBAST로 만든 스웨트셔츠

*이미지 제공: 프로팩

2. Sustainable Development Goals: 새로운 목표

지속가능발전목표(SDGs)는 현재와 미래의 인류가 지구에서 평화와 번영을 위해 함께 살 수 있도록 설계된 17개의 세부 목표로 서로 연결된 인류의 청사진이다. 지속가능발전목표는 2030년까지 모두를 위해 더 나은 세상을 만들기 위한 보편적인 행동 촉구로, 2015년에 모든 유엔 회원국에서 채택되었다. 그림40에서 나타나듯 지속가능발전목표는 17개의 목표로 구성되어 있고, 서로 연결되어 분리될 수 없다. 즉 한 목표의 진전이 다른 목표의 진전에 좌우되는 경우가 많다. 예를 들어 SDG1:빈곤 퇴치를 달성하려면 SDG2:기아 종식, SDG3:건강과 웰빙, SDG4:양질의 교육에 대한 보장이 필요하다. 지속가능발전목표는 이상적이고 야심에 찬 의제이지만 지구인인 우리 모두가 함께 노력하면 달성할 수 있는 목표이다.

새로운 시대의 패러다임 전환을 전제로 모든 국가, 기업, 조직, 개인이 지속가능발전목표를 현실로 만드는 역할을 이행해야 한다. 따라서 전면적인 제도적 개선과 구조적 변화가 바탕이 되어야 한다. 유엔에서는 해마다 각 나라의 데이터와 보고서를 바탕으로 하여 「지속가능발전목표 보고서(The Sustainable Development Goals Report)」를 발표하고 있다. 한국은 지속가능발전목표(K-SDGs: Korean Sustainable Development Goals)를 2018년 12월에 수립 확정했다. 현재는 2021년에 수립된 「제4차 지속가능발전 기본계획(2021~2040)」을 운영 중이며, 통계개발원이 한국의 데이터 책임기관으로서 「한국의 SDGs 이행보고서」를 매년 발간하고 있다. 또한 경제·사회·환경을 포괄하는 '지속가능발전'이 경제·환경만을 포함하는 '녹색성장'에 비해 포괄적인 상위 개념이므로, 지속가능발전에 관한 기본법을 제정하여 관련 정부 정책을 체계적으로 추진할 수 있는 기반 마련을 위해 「지속가능발전 기본법」을 2022년 1월에 제정되었고, 2022년 7월부터 시행 중이다.[289]

기업에 대한 지속가능발전목표 지침은 기업의 규모, 산업, 활동 지역과 관계없이 모든 기업이 관련 법규를 준수하고, 국제적으로 인정된 최소기준을 지지하며, 보편적인 권리를 존중할 책임이 있다는 인식을 바탕으로 한다. 기업의 운영과 공급망에 관련되어 일어난 인권침해에 대한 책임은 기업의 의무이다. 기업의 의무는 인권을 증진하고 지속가능한 발전을 촉진하려는 것으로서 어떠한 목적으로도 상쇄될 수 없다. 공급망 전반에 걸쳐 지속가능성을 융합함으로써 기업은 매출 증대, 신규 시장 부문 개발, 브랜드 강화, 운영 효율성 향상, 제품 혁신 촉진 및 직원 이직률

감소 등을 통해 스스로 가치를 보호하고 창출할 수 있다.[290]

아디다스, 버버리, C&A, 에스프리, H&M, 케어링, 나이키, 프라다, 퓨마, 자라 등 글로벌 대표 패션기업들과 국내의 비와이엔블랙야크, 영원무역, 코오롱인더스트리, 한솔섬유, 한세실업, 화승엔터프라이즈 등등도 지속가능개발목표 달성을 향한 진행 상황을 설명하는 보고서를 제공하고 있다. 패션기업의 보고서는 환경 성과(environmental performance), 사회적 성과(social performance), 제품 지속가능성(product sustainability)에 대한 정보를 포함한다. 환경 성과 보고에는 물과 에너지 소비, 온실가스 배출, 폐기물 발생에 대한 정보가 포함되어 있고, 사회적 성과 보고에는 노동권, 다양성 및 포용성, 인권 실사에 대한 정보, 그리고 제품 지속가능성에는 지속가능한 재료 사용, 윤리적 소싱 및 수명이 다한 제품 관리에 대한 정보가 포함되어 있다. 지속가능발전목표 보고서는 패션기업의 지속가능성 성과에 대해 더 자세히 알고 싶어하는 소비자와 투자자에게 투명한 자료가 될 수 있다. 또한 기업이 개선해야 할 영역을 식별하고 시간이 지남에 따라 진행 상황을 추적하는 데 도움이 될 수 있다.

그림40. 유엔 지속가능발전목표

* 이미지 출처: https://www.un.org/sustainabledevelopment/news/communications-material/

지속가능발전을 위한 ESG 사례

그림41. 한솔 비전

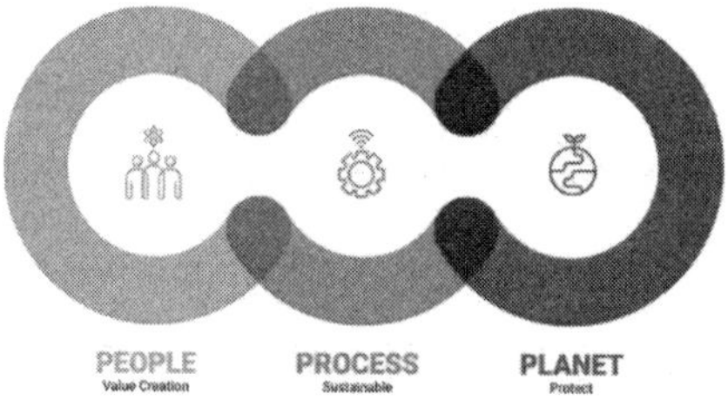

*이미지 제공: 한솔섬유

한솔섬유(Hansoll Textile Ltd.)

한솔섬유는 다양한 이해관계자들과 소통하고, 긍정적인 가치를 창출하며 친환경 전략을 통해 지속가능한 비즈니스를 추구하는 기업이다.

환경(Environmental):

- 2050년까지 제로 온실가스 배출을 위한 로드맵을 설정
- 친환경 제조공정을 위해 신재생에너지 프로젝트를 진행
- 친환경 및 재생원료 인증받은 원부자재 사용 확대
- 3D 샘플을 확대하여 불필요한 용수와 전기사용과 폐기물 감소
- 기후변화 적응과 완화 후원 활동에 동참하며 지역사회의 환경 돌봄

사회(Social):

- 윤리경영
  - 국가와 사회에 대한 윤리
  - 고객에 대한 유리
  - 임직원의 기본윤리
  - 임직원에 대한 윤리
  - 주주에 대한 윤리
- 사회공헌
  - 지역사회 후원활동
- 지속가능한 일터
  - 여성이 근무하기 좋은 환경
  - 공급망 리스크 관리
  - 산업재해 예방 활동
  - 다양한 고충처리 채널 운영

지배구조(Governance):

주주총회와 이사회를 중심으로 건전한 기업지배구조를 구축하기 위해 노력

17 SDGs: 패션산업의 노력

유엔에서 발표한 17개의 지속가능발전목표(SDGs)에 따른 패션산업의 활동을 요약하면 아래와 같다.[291]

SDG1: 빈곤퇴치 국제무역센터(International Trade Center)의 가난한 지역 사회 무역 프로그램(Poor Communities and Trade Programme)의 하나인 윤리적 패션 이니셔티브(EFI)는 소외된 장인 공동체와 지역 사회를 연결하여 수출 무역을 통해서 빈곤을 줄이는 것이 목표이다. 제품을 생산함으로써 장인과 소규모 기업가는 자신의 기술과 유산을 소중히 여기는 윤리적인 작업을 통해 삶을 개선할 수 있고, 지역 디자이너와 창작자들은 사업을 발전시키고 각자의 지역에서 변화의 주체가 될 수 있도록 지원을 받는다. 장인과 기업이 구축한 네트워크 덕분에 그들은 기업을 성장시키고 새로운 일자리를 창출하며 궁극적으로 사회적 자본을 구축할 수 있고, 디자인 멘토링 프로그램을 통해 윤리적 패션 이니셔티브(EFI)는 아프리카 디자인 인재의 개발을 지원하고 아프리카 장인과의 제조를 장려하여 수출 역량을 지원하고 개발한다.

SDG2: 기아종식 면화의 재배와 패션 공급망 내의 근로조건의 개선은 극심한 기아를 줄이는 데 직접적인 영향을 미칠 수 있다. 코로나19 팬데믹 대응으로 인하여 공장 폐쇄, 정리해고 등으로 소득을 잃은 근로자를 지원한다.

SDG3: 건강과 웰빙 화학물질 및 폐기물의 안전 관리는 SDG3

과 직접적 연관이 있다. 국제 화학물질 관리에 대한 전략적 접근방식(SAICM)에 따라 제품 내 화학 물질(CiP) 프로그램은 유엔환경프로그램(UNEP)의 정보공유에 대한 정책과 근로자와 소비자의 건강에 영향을 미칠 수 있는 화학 물질에 대해 조사를 지속적으로 수행한다. 제품 내 화학 물질 프로그램(CiP)의 활동은 제품 수명주기 전반에 걸쳐 필요로 하는 정보에 대한 가용성과 접근성을 높이는 데 중점을 두고 있다. 이를 통해 해당 제품과 제품에 포함된 화학물질을 적절하게 관리할 수 있다.

SDG4: 양질의 교육 보장 의류와 신발 부문 아동 권리 네트워크(Network on Children's Rights in the Garment and Footwear Sector)의 하나인 유니세프(UNICEF: United Nations International Children's Emergency Fund)는 책임 있는 공급망 부분으로 의류와 신발 산업에서 아동 권리에 대한 평가 중, 아동 노동에 미치는 영향이 공장과 지역 사회가 서로 연관된 경우가 많다고 발표하였다. 예를 들어 맞벌이 부모의 낮은 임금은 아동 빈곤과 아동 노동을 조장하여 아동이 보편적인 의무교육을 받을 수 있는 사회 환경이 마련되지 않는 경우가 있는 것으로 나타났다. 따라서 국제노동기구(ILO)와 유니세프(UNICEF)는 아이들이 학교에 다닐 수 있도록 가족의 소득을 늘리기 위해 노력하고 있다.

SDG5: 성평등 달성 패션산업에서 여성 인력은 약 80%를 차지하며, 그들은 주로 패션 생산 공급망의 가장 하부에 고용되어 직업상 부상과 신체에 해로운 화학물질 노출에 대한 위험이 크다. 또한 코로나19 팬데믹과 같은 충격에도 가장 취약하다. 국제노동기구(ILO)는, 특히 아시아 의류 부문 공급망에서 양질의 일자리를 위한 노력을 통해 아시아 지역의 성평등을 촉진하고 있고, 사회적 단체 교섭을 통해 이해관계자 간의 지식과 모범 사례를 강화하고 있다. 또한 직장 내 폭력과 괴롭힘도 다루고 있다.

SDG6: 깨끗한 물과 위생 보장 다양한 이해관계자들의 집단행동을 통해 유엔 글로벌 콤팩트(UNGC: United Nations Global Compact) 물관리 행동 플랫폼(Water Security through Stewardship Action Platform)은 민간 부문, 전문가, 시민 사회, 정부, 그리고 유엔이 힘을 모아 글로벌 기업사회에서 선진적인 물 관리 관행을 채택하는 조치를 수행하고 있다. 보편타당한 기준을 개발하고 지역 공동체 협력, 집단행동 및 정책 참여를 육성함으로써 플랫폼 참여자는 SDG6를 지원하고 다른 글로벌 목표와의 접점을 통해 물 관리를 발전시키고 있다.

SDG7: 모두를 위한 에너지 보장 탄소중립을 촉진하기 위해 섬유와 의류 생산에 사용되는 에너지를 재생 에너지로 전환하는 것은 패션산업에서 배출하는 전체 탄소량을 낮추는 데 상당한 영향을 미칠 것으로 추정되고 있다. 기후 행동에 관한 패션산업 헌장(FICCA)에 따라 패션 공급망에서 에너지 효율성 조치와 재생 가능 에너지를 지속적으로 추구하기 위한 로드맵을 만들기 위해 실무 그룹이 구성되었다. 늦어도 2025년까지 패션산업의 공급망 Tier 1(제품생산)과 Tier 2(재료가공)의 현장에서 새로운 석탄 연소 보일러 또는 기타 석탄 연소열 및 발전원의 설치를 방지하기 위한 전략 개발을 포함하고 있다.

SDG8: 경제성장과 양질의 일자리 지속적이고 포용적이며 지속가능한 경제성장, 완전하고 생산적인 고용, 양질의 일자리 증진을 요구하기 위하여 국제노동기구(ILO)와 그 구성원들은 노력하고 있다. 이들은 해당 부문의 주요 과제와 기회에 대해 단체 교섭을 촉진하고, 이를 해결하려는 조치에 대한 구성원 간의 합의를 구축한다. 최신의 동향과 개발에 대한 지식을 늘리고, 이를 전파하고 국제 노동 기준 및 작업장 준수 이행을 지원한다. 또한 산업 안전보건, 기술, 최저 임금 등의 다양한 문제에 대한 부문별 구성원의 역량을 구축하고, 전 세계, 지역, 또는 국가 수준에서 다양한 이해관계자 간의 파트너십과 정책 일관성을 강화한다.

SDG9: 사회기반시설 산업화 및 혁신 유엔산업개발기구(United Nations Industrial Development Organization)는 산업화와 관련된 6가지 지표를 관리하는 지정 기관으로 패션산업과 관련하여 스위치메드 이니셔티브(SwitchMed Initiative)와 이집트 면화 프로젝트(Egyptian Cotton Project)를 포함한 여러 관련 이니셔티브를 운영하고 있다. 스위치메드 이니셔티브는 상품과 서비스가 생산되고 소비되는 방식을 변화시킴으로써 남부 지중해 지역의 순환경제를 지원한다. 의류 부문과 관련하여 스위치메드는 튀니지, 모로코, 이집트에서 지역의 재활용 공급망의 기반을 마련하고 패션산업이 소비자 선호도와 요구 사항을 충족하는 더 많은 순환 제품을 제공할 수 있도록 준비한다. 또한 안전한 화학 물질에 대한 관리를 채택하는 방향으로 섬유 가공 산업의 전환을 가속한다.

SDG10: 불평등 감소 모든 사람이 질서 있고 안전하며 규칙적이고 책임 있는 이주와 이동을 할 수 있도록 노력한다. 현재 패션에 관련 산업의 내·외국인 이주 근로자들은 위험한 노동 조건을 겪고 있다. 높은 채용 수수료, 긴 노동시간, 낮은 임금, 정기적인 계약의 결여, 휴식 시간이 없는 빠듯한 작업 일정에 직면해 있는 것으로 드러나고 있다. 특히 이주 근로자들을 차별, 착취, 괴롭힘의 위험에 노출되어 있다. 국제이주기구(International Organization for Migration)의 노예제도 및 인신매매 근절에 대한 기업의 책임(Corporate Responsibility in Eliminating Slavery and Trafficking)은, 특히 남아시아 및 동남아시아 지역의 공급망에서 노동 착취, 강제 노동, 인신매매의 위험을 해결하기 위한 근로자의 인권과 노동권을 옹호할 수 있는 역량 강화를 목표로 한다. 이를 통해서 국가 내 불평등 감소에 기여한다.

SDG11: 지속가능한 도시와 주거지 SDG11을 명시적으로 다루는 유엔 기관이 주도하는 패션 이니셔티브는 없으나, 패션과 도시 사이에 가장 분명한 연관성이 있다. 특히 도시화율과 관련하여 중요한 초점 영역인 도시 폐기물 관리 문제를 고려해 볼 수 있다. 폐기물 관리에 실패하면 깨끗한 물과 물 부족 현상이 일어나고, 이것은 지역사회의 건강과 웰빙(SDG3)과 깨끗한 물과 위생(SDG6)에 문제가 될 것이다.

SDG12: 지속가능한 소비와 생산 원 플래닛(One Planet) 네트워크는 지속가능한 소비 및 생산을 위한 10년 프로그램 기반을 구축하고 지원하는 다중 이해관계자 네트워크이다. 유엔환경프로그램(UNEP)에 사무국을 두고 있는 공식적인 수행 기관으로 SDG12를 위한 통합된 방향, 도구, 그리고 해결 방법을 제공한다. 또한 제품 수명 연장 및 섬유의 제품 지속가능성 정보에 대한 사례 연구를 포함한 소비자 정보에 대한 도구, 지침 및 이니셔티브 포트폴리오를 통해 제품과 서비스에 대해 신뢰할 수 있는 양질의 정보를 제공한다.

SDG13: 기후변화대응 유엔기후변화협약(UNFCCC)은 기후변화 위협에 대한 전 세계의 대응을 지원하는 임무를 맡고 있다. 유엔기후변화협약(UNFCCC)은 광범위한 기후변화대응 프로그램을 시작하여 패션산업에 관련된 이해관계자들이 기후 변화에 대해 일관되고 통일된 입장을 개발하도록 촉구했다. 이 작업으로 2030년까지 온실가스 배출량 30% 감축 목표로 과학적 방법으로 패션산업의 탈탄소화 경로를 분석하고 설정하는 것을 포함하여 2050년까지 탄소중립을 달성하는 것을 목표로 하는 기후 행동을 위한 패션산업헌장(FICCA)을 발표했다. 유엔기후변화협약(UNFCCC)에 따라서 서명 국가와 지원기구는 원칙을 전달하기 위해 협력한다. 이 작업은 패션과 섬유 분야와 관련된 이해관계자, 전문가와 조직이 함께 수행한다.

SDG14: 해양생태계 보존 유엔식량농업기구(Food and Agriculture Organization)의 블루 패션(Blue Fashion)은 물질적 혁신을 촉진하기 위해 인식을 높이고 디자이너와 협력함으로써 새로운 해양 기반 가치 사슬 개발을 지원한다. 패션산업에서 수산 자원의 혁신적인 사용은 패션 부문과 수산 부문 모두의 지속가능성을 높일 수 있다. 또한 세탁 중 합성섬유의 마모로 해양과 담수로 미세플라스틱이 배출되어 해양과 담수 오염 문제에 있어서 그 지식의 격차를 해소하기 위해 유엔환경프로그램은 폐수 내 미세플라스틱에 관한 연구를 진행하고, 효과적인 규제를 위하여 정책적 마련을 준비 중이다.

SDG15: 육상생태계 보호 환경오염, 생물 다양성 손실, 동물복지 등 섬유산업과 관련되어 직면한 주요 과제들을 체계적으로 해결하기 위해 유엔개발계획(United Nations Development Programme)은 기후정보를 기반으로 한 가축 및 천연자원 계획을 통해 기후의 영향과 토지의 수용 능력을 고려하여 가축 생산의 목표치를 달성하기 위해 각각의 정부를 지원한다. 토지 황폐화를 되돌리기 위한 생태계 기반 관리 접근법과 지속가능한 동물 섬유 시장에 접근하기 위한 목축업자 지원도 포함된다. 또한 이 계획은 패션산업에 중요한 원료 인조 셀룰로스 섬유인 비스코스(viscose), 레이온(rayon), 리오셀(lyocell), 모달(modal) 등을 제공하는 육상 자원인 숲의 건강을 보장하고 생태계를 재생하는 데 노력하고 있다.

SDG16: 평화, 정의, 포용적인 제도 평화, 정의, 포용적인 제도는 기업 성공의 기반이지만, 이러한 개념이 사업의 전략, 운영 및 관계와 어떻게 관련되는지 이해하기 어려울 수 있다. 유엔 글로벌 콤팩트(UNGC)는 행동 플랫폼을 통해 이러한 분야의 기업 참여를 이해하고 구현하며 보고하는 데 있어 글로벌 기업 표준을 제공하는 것을 목표로 한다. 유엔 글로벌 콤팩트(UNGC)의 여러 플랫폼과 프로젝트는 패션산업에 초점을 맞추고 물 관리, 기후변화를 기반한 목표 관리, 공급망 추적 등을 하고 있다.

SDG17: 글로벌 파트너십 모든 국가, 특히 개발도상국의 지속가능개발목표 달성을 지원하기 위해 지식, 전문성, 기술 및 금융 자원을 동원하고 공유하기 위한 중요한 수단으로서 다중 이해관계자의 협력이 글로벌 파트너십이다. 또한 이것은 파트너십의 경험과 자원 전략을 바탕으로 효과적인 공공, 민간, 그리고 시민 사회 파트너십을 장려하고 촉진하는 것을 추구한다. 유엔 기구들은 패션산업의 다양한 이해관계자들을 모아 열린 대화, 지식 공유 및 협력을 촉진하기 위해 그들의 힘을 하나로 모았다. 예를 들어 국제노동기구(ILO)와 국제금융공사(International Finance Corporation)의 파트너십인 더 나은 일자리 프로그램(Better Work Programme)은 정부, 글로벌 브랜드, 공장 소유주, 노조와 근로자들이 의류 산업의 근로조건을 개선하고 해당 부문을 보다 경쟁력 있게 만들 수 있도록 협력하고 있다.

지금까지 패션산업의 이해관계자들은 지속가능성발전목표를 채택하여 노력하고 있지만, 환경과 사회의 부정적 영향을 상쇄할 만큼 빠르게 구현되지는 않았다. 유엔환경프로그램(UNEP)에서 발행한 『지속가능한 패션: 커뮤니케이션 전략 2021~2024(Sustainable Fashion: Communication Strategy 2021~2024)』에 의하면 패션산업의 관행을 바꾸지 않으면, 파리조약에서 2030년까지 지구온난화를 1.5℃로 제한하려는 온실가스 배출량의 두 배를 패션산업은 배출하게 될 것이라고 한다.[292] 특히 패션산업이 2030년 지속가능발전목표를 달성하기 위한 전략으로 17개의 지속가능발전목표 중에서 SDG1(빈곤퇴치), SDG5(성평등 달성), SDG6(깨끗한 물과 위생 보장), SDG8(경제성장과 양질의 일자리), SDG12(지속가능한 소비와 생산), SDG13(기후변화대응), SDG14(해양생태계 보존), SDG15(육상생태계 보호)를 중점목표로 더 넓은 공급망 안에서 이해관계자와 지역 간의 조율과 협력을 강조하고 있다.

패션산업이 지속가능발전목표를 실천하기 위한 국제협력 단체와 프로그램

- 가난한 지역 사회 무역 프로그램(Poor Communities and Trade Programme)
- 국제금융공사(International Finance Corporation)
- 국제노동기구(International Labour Organization)
- 국제무역센터(International Trade Center)
- 국제이주기구(International Organization for Migration)
- 국제 화학물질 관리에 대한 전략적 접근 방식(Strategic Approach to International Chemicals Manage ment)
- 기후 행동을 위한 패션산업헌장(Fashion Industry Charter for Climate Action)
- 기후변화에 관한 정부 간의 협의체(Intergovernmental Panel on Climate Change)
- 더 나은 일자리 프로그램(Better Work Programme)

- 물 관리 행동 플랫폼(Water Security through Stewardship Action Plaform)
- 블루 패션(Blue Fashion)
- 스위치메드 이니셔티브(SwitchMed Initiative)
- 원 플래닛(One Planet)
- 유니세프(United Nations International Children's Emergency Fund)
- 유엔개발계획(United Nations Development Programme)
- 유엔 글로벌 콤팩트(United Nations Global Compact)
- 유엔기후변화회의(United Nations Climate Change Conference)
- 유엔기후변화협약(United Nations Framework Convention on Climate Change)
- 유엔산업개발기구(Unite Nations Industrial Development Organization)
- 유엔식량농업기구(Food and Agriculture Organization)
- 유엔환경프로그램(United Nations Environment Programme)
- 윤리적 패션 이니셔티브(Ethical Fashion Initiative)
- 의류와 신발 부문 아동 권리 네트워크(Network on Children's Rights in the Garment and Footwear Sector)
- 이집트 면화 프로젝트(Egyptian Cotton Project)
- 제품 내 화학 물질 프로그램(Chemicals in Products Programme)
- 지속가능 의류 연합(Sustainable Apparel Coalition)
- 지속가능 패션을 위한 유엔 동맹(United Nations Alliance for Sustainable Fashion)
- 코펜하겐 패션 서밋(Copenhagen Fashion Summit)/글로벌 패션 서밋(Global Fashion Summit)
- 탄소공개프로젝트(Carbon Disclosure Project)

Net Zero Emission: 탄소중립을 향하여

산업혁명 이후 온실가스 배출은 지구온난화에 기여해 왔다. 지역적으로 편차가 있지만, 지구의 온도는 1850년~1900년 평균보다 약 1.1℃ 정도 상승하였다. 온난화로 인해 홍수, 화재, 가뭄, 폭풍 등의 기상이변은 더 빈번하게 일어났고, 그 강도는 점점 더 심각하다. 지구의 온도는 계속해서 상승할 것으로 예측되고, 지구의 생태계에는 예측할 수 없는 많은 변화가 일어날 것으로 기후변화에 관한 정부 간의 협의체(IPCC: Intergovernmental Panel on Climate Change)는 발표하였다.[293] 패션산업이 배출하는 온실가스량은 전체 배출되는 온실가스량의 2~8% 정도로 추정된다.[294, 295, 296] 이 숫자는 조사기관과 측정방법에 따라 다르지만, 패션산업에서 발생하는 온실가스량이 국제 항공편과 해상운송을 합친 양보다 많다는 엘렌 맥아더 재단(Ellen MacArthur Foundation)의 발표는 패션에 관련된 산업 관계자들과 소비자들에게 큰 충격을 주었다.*

패션산업의 온실가스 배출량 측정이 어려운 데는 몇 가지 이유가 있다. 첫째, 패션산업의 공급망은 여러 나라가 연결되어 있기 때문이다. 예를 들어 면 티셔츠에 사용되는 면화는 미국에서 재배되고, 중국에서 실로 만들어지고, 베트남에서 색이 있는 직물로 만들어진 후, 방글라데시에서 티셔츠로 봉제되어 판매를 위해 한국으로 배송될 수 있다. 이 티셔츠와 관련된 배출량은 사용

---

* 패션산업의 온실가스배출량은 2~8%[Source: United Nations Economic Commission for Europe(2018.7.12.) UN Alliance aims to put fashion on path to sustainability.]; 4%[Source: McKinsey & Company and Global Fashion Agenda (2020) Fashion on Climate.]; 8.1%[Source: Quantis (2018) Measuring fashion: Envionmnetal impact of the global apparel and footwear industries study.]

된 운송 방법, 제조 시설의 에너지 효율성 및 사용된 연료 유형에 따라 달라진다.

둘째, 표준화된 측정 방법이 없기 때문이다. 온실가스 배출량을 측정하는 합의된 단일 방법도 없고 측정과 측정 결과의 정보 공유가 기업의 의무도 아니다. 유엔의 기후 행동을 위한 패션산업헌장(FICCA)에 참여하는 기업을 중심으로 하여 탄소공개프로젝트(CDP: Carbon Disclosure Project)에 참여하고 있다. 탄소공개프로젝트(CDP)는 기후변화에 대응하기 위하여 각 기업이 공급망 안에서 발생하는 온실가스 배출량과 탄소경영전략을 공개하는 것을 원칙으로 한다.[297] 2023년 2월 기준으로 전 세계에서 99개 기업이 기후 행동을 위한 패션산업헌장(FICCA)에 참여하고 있고, 한국기업으로는 한솔섬유와 화승엔터프라이즈가 참여하고 있다.

셋째, 일부 배출량은 정량화하기 어렵기 때문이다. 면화 재배를 위한 삼림 벌채나 토지이용 변화에 따른 온실가스 배출량 또는 폴리에스터 생산과 관련된 온실가스 배출량은 대부분 예측 모델을 이용하여 추정하고 있어 패션산업과 관련된 배출량 중 일부는 직접 측정할 수 없다.

넷째, 패션산업은 외부자극에 민감하여 끊임없이 변화하고 있어 규칙적이고 연속적인 측정이 어렵기 때문이다. 2022년 글로벌 보고서에 따르면 패션산업은 99.8%가 영세중소기업이며**, 우리나라도 종사자 수 10인 미만의 영세기업 수가 전체 패션기업의

** 종업수가 9인 경우는 영세기업(micro sized enterprises); 종업원수가 10~249인 경우 중소기업(small and medium sized enterprises)로 구분함[Source: The European Apparel and Textile Confederation (2022) Facts & Key Figures 2022.].

88.8%이다.[298] 따라서 코로나19 팬데믹 같은 외부충격에 대응하는 역량이 부족하여 기업은 때때로 사라지기도 한다. 또한 패션산업은 끊임없이 새로운 트렌드와 기술이 등장하면서 끊임없이 진화하고 있어 그 변화에 맞추어서 배출량을 추적하는 것은 현실상 어렵다.

구찌, 발렌시아가, 보테가 베네타(Bottega Veneta), 이브 생로랑(Yves Saint Laurent) 등의 브랜드를 소유하고 있는 세계 최고 명품회사 중 하나인 케어링(Kering)은 기업의 활동이 환경에 미치는 영향을 정량화하는 환경손익(Environmental Profit & Loss) 보고서를 해마다 발표하고 있다. 2021년 보고서에 의하면 제품의 원재료 생산부터 판매까지 전 과정이 6개의 환경평가 종목에 미치는 영향을 분석한 결과는 그림42와 같다. 온실가스 배출이 37%로 환경에 가장 많은 영향을 주는 항목으로 나타났고, 토지이용이 전체의 31%, 수질오염이 12%, 대기오염이 8%, 그리고 폐기물과 물 사용이 각각 6%로 나타났다. 그림43은 제품의 생산부터 소비와 폐기까지의 각각의 단계가 환경에 주는 영향을 분석한 결과이다. 공급망에서 원재료 생산과정이 환경에 주는 영향은 57%이다. 판매 및 유통을 위한 매장과 물류관리 시설에서 14%, 원재료 가공에서 9%, 제품 제조 공정에서 8%, 소비자가 제품을 사용하는 과정에서 7%, 제품의 완성을 위한 조립공정에서 5%, 그리고 폐기물에서 0.2%가 환경에 부정적 영향을 주는 것으로 나타났다.[299]

그림42. 패션제품의 수명주기가 각각의 환경요소에 주는 영향

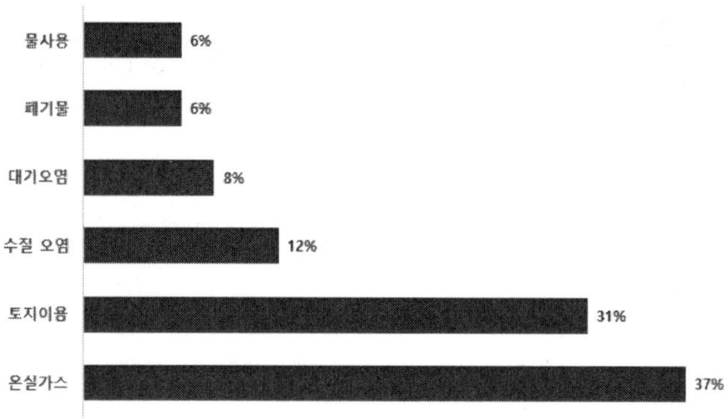

* 데이터 출처: Kering Environmental Profit & Loss: 2021 Group Results

그림43. 패션제품의 각각의 공급망 단계가 환경에 주는 영향

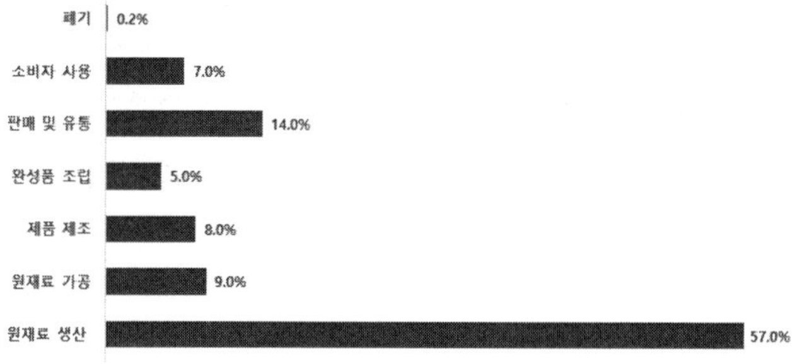

* 데이터 출처: Kering Environmental Profit & Loss: 2021 Group Results

위에서 잠시 언급하였듯이, 우리나라에 본사를 둔 글로벌 기업 화승엔터프라이즈는 기후행동을 위한 패션산업헌장에 참여하는 회원으로 탄소공개프로젝트(CDP)를 발표하고 있고, 2023년 기후행동을 위한 패션산업헌장(FICCA)에 참여하는 회원들의 보고서에 화승의 사례가 구체적으로 소개되었다.[300] 화승은 베트남과 인도네시아에 있는 생산기지에 옥상 태양광 시설 구

그림44. 화승엔터프라이즈의 기후행동전략

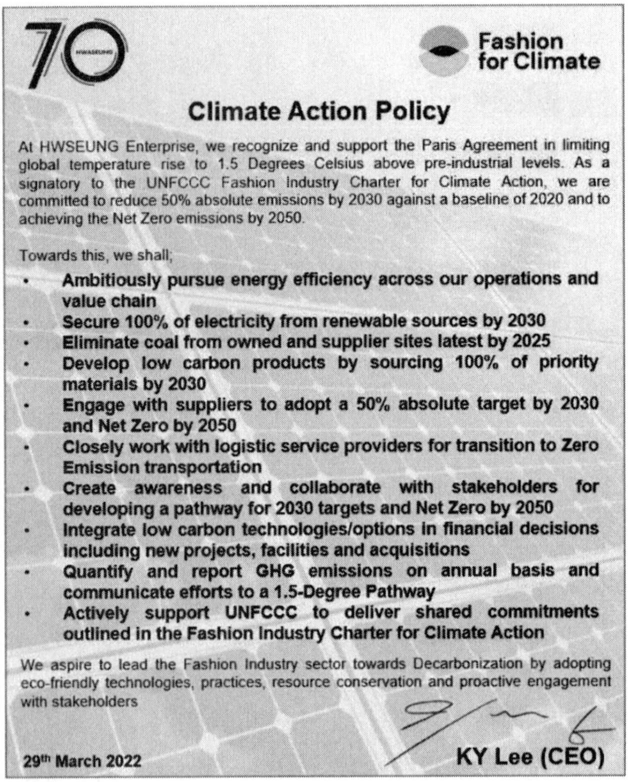

70

Fashion for Climate

Climate Action Policy

At HWSEUNG Enterprise, we recognize and support the Paris Agreement in limiting global temperature rise to 1.5 Degrees Celsius above pre-industrial levels. As a signatory to the UNFCCC Fashion Industry Charter for Climate Action, we are committed to reduce 50% absolute emissions by 2030 against a baseline of 2020 and to achieving the Net Zero emissions by 2050.

Towards this, we shall;

- **Ambitiously pursue energy efficiency across our operations and value chain**
- **Secure 100% of electricity from renewable sources by 2030**
- **Eliminate coal from owned and supplier sites latest by 2025**
- **Develop low carbon products by sourcing 100% of priority materials by 2030**
- **Engage with suppliers to adopt a 50% absolute target by 2030 and Net Zero by 2050**
- **Closely work with logistic service providers for transition to Zero Emission transportation**
- **Create awareness and collaborate with stakeholders for developing a pathway for 2030 targets and Net Zero by 2050**
- **Integrate low carbon technologies/options in financial decisions including new projects, facilities and acquisitions**
- **Quantify and report GHG emissions on annual basis and communicate efforts to a 1.5-Degree Pathway**
- **Actively support UNFCCC to deliver shared commitments outlined in the Fashion Industry Charter for Climate Action**

We aspire to lead the Fashion Industry sector towards Decarbonization by adopting eco-friendly technologies, practices, resource conservation and proactive engagement with stakeholders

29th March 2022

KY Lee (CEO)

* 이미지 제공: 화승엔터프라이즈

축을 위한 기반 조성을 했고, 2021년에는 자체시설에서 14,922 메가와트시(MWh)의 재생 에너지를 확보했다. 또한 2025년까지 석탄 보일러 사용을 단계적으로 폐지하기 위한 기반를 구축하고 있다. 메콩 지속가능한 제조업 협회(Mekong Sustainable Manufacturing Alliance)와 협력하여 지속가능성 관리체제를 추진하고 있다. 그림44는 화승엔터프라이즈의 유엔기후변화협약(UNFCCC)에 따라 기후 행동을 위한 패션산업헌장(FICCA)을 이행하기 위한 기후행동전략이다.

Weather-driven Forecasting Model: 수요와 공급

패션산업이 얼마나 기후변화를 포함한 지구환경에 부정적 영향을 주고 있는가에 관한 연구는 2010년 이후 활발하게 진행되고 있다. 2018년 『네이처 클라이밋 체인지(Nature Climate Change)』에서 발표한 '패스트 패션의 가격(The Pirce of Fast Fashion)'은 최근 몇 년 동안 패스트 패션의 확산으로 인한 과잉 공급이 지구 생태계에 얼마나 큰 영향을 미치는가에 대한 경각심을 과학계에 불러일으켰다.[301] 패션산업에서 발생하는 온실가스량과 섬유 폐기물량, 사용하는 물 사용량에 대해서 대중매체를 통해서 끊임없이 전해지고 있다. 패션산업이 이제는 변해야 한다는 것은 기업, 정부, 교섭단체, 그리고 소비자들에게는 부정할 수 없는 기정사실이 되었다.

다른 한편으로는 인류가 자연환경으로부터 신체를 보호하기 위해 착용하기 시작한 옷을 만들고, 이를 판매하기 시작한 패션산업은 기후변화에 영향을 받았을까? 만약 기후변화의 영향을 받는다면 그 영향은 무엇이고 어떻게 받았을지에 대한 의문이 생긴다. 176페이지의 그림46에서 보이는 것처럼 기후, 날씨, 산업의 공급망, 소비와 폐기는 모두 상호 연결되어 있다. 소비자의 오랜 삶의 경험으로 기후를 예상하고 그것이 의식주와 관련된 라이프스타일에 반영된다. 예를 들면 경험적으로 겨울이 올 때쯤, 소비자들을 내적 또는 외적 자극을 받으면서 겨울옷에 대한 정보를 수집하고 구매 결정을 시작한다.[302] 한편 날씨는 현재, 지금 소비자가 체감하는 온도, 바람, 습도, 햇볕의 양 등등이다. 날씨는 오늘의 활동에 영향을 준다. 우리는 오늘의 활동에 따라서 아침에 옷차림을 선택한다.

계절의 패턴에 따라서 패션제품은 길게는 18개월 먼저 공급망 안에서 기획되고 생산되기 시작한다. 사회적 문화적 영향으로 만들어진 유통업과 소매점의 관습적인 연례행사와 판매지역의 기상 조건과 판매 패턴에 따라 트렌드를 반영하여 패션제품은 매장에 출시된다. 그러나 기후변화로 인한 급격한 기상변화는 소비자들의 구매 결정과 소비에 영향을 미치기 때문에 수요의 시기와 양은 공급자의 예측에서 벗어나게 된다.[303]

예를 들어 2011년 극심한 가뭄과 기상이변으로 인하여 글로벌 면화 생산량의 부족을 예상하여 2011년 면화 가격이 1kg에 61.69센트로 역사상 최고조에 달했다.* 따라서 면화 가격상승으로 인하여 면 티셔츠의 생산비용이 상승하면서 면 티셔츠의 소비자 가격이 인상되었다. 일부 패션기업에서는 가격상승을 우려하여 100% 면 티셔츠 대신 폴리에스터와 혼방하여 티셔츠를 생산하기도 했다.

또 다른 예로는 엘니뇨(El Niño) 이벤트이다. 1997/1998년, 2015/2016년 겨울은 역사상 엘니뇨 현상이 가장 뚜렷했던 해로 북반구에 위치한 나라는 대체로 따듯한 겨울을 경험했고, 이로 인하여 많은 패션 소매업체는 경제적 손실을 입었다.[304, 305] 1997/1998년 엘니뇨 이벤트로 미국의 의류 매출은 1997년 12월 동안 약 33억 2,000만 달러 감소하였다.[306] 미국 북동부의 2015년 겨울 기온이 한때 최고 16°C까지 치솟아 미국의 주요 패션기업은 막대한 경제적 손실을 입었다고 뉴욕 타임스지는 보도했다.[307]

---

* 2011년에는 파키스탄, 중국, 호주 등 여러 주요 면화 생산국가에서는 홍수, 가뭄 등 악천후로 인해 면화 생산이 줄어들면서 면화의 공급 부족과 수요 증가에 대한 우려로 면화 가격이 역사상 최고조였음[Source: International Monetary Fund].

그림45. 2015/2016년 전년 대비 의류 판매율과 재고율

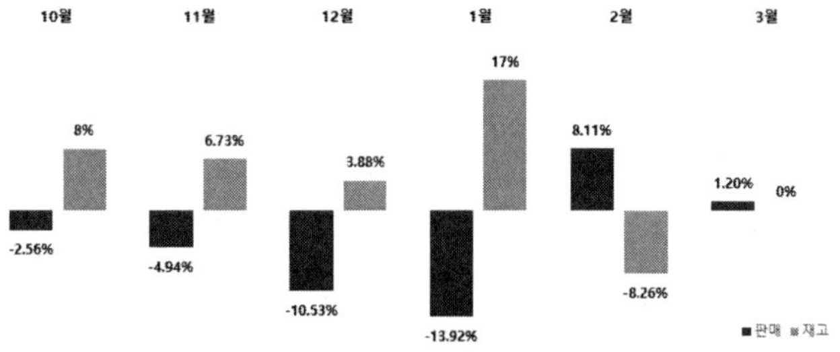

* 데이터 출처: 한국은행 기업경기조사

우리나라의 경우 2015년 12월의 평균기온이 평년보다 2.0℃ 높았고, 2016년 1월 중순 이후 이상 한파가 나타나면서 계절의 지연 현상이 나타났다. 그림45는 2015/16년 한국의류기업의 전년 대비 판매율과 재고율을 보여준다. 가장 강력한 엘니뇨 현상이 일어났던 2015/2016년 의류제품의 판매율을 보면, 전년 대비 10월에 -2.56%, 11월에는 -4.94%, 12월에는 -10.53%, 1월에는 -13.92%로 감소했다. 또한 전년도 대비 재고는 10월에 8%, 11월에 6.73%, 12월에 3.88%, 1월에 17%로 증가했다.[308]

패션산업에서 수요 예측, 공급망 관리, 근로자 근무 일정, 마케팅 및 광고에 관한 결정은 몇 주 또는 몇 달 전에 이루어지기 때문에 예기치 못한 기상 조건의 변화에 패션산업은 즉각적으로 대응하기가 어렵다. 소비자 수요의 시기와 양이 계획에서 벗어나면 기업은 자본력을 상실하고 가격 인하 전략으로 재고를 관리하게 된다. 소비자들은 필요하지 않은 제품을 낮은 가격이라는 이유로 구매하게 되어 과잉소비를 하게 된다. 설상가상으로, 가격인하 전략으로도 판매되지 않은 제품은 결국 폐기하게 된다.

그림46 패션산업의 생태학적 순환구조를 살펴보면, 지구환경은 자원, 패션산업의 공급망과 소비자에게 영향을 미친다. 특히 생산과 소비로 발생하는 온실가스와 폐기물은 기후를 포함한 지구환경에 영향을 준다. 결국 기상변화와 기상이변을 일으키고, 자원의 생산, 패션의 산업 공급망, 소비자에게 영향을 미친다.

그림46. 패션산업의 생태학적 순환구조

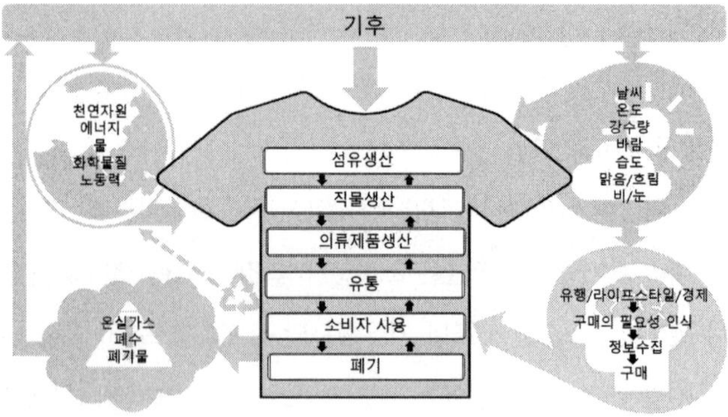

* 이미지 출처: Oh,.J., Ha, K.-J. and Jo, Y.-H. (2022) Use of Weather Factors in Clothing Studies in Korea and its Implications: a Review. Asia-Pacific Journal fo Atmospheric Sciences, 58, 729-741.

그림47. 지난 50년간 계절의 지속 기간과 계절의 시작일(지속기간, 시작일)

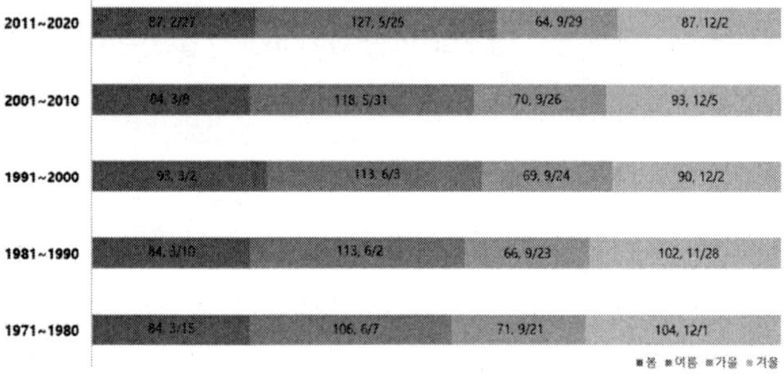

* 데이터 출처: 기상청 기상자료포털.

지난 50년 동안 우리나라의 계절 패턴은 변화하였다. 사계절 평균기온은 50년 전보다 1.3℃ 높아졌고, 계절의 시작일과 계절의 지속기간이 바뀌었다. 여름과 봄의 시작은 빨라지면서 계절의 지속기간은 길어졌고, 겨울과 가을은 늦어지고 계절의 지속기간은 짧아졌다. 그림47은 지난 50년 동안의 계절의 지속기간과 계절의 시작일 변화를 보여 준다. 2011~2020년 여름은 1971~1980년보다 21일 길었고, 2011~2020년 겨울은 1971~1980년보다 17일 짧았다. 봄은 3일이 길어지고, 가을은 7일이 짧아진다. 또한 계절의 시작일에 있어서 2011~2020년의 여름은 1971~1980년에 비교해서 14일 빠르며, 2011~2020년의 봄은 1971~1980년보다 17일 빠르다. 겨울의 시작일은 2011~2020년이 1971~1980년보다 하루 늦고, 2011~2020년 가을 시작일은 1971~1980년보다 8일 늦다.

2000년부터 2020년까지의 패션산업과 기상에 관련된 내용으로 보도된 신문을 살펴보면, 계절에 관련된 내용, 온도에 관련된 내용, 그리고 기상 이벤트에 관련된 내용으로 그중 계절에 관련된 내용이 가장 빈번하게 보도되었다.[309] 특히 계절의 구분이 모호하여 계절적 특성을 가진 의류의 판매가 저조하고, 봄과 가을이 너무 짧아서 간절기 의류의 판매가 저조하고, 겨울의 시작이 늦어서 겨울 제품의 판매가 일어나지 않는 등의 기사가 빈번하게 언급되었다.

예측한 계절 시작의 시작점은 상품의 출하 시기와 그에 관련된 마케팅 전략에 영향을 준다. 신상품이 매장에 진열되었는데 날씨에 계절적 변화가 없다면, 소비자의 구매 욕구는 감소할 것이다. 또한 판매되지 않은 상태에서 신상품이 매장에 오래 진열

된다면, 신상품으로서의 이미지가 감소하게 된다. 계절의 지속기간은 상품의 생산량을 결정하는 데 중요하다. 계절의 지속기간이 길수록 소비자는 해당 계절에 맞는 다양한 제품을 구매하기를 선호하겠지만, 지속기간이 짧다면 소비자의 구매량은 당연히 적을 것이다.[310]

기후변화로 인한 기상이변은 더욱 가속화될 것으로 예상되며, 이에 따라 발생하는 예상치 못한 기상이변은 패션산업에 더욱 큰 영향을 미칠 것으로 보인다. 패션산업은 기상변화에 따른 소비 예측 모델에 관한 연구가 절실히 필요하다. 봄과 여름이 가속화되고 길어지는 추세와 가을과 겨울이 짧아지는 추세를 반영하여 제품의 생산량을 결정해야 한다. 특히 혹한과 폭염 등의 극한기후에 적응할 수 있는 디자인과 소재 개발을 통해 신체 보호를 해 줌으로써 일상생활에 쾌적함을 제공하고 동시에 개인의 개성과 심미적인 효과를 제공하는 제품개발이 필요하다.

3. Xinjiang Cotton: 새로운 정책의 시작

2019년 호주 ABC방송의 중국 위구르 불법감금과 신장(Xinjiang) 방직공장의 강제노역 폭로는,[311] 중국 신장 위구르 자치구 목화 생산에 관련된 인권의 문제가 가시화되면서 유럽 연합국의 「기업 지속가능성 실사 지침(CSDDD: Corporate Sustainability Due Diligence Directive)」*과 미국의 「위구르 강제 노동 방지법(UFLPA: Uyghur Forced Labor Prevention Act)」**으로 이어졌다.[312, 313] 더 좋은 면화(Better Cotton Initiative) 인증은 중국 신장 위구르 자치구의 강제 노동에 대한 지속적인 문제로 인하여 해당 지역의 라이센스 및 보증을 중단했고, 스웨덴의 패션 브랜드 H&M의 신장 면화 보이콧(boycott)을 시작하여 나이키, 버버리, 캘빈 클라인 등의 글로벌 브랜드도 신장 면화 금지법에 서명하였다.[314]

신장은 면화의 주요 생산지로서 2020년과 2021년 기준으로 중국의 면화 생산량의 87%, 전 세계 총생산량의 약 23%를 차지한다.[315] 신장 면화 금지로 인해 패션 브랜드들은 신장이 아닌 다른 지역의 면화 공급원을 찾고 있다. 이는 글로벌 면화 공급망의 다양화로 이어지며, 또한 다른 면화 생산국가에 도움이 될 수 있다. 그러나 전 세계 총생산량의 약 23%의 면화 공급원을 제외한 다른 지역의 면화 사용 제한은 면화 가격상승으로 이어지고, 물론 제품생산비용 상승은 소비자 가격 상승으로 이어진다.

신장 면화의 사용 금지는 글로벌 면화 공급망의 무역 체제에 큰 영향을 미치고 있다. 미국과 유럽 연합국에서는 기업 제품에 신장 면화가 포함되어있지 않음을 입증하도록 요구하고 있지만, 위에서 언급하였다시피 패션제품의 공급망 전반에 걸쳐 완전

---

* 기업 지속가능성 실사 지침(CSDDD: Corporate Sustainability Due Diligence Directive)은 인권 목표를 포함하는 유럽 그린딜(European Grean Deal) 목표와 유엔지속가능발전목표(SDGs)를 달성하기 위해 유럽 연합에서 기업이 수행하는 핵심적 역할임. 기업의 공급망에서 부정적인 인권 영향을 식별, 예방, 완화 또는 금지하기 위한 적절한 조치를 취하는 것이 포함되어 있으며, 인권에 부정적인 영향에는 특히 강제 노동이 포함됨 [Source: European Union (n.d.) Corporate sustainability due diligence: Fostering sustainability in corporate governance and management systems.].

** 위구르강제노동방지법(UFLPA: Uyghur Forced Labor Prevention Act)의 발효일은 2022년 6월 21일로 신장 위그루 자치구에서 또는 신장 위그루 자치구 안에 있는 법인에 의해 전체 또는 부분적으로 채굴, 생산 또는 제조된 모든 상품이 미국으로 수입되는 것이 금지하는 법으로 반박 가능한 추정이 적용됨. 따라서 수입업자가 자신의 상품을 미국으로 수입하기 위해 강제 노동을 통해 생산되지 않았다는 명확하고 설득력 있는 증거를 제공해야 함을 의미함[Source: U.S. Customs and Border Protection (n.d.) Uyghur Forced Labor Prevention Act.].

히 추적을 하는 것은 어려운 일이다. 로이터(Reuters) 통신에 의하면 2023년 5월 미국 관세국경보호청이 지난 5월 수집한 신발과 의류 테스트에서 약 27%가 강제 노동 우려 때문에 금지된 중국 신장 지역의 면화와 관련이 있는 것으로 나타났다.[316] 이 테스트는 면화의 재배환경에서 존재하는 탄소 및 수소와 같은 안정적 원소의 농도를 분석하여 면화를 특정 지리적 위치와 연결할 수 있는 동위원소(isotopic)를 파악하는 것이다. 미국에서 판매할 수 있는 제품의 경우 신장 면화의 양은 '0'이 되어야만 한다.

미국과 유럽 연합국의 이러한 조치는 글로벌 통상규제로 귀결될 가능성이 크다. 따라서 현지에 진출해 있는 기업을 포함하여 수출에 관련된 한국기업에도 큰 영향을 미칠 것으로 전문가들을 전망한다.[317] 패션산업의 공급망 실사에 관한 정책들은 인권과 환경문제에 대해 개별 기업의 내부뿐만 아니라 상품의 제조과정과 공급망 전반에서까지 주의를 기울일 것을 요구하고 있다. 이러한 인권, 환경, 지속가능성에 대한 실사 요건은 국제규제의 새로운 화두이자 무역장벽으로 나타나고 있다. 공급망 실사는 점점 적용대상이 확대되고 집행도 강화될 것으로 전망된다.

New Fashion Law: 책임 있는 패션

패션기업이 유엔에서 한 선언 또는 국제적 약속은 자발적 이행이다. 진행 상황은 자체 보고되고 있고 대체로 확인되지 않았으며 목표에 미치지 못하더라도 처벌을 받을 가능성이 거의 없다. 유엔을 포함한 국제기구들, 국가들 그리고 입법자들은 패션기업이, 패션산업이 지구에 미치는 부정적인 영향에 대처하는 방법의 규모와 속도를 스스로 개혁하지 못하고 있다는 사실을 우려하고 있다. 그 결과, 미국과 유럽 연합에서는 패션산업의 지속 가능성을 높이기 위한 새로운 규제를 제안하였다. 미국에서 제안된 법안들은 대부분이 패션기업을 대상으로 하고 있고, 유럽 연합에서 제안된 법안들은 지구 생태계에서 유럽의 생태 발자국을 개선하고자 하는 법안이다. 유럽 연합의 법안은 미국의 법안과 비교하면 광범위한 정책 변화와 확장의 범위를 포함하고 있다. 규제는 미국과 유럽에서 시작하지만, 규제로 인해 발생하는 모든 변화는 미국과 유럽뿐만 아니라 글로벌 패션 생산지인 아시아를 비롯한 산업 전반에 걸쳐 일어날 것으로 전망된다.[318] 먼저, 유럽 연합국에서 발의된 세 가지 법안을 살펴보면 다음과 같다.

첫째는 지속가능한 제품을 위한 친환경디자인법(ESPR: Eco design for Sustainable Products Regulation)으로, 무엇보다도 제품 순환성을 개선하기 위한 기반 구축을 위한 법률로서 구체적 규정에 대한 입법화는 2025년부터 시행될 예정이다.[319] 이 법안은 제품의 기본 정보, 예를 들면 티셔츠에 사용된 재활용 원사의 양과 내구성 및 수리 가능성과 같은 정보를 저장할 수 있고, 제품의 재활용을 방해할 수 있는 물질을 식별하기 위한 디지털 제품 여권(DPP: Digital Product Passport)을 요구한다. 지속가능한 제품을 위한 친환경 디자인법(ESPR)에서 채택된 친환경 디자인 요구 사항은 유럽 연합 전체에서는 동일하게 적용된다. 그러나 처벌은 개별 회원국에 의해 결정되기 때문에 국가마다 그 효과가 얼마나 다를 수 있을지는 지금은 알 수 없다. 제품별 요구 사항은 보조 법률에 설정되고 지속가능한 제품을 위한 친환경 디자인법(ESPR)이 제정된 후에 개정될 예정이다. 그러나 요구 사항을 준수하지 않는 제품은 유럽 시장에서 판매될 수 없으므로, 이 규정은 전 세계 패션제품 디자인 및 제작 방법에 영향을 미칠 가능성이 클 것이다.

둘째는 기업 지속가능성 실사 지침(CSDDD)이다.[320] 이 법안은 기업이 인권 보호를 파악하고 설명하며 환경오염과 생물 다양성 손실을 줄이도록 요구하는 제안으로 2022년 2월에 채택되었다. 기업은 자체 운영뿐만 아니라 공급망에 있는 자회사나 공급업체의 운영에도 책임을 지게 된다. 대상은 전 세계적으로 직원 500명 이상, 매출 1억 5천만 유로를 보유한 모든 회사이다. 직원이 250명이 넘고 매출이 4천만 유로를 넘는 회사의 경우 첫 번째 그룹보다 2년 늦게 이 규칙이 적용된다. 유럽 연합국이 권한을 부여한 조직은 벌금을 부과할 권한을 갖게 되고, 피해자는 손해배상에 대한 법적 조치도 취할 수 있다.

셋째는 그린워싱에 중점을 두고 있는 법안이다. 기업이 고객에게 말할 수 있는 것과 없는 것을 더 잘 규제하기 위해 불공정한 상업 관행 지침(UCPD: Unfair Commercial Practices Directive)을 개정하는 새로운 제안을 발표했다.[321] 이 법안에 의하면 기업은 공공 기관의 인증이나 보증 없이 제품이나 포장에 '친환경(eco-friendly),' '녹색(green),' 또는 '에코(eco)'과 같은 지속가능성 관련 라벨을 사용할 수 없다. 이 법안을 위반하게 되면 유럽 연합에서 패션, 미용 제품 등 소비재를 판매하는 모든 사람은 벌금형을 받을 수 있고, 이 규정은 2025년 말이나 2026년 초부터 시행될 예정이다.

다음으로 미국에서 발의되고 있는 규제를 살펴보면, 앞에 'Sweatshop: 사람을 위한 옷, 옷을 위한 사람' 부분에서 논의했던 것처럼 미국에서는 의류 근로자의 권리를 보호하는 법안이

제안되었다. 첫째는 FABRIC법(Fashioning Accountability and Building Real Institutional Change Act)이다.[322] 이 법안은 의류 근로자의 노동권을 개선하고 수십 년간의 오프쇼어링 방식으로 생산하던 패션제품을 미국 내에서 생산하여 미국 의류 제조 산업을 활성화하기 위한 것이다. 이 법안은 의류제조업과 소매업은 물론 글로벌 패션 공급망에도 영향을 미칠 것이다. 의류 근로자에 대한 시간당 임금을 설정하고 근로자가 최저임금을 받지 못하는 작업장에서 도급률을 폐지하는 것이다. 이 법안에는 노동 위반에 대한 처벌이 포함되며 미국 전체의 의류 산업 등록과 같은 기록 보관 조치를 마련하게 된다. 또한 이 법안은 기업이 의류 제조 시설을 미국으로 다시 가져오는 것을 촉진하기 위해서 30%의 리쇼어링 세금 공제를 포함하고 있다.

둘째는 패션 지속가능성 및 사회적 책임법(Fashion Sustainability and Social Accountability Act)이다.[323] 이 법이 통과되면 뉴욕주가 환경과 사회적 영향을 설명할 수 있는 패션계 최대 브랜드를 보유하는 미국 최초의 주가 될 주 법안이다. 명품 브랜드부터 패스트 패션 브랜드까지 대부분의 글로벌 패션 브랜드는 뉴욕에서 사업을 운영하고 있다. 이 법안은 뉴욕주에서 1억 달러 이상의 수익을 창출하는 패션기업은 모든 생산 단계에 걸쳐 공급망을 공개하고 그 과정에서 가장 큰 영향을 미치는 부분인 근로와 관련된 문제, 온실가스 배출량, 화학 물질 사용 등을 공개하고 유엔기후변화협약(UNFCCC)에 명시된 목표와 일치하도록 온실가스 배출량을 줄여야만 한다.

셋째는 패션 종사자 법(Fashion Workers Act)이다.[324] 이 법안은 매니지먼트사 규제를 통해서 헤어와 메이크업 아티스트, 스타일리스트, 인플루언서 등을 포함한 창작자들과 패션 모델들에게 기본적인 인권과 노동력 보호를 제공하는 것을 목표로 하고 있다. 이 법안은 매니지먼트사는 작업 후 45일 이내에 모델과 창작자에게 비용을 지급해야 하는 의무를 포함한다. 또한 배타적 또는 독점계약의 시행을 제한하고 창작자에게 계약 사본을 제공하도록 요구한다. 이 법안은 중개인이 시장 가격보다 높은 숙박요금과 수수료를 20% 이상 청구하는 등의 나쁜 관행을 종식하고, 메니지먼트사가 그들의 고객이 모델이나 창작물에 대한 차별이나 괴롭힘을 자행하지 않도록 보장해 주어야 한다.

패션산업은 가장 복잡하고 투명하지 않은 공급망 중 하나이다. 아직 많은 패션기업은 이 새로운 법안에서 요구하는 정보를 어떻게 제공해야 하는지 그 방법도 알지 못한다. 유럽이나 미국 시장에 이미 진출한 기업 또는 진출할 계획을 세우고 있는 기업들은 이제부터 소비자들에게 자신들이 구매한 제품이 어디에서 왔는지, 누가 이 제품을 만들었는지를 알려줘야 할 책임이 있다. 이 새로운 법안은 소비자들이 제품을 구매할 때 더 많은 정보를 바탕으로 현명한 선택을 할 수 있게 해줄 뿐만 아니라 기업들의 비윤리적인 기업경영을 막을 수 있다. 따라서 패션산업의 사회적, 환경적, 윤리적 문제를 개선하는 데 도움이 될 것으로 기대된다.

캐나다 사이먼 프레이저 대학교(Simon Fraser University)의 국제 노동 전문가인 제네비브 르바론(Genevieve LeBaron) 교수는 좋은 규제는 훌륭한 선례를 만들 수 있지만, 비즈니스 모델을 바꾸는 것은 막대한 비용이 드는 일이라고 『글로벌 공급만 솔루션의 숨겨진 비용(The Hidden Costs of Global Supply Chain Solutions), 2022』에서 논의했다.[325] 새로운 법에서 요구하는 기업 관행, 절차, 인증을 위한 전환에 관련된 비용이 결국 생산비용 상승으로 이어지고, 결국 소비자의 가격상승으로 이어질 것이다.

Digital Product Passport: 투명성과 추적 가능성

유럽 연합의 그린딜(Green Deal)의 일환으로 유럽연합집행위원회(EC)는 자원의 효율적인 사용과 온실가스 배출 감소로 이어지는 자원순환경제체제로 전환하기 위해서 유럽 시장에 디지털 제품 여권(DPP) 도입을 제안하였다.[326] 제안된 규정은 디지털 제품 여권(DPP)이 있어야만 유럽 연합에서 제품을 판매하거나 서비스할 수 있음을 의미하며, 제품의 지속가능성에 대한 정확하고 검증 가능한 정보를 제공하여 소비자와 기업이 정보에 입각한 구매 선택을 할 수 있도록 돕는다. 디지털 제품 여권(DPP)은 수리 및 재활용을 촉진하고 생산 과정과 전체 수명주기 동안 제품이 환경에 미치는 영향에 대한 투명성(transparency)을 향상시키기 위한 것이다. 또한 디지털 제품 여권(DPP)은 제품 수명주기 전반에 걸쳐 유해 물질을 추적할 수 있는 데이터를 포함한다. 따라서 공공 기관이 제품의 지속가능한 생산과 사용 규정 준수 여부를 평가할 수 있는 추적 가능성(traceability) 있는 정보를 제공한다.

그림48. 디지털 제품 여권

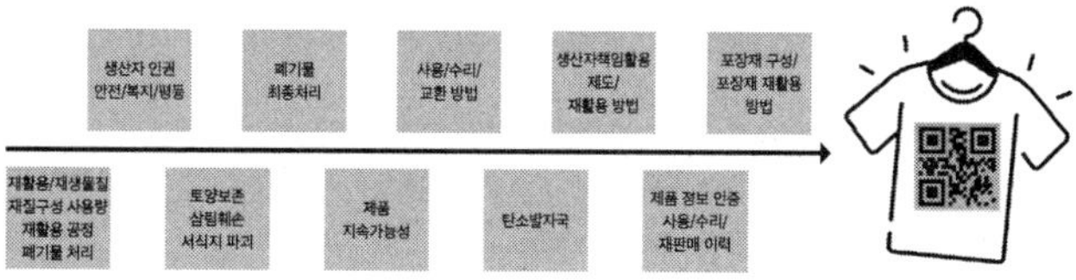

* 이미지 제작: 저자

새로운 데이터 표준의 개발, 디지털 기술의 혁신, 디지털 기반 순환경제모델에 대한 정책으로 인하여 QR(Quick Response) 코드,* NFC(Near Field Communication) 태그,** 또는 RFID(Radio Frequency Identification) 태그*** 등의 형태로 개별 제품에 대한 세부 데이터가 포함된 디지털 제품 여권(DPP)이 개발되고 있다. 그림48에서 보여지듯이 원산지 및 제조 공정을 포함한 품목의 재료, 품목의 지속가능성 및 순환성, 품목의 진품 여부 및 소유 내역, 관리와 수리 지침, 인증·보증 정보 등이 포함될 수 있다. 이렇듯이 제품 디지털 여권(DPP)은 패션제품의 지속가능성과 자원순환성을 높이고 진품 인증을 통해 제품의 가치를 보존하며 고객에게 편이성을 제공하는 데 활용될 수 있다.[327]

디지털 제품 여권(DPP)을 사용하여 패션제품의 수명주기 전반에 걸쳐 환경에 미치는 영향을 추적할 수 있다. 이 정보는 디자인, 제조 및 소비자 수준에서 더 나은 지속가능한 선택을 하는 데 사용될 수 있다. 예를 들어 기업은 디지털 제품 여권을 사용하여 제품생산에 사용된 물과 에너지의 양을 추적한 다음, 이 정보를 사용하여 환경에 미치는 영향을 줄이기 위한 목표를 설정할 수 있다. 또한 패션제품의 재판매 및 재활용을 촉진하는 데 사용되어 자원순환성을 높일 수 있다. 디지털 여권을 사용하여 제품의

---

* QR(Quick Response) 코드는 컴퓨터가 만든 흑백 격자무늬 코드로, 정보를 나타내는 매트릭스 형식의 이차원 코드임[Source: Encyclopedia Britannica].

** NFC(Near Field Communication) 태그는 두 개의 NFC 지원 장치 간에 문자나 숫자 등의 데이터를 전송할 수 있는 무선 기술로, 스티커와 같은 NFC 태그에는 휴대폰과 같은 다른 NFC 장치로 전송하기 위해 소량의 정보를 저장할 수 있는 작은 안테나가 있는 작은 마이크로칩이 포함됨[Source: NFC Forum].

*** RFID(Radio Frequency Identification) 태그는 무선 신호를 보내는 무언가 또는 누군가에게 작은 전자 장치를 고정시켜 컴퓨터가 자신의 위치 또는 자신에 대한 다른 정보를 알아낼 수 있도록 하는 시스템임[Source: Cambridge Dictionary].

소유권 내용을 추적한 다음 해당 제품을 기업에 재판매하는 고객에게 할인을 제공할 수 있고, 기업은 디지털 제품 여권(DPP)을 사용하여 제품에 사용된 재료를 식별하여 더욱 효과적으로 재활용할 수 있다.

디지털 제품 여권(DPP)은 소비자와 기업 모두에게 다양한 이점을 제공한다. 소비자는 구매하는 제품에 대한 투명한 정보를 바탕으로 합리적 구매 결정을 내릴 수 있다. 관리, 수리 지침, 그리고 인증 정보를 이용하여 제품 수명을 연장할 수 있으며, 자원순환성에 대한 의지를 보여주는 제품을 구매하여 지속가능한 패션 기업을 지원할 수 있다. 한편 기업은 투명성과 지속가능성을 요구하는 소비자를 만족시킬 수 있고, 수리 및 재판매 프로그램 등 순환성을 중심으로 새로운 서비스 기반 비즈니스 모델을 구축할 수 있다. 디지털 제품 여권(DPP)은 각 제품에 대한 고유 식별 코드를 가지고 있기에 제품의 진품 여부를 확인할 수 있다. 디지털 제품 여권(DPP)의 인증을 통해서 패션제품의 위조 및 사기로부터 소비자를 보호할 수 있고, 기업은 제품의 위조 제품을 방지하여 기업과 제품 이미지와 가치를 지킬 수 있다. 그리고 기업은 디지털 제품 여권(DPP)을 사용하여 고객에게 맞춤형 관리와 수리 지침을 제공하거나 할인 및 프로모션 등의 판매전략을 제공하여 고객의 편이성을 향상할 수 있다.

디지털 제품 여권(DPP)의 활용에 몇 가지 직면한 문제들이 있다. 첫째는 패션산업 전반의 표준화된 도구가 필요하다는 것이다. 복잡하고 투명하지 않은 글로벌 공급망을 가진 패션산업이 제품의 물리적, 화학적, 구조적 또는 기타 특성에 관한 데이터를 제품수명주기 전반에 걸쳐 수집하고 처리하기 위해 새로운 데이터 기반 설계 방법과 표준화된 도구가 필요하다.

둘째는 디지털 제품 여권(DPP)을 효과적으로 운용하기 위해서는 패션 공급망의 모든 이해관계자가 정보를 서로 상호 운용할 수 있어야 한다는 것이다. 디지털 제품 여권(DPP)을 통해 데이터의 접근성과 가용성이 향상되면 지적 재산 보호 및 잠재적인 경쟁 위험에 대한 우려가 발생할 수 있다. 기업에서는 자사의 독점 정보 및 영업 비밀이 경쟁사 또는 승인되지 않은 당사자에 의해 더 쉽게 접근 및 활용되어 시장 우위가 손상될 수 있다는 우려를 할 수 있기 때문이다. 잠재적으로 기업이익을 훼손할 수 있다.[328]

셋째는 디지털 제품 여권(DPP)을 구현하는 데 드는 비용이다. 경제 원칙에 따라서 명확하고 신뢰할 수 있는 경제적 혜택이 없으면 기업은 새로운 시도를 채택하지 않을 것이다.[329] 디지털 제품 여권(DPP)의 기술이 더욱 널리 채택됨에 따라 비용은 감소하겠지만, 이 모든 비용은 결국 소비자가 감당해야 할 몫이다. 그러나 이러한 어려움에도 불구하고 디지털 제품 여권(DPP)은 패션산업의 지속가능성을 위한 투명성과 추적 가능성을 제공하게 될 것이고, 패션산업을 윤리적 산업으로 전환하는 데 도움이 될 것이다.

4. Re-globalization, De-globalization: 재세계화, 탈세계화

1947년에 관세의 차별을 없애고 세계무역을 확대하기 위한 '관세 및 무역에 관한 일반협정(GATT: General Agreement on Tariffs and Trade)'은 각국 대표들이 맺은 협정으로, 한국은 1967년에 가입했다. 1986년 9월 남미 우루과이에서 개최된 관세 및 무역에 관한 일반협정(GATT) 각료회의를 출발점으로 하여 여덟 번째인 1993년 12월에 타결된 다자간 무역협상(Multilateral Trade Negotiations)은 관세를 인하하고, 비관세의 장벽 축소 또는 철폐로 자유무역의 확대를 목표로 하였다. 이로 인해 세계무역기구(WTO)가 창설되고 전 세계 상품 및 서비스 무역이 자유화되었다. 이 우루과이 라운드(Uruguay Round)가 패션산업에 미친 가장 큰 영향 중 하나는 개발도상국이 선진국에 수출할 수 있는 섬유과 의류의 양을 제한하는 할당량 시스템인 다중섬유협정(MFA)을 단계적으로 폐지하였다는 것이다.[330]

자유무역에 의한 세계화는 글로벌 기업이 기술 인력을 아웃소싱함으로써 상품과 서비스를 더욱 저렴하게 생산하고 판매할 수 있는 유리한 위치에 놓이게 하였다. 특히 새로운 운송 및 통신 기술의 발전은 선진국 패션 브랜드가 인건비가 낮고 규제가 약한 개발도상국에서 원자재를 생산, 가공해 제품을 생산하고 글로벌 시장으로 공급을 확대하는 주요 촉매제가 됐다. 그러나 2000년대 초반부터 개발도상국의 인건비 상승으로 생산비용이 증가하기 시작했다. 예를 들어 값싼 노동력과 공격적인 무역 관행을 통해 중국은 매년 평균 15~20%의 시간당 임금 상승률을 보였고, 이로 인해 중국 생산의 저비용 장점을 상실하였다.[331] 지금의 중국은 대부분의 글로벌 소비재 공급망을 구축하고 있으며, 글로벌 소비재 공급망 규모를 1989년보다 4배로 성장시켰다.[332] 또한 일부 신흥 경제국의 에너지 비용 및 건물 비용이 급격하게 상승하였다. 생산비용이 개발도상국과 비교하여 상대적으로 높은 선진국 패션 브랜드는 최저 생산 비용을 찾기 위해 전 세계에서 제품의 원재료를 조달하여 생산하는 글로벌 공급망을 구축하였다. 이로 인하여 선진국 자국의 패션산업은 수입된 개발도상국 제품과 경쟁을 해야 했고, 결국 선진국 자국의 제조업 일자리 감소로 이어졌다.

자유무역은 자유주의 국제 질서의 근간으로, 특히 선진국들의 경제적 세계화를 촉진하였다. 자유무역은 두 가지 중요한 믿음을 바탕으로 한다.[333] 첫 번째는 상품과 서비스의 자유무역으로 인해 지구상의 모든 사람이 더 나은 삶을 살 수 있을 것이라는 신념이다. 두 번째는 경제적 상호 의존이 국가 간의 평화를 가져온다는 신념이다. 일부 선진국들은 국제사회에서 큰 영향력을 행사하고 있지만, 일부 선진국들이 의도한 방향의 자유주의 국제 질서의 역량은 눈에 띄게 감소하고 있다. 특히 기후변화로 해수면 상승과 재앙적인 홍수, 지진, 가뭄, 산불 등을 포함한 자연재해의 발생으로 기후난민의 숫자가 기록적으로 증가하고 하고 있지만, 이에 대응하기 위한 효과적인 해결책을 제시하는 선진국은 딱히 없다. 특히 코로나19 위기를 공동 관리하려는 시도에서 국제적 공동대처의 역량 감소가 두드러지게 나타났고, 유엔인권이사회는 해결책이 없는 국제인권 문제로 외교의 주요 격전지가 되었다.[334]

코로나19로 인한 글로벌 팬데믹과 지정학적 긴장감이 고조되면서 세계 경제의 변화에 대해서 파이낸셜 타임스지의 칼럼니스트인 라나 포루하르(Rana Foroohar)는 그녀의 책, 『집으로: 포스트 글로벌 세계에서 번영으로 가는 길(Homecoming: The Path to Prosperity in a Post-Global World), 2022』에서 세계화는 줄어들 것이고 지역 안에서 유연한 탄력성을 높이기 위하여 더 많은 공급망이 지역 안에 형성될 것이라 주장한다.[335] 자연재해, 지정학적 사건, 정치적 대립, 무역 전쟁 등등의 문제가 없으면 글로벌 기업이 구축해 놓은 공급망 안에서 제품을 생산하고 세계 곳곳에 공급하는 것은 효율적인 방안으로 아마도 글로벌 기업은 안정적인 수익을 창출했을 것이다. 그러나 글로벌 팬데믹 상황과 지정학적 긴장감이 고조되면서 지구 반대편으로 제품을 생산하고 운반하는 데는 다양한 종류의 위험이 발생했다. 하버드 비즈니스 리뷰(Harvard Business Review)에서 발표한 보고서에 의하면 제조업 경영진을 대상으로 한 조사에서 응답자의 44%는 공급망의 위험을 가장 우려하는 3대 기업경영위험 중 하나로 지적했다.[336]

글로벌 브랜드인 이탈리아 베네통(Benetton)은 2022년 말부터 아시아 지역의 생산량을 절반으로 줄이고, 세르비아, 크로아티아, 터키, 튀니지, 이집트의 제조를 촉진하여 지리적으로 이탈리아와 가까운 곳으로 공급망을 이전하는 계획을 발표했다.[337] 베네통의 최고 경영자인 마시모 레논(Massimo Renon)은 로이터와의 인터뷰에서 생산 과정과 운송 비용에 대해 더 많은 통제권을 갖는 것은 전략적 결정이라고 언급했다. 그는 이미 방글라데시, 베트남, 중국, 인도와 같은 국가에서 생산량의 10%이상을 이탈리아 주변국으로 이전했다고 말했다. 이집트에서 베네통 의류를 생산하면 유럽의 창고와 매장으로까지의 배송은 2개월 또는 2.5개월로 단축될 수 있고, 세르비아와 크로아티아에서 생산되는 양모 의류는 4~5주 정도 만에 공급될 수 있다고 덧붙였다. 코로나19 팬데믹 동안 공급망의 긴장으로 인해 선박 부족 사태는 해상 운송 비용을 10배 급증하게 하였다. 또한 평균 4~5개월의 리드타임이 선박 7~8개월로 늘어나는 것을 경험한 글로벌 패션 브랜드는 지난 30년 동안 주도하던 오프쇼어링 방식에 대해서 다소 비관적이다.

글로벌 패션 브랜드는 새로운 생산방식인 니어쇼어링으로 전환하고 있다. 글로벌 패션산업은 글로벌 팬데믹 동안 의류제품의 최대 생산지인 중국의 폐쇄를 경험하였고, 지정학적 긴장 상태를 경험했다. 또한 기후변화를 늦추고 지속가능한 산업으로 전환하려는 노력은 공급망의 투명성과 추적 가능성으로 이어져 세계 최대 패션 소비국인 유럽 연합국과 미국에서는 자국의 시장과 더 가까운 곳으로 제조업을 다시 가져오는 리쇼어링이 대두되었다. 또한 지속가능한 소비와 생산(SDG12)의 관점에서 볼 때, 전 세계로 흩어져 있는 공급망 안에서 분배와 운송에서 발생하는 온실가스 배출량을 줄이기 위해서 글로벌 패션 브랜드의 리쇼어링 또는 니어쇼어링은 가속화되고 있다. 예를 들면 19세기에 네덜란드 작은 마을에서 시작하여 글로벌 브랜드로 성장한 C&A는 독일 공장에서 연간 80만 개의 청바지를 생산할 계획이다.[338] 또한 미국의 최대 소매 체인업체이면서 220만 명의 직원을 보유한 세계 최대 민간 고용주인 월마트(Walmart Inc.)는 2030년까지 미국에서의 제조 품목에 3,500억 달러를 추가로 투자하기로 했다.[339]

한국의 패션산업은 한때 수출산업의 큰 비중을 차지했던 제조업 기반의 산업을 중심으로 성장했다. 1990년대 중반 이후 저임금과 대규모의 생산기반 확보를 위하여 중국과 동남아시아에 생산지를 이동하면서 글로벌 패션산업으로 성장했다. 그러나 중소 규모의 국내 패션기업들은 막대한 정보력과 거대한 시스템을 가지고 있는 글로벌 기업에 대응할 수 있는 전략을 마련하지 못한 채 내수 시장에서 기반을 잃었다.[340] 노동집약적 산업 체제에 머물러서 임금상승에 취약하고 가격경쟁력을 상실한 봉제와 염색 업종들의 해외 이전이 가속화되었다. 국내에 기반을 둔 기업들은 열악한 근로환경으로 청년층의 구직 기피에 따른 고령화가 심각하다. 국내 일감 부족이 국내 생산 감소로 이어지고, 나아가 투자 위축으로 이어져서 악순환이 지속되면서 글로벌 경쟁력이 더욱 약화됐다.[341]

또한 코로나19로 인한 글로벌 팬데믹 동안 미국과 유럽 등의 현지 의류매장 폐쇄로 인하여 글로벌 바이어의 일방적 주문 취소와 주문 감소를 경험했다. 섬유를 포함한 패션산업의 수출은 2020년 4월의 경우 2019년에 대비하여 35.4%, 약 7억 5,500만 달러 감소했다. 수출뿐만 아니라 국내 코로나19로 인한 소비 위축으로 내수 상황까지 악화되면서 주문자상표 부착(OEM: Original Equipment Manufacturing) 또는 생산자 개발방식(ODM: Original Design Manufacturing)으로 운영되는 패션기업은 비상 경영체제에 돌입하면서, 기업은 해외사업 관련팀 축소, 인력 구조조정, 임직원 연봉 감축 등을 단행했다.[342]

미국의 제조업 부흥전략으로 제조업을 자국으로의 복귀를 유도하는 전략이 실행되었고, 특히 패션제품을 미국 내에서 생산하여 미국 의류 제조 산업을 활성화하기 위한 법안인 FABRIC법이 발의되었다. 독일은 기술 주권을 보호하기 위하여 핵심기술분야에 대해서 해외공급망을 폐쇄하고 자국 내 중소기업 역량 강화를 지원하는 국가 산업전략 2030을 발표하였다.[343] 이 발표는 유럽 연합국 안에서 극심한 갈등을 촉발하면서 완화되었지만, 이는 자유무역주의의 구조적 측면에 의문을 제기하는 것이었다.[344] 유럽 연합국은 공급망 안에서 유동성을 강화하고, 공급망의 위험 감소와 기술 혁신을 바탕으로 한 지속가능성의 확보를 위해 유럽 연합국 주변국과의 섬유 산업 통합 생태계 구축을 목표로 하고 있다. 한편 한국은 한국의 섬유패션산업 뉴딜 실행전략으로 현재 국내 생산기반의 취약함을 극복하고자 해외 생산기반에 의류생산기반을 국내 의류 생산기반으로 전환하려고 지원하고 있다. 한국의 의류 제조 자동화 공장 공유 플랫폼 구축을 통해서 고부가가치 의류 생산 기술력 확보를 통해 패션기업의 글로벌 경쟁력을 강화하려고 추진 중이다.

리쇼어링을 통해 전 생산 공정에 대한 통제력을 강화하고 환경에 부정적 영향을 주는 온실가스 배출량, 물 사용, 폐기물 등을 추적할 수 있고, 추적 가능한 정보로 폐기물을 재활용하여 제품을 생산할 수 있다. 따라서 루이비통, 샤넬, 브루넬로 쿠치넬리(Brunello Cucinelli), 프라다(Prada) 등 명품 브랜드들은 수직적 공급망을 인수하여 명품 브랜드의 고유한 재료, 생산기술 및 생산능력을 향상하고, 경쟁력을 높이는 전략을 진행하며 에너지 비용 및 노동력 부족과 같은 지정학적 압력 등의 글로벌 공급망의 문제점을 해결하고 있다. 이탈리아의 명품 패션 브랜드인 프라다 그룹의 경우, 지정학적으로 가까운 수직적 통합 공급망을 통해서 프라다 생산의 모든 단계에서 더 나은 품질 관리가 가능함에 따라, 전문 장인정신의 연속성을 보장할 뿐만 아니라 생산 과정의 효율성도 높여 시장 수요에 더 신속하게 대응할 수 있게 되었다고 발표하였다.[345]

기술의 발전으로 리쇼어링 노력이 촉진되고 있다. 디지털 혁신을 통해 지역 제조업체는 더욱 민첩한 대응력과 효율성으로 더 높은 품질의 제품을 출시하고, 또한 리드타임을 단축할 수 있었다. 그러나 인건비가 높은 선진국에서 인도, 중국, 베트남과 같은 국가에서 사용되는 노동집약적인 생산전략을 따라하는 것은 불가능하며, 생산기반을 이전하는 데는 비용도 많다. 물론 글로벌 대기업에서는 필요한 막대한 생산설비 투자를 할 수 있지만, 앞에서 논의했듯이 대부분의 패션기업은 중소기업으로 그 투자비용을 감당할 수 없다. 따라서 서비스형 생산(Production-as-a-Service), 서비스형 재판매(Resale-as-a-Service), 서비스형 의류(Clothing-as-a-Service) 등의 새로운 비즈니스 모델로 패션산업은 전환하고 있다.

New Business Model: 서비스형 산업으로의 전환

패션산업은 19세기 산업혁명 이후 기술 발전, 소비자 행동 변화, 세계화 등 다양한 요인에 의해 변화해 왔다. 재봉틀의 발달로 최초로 제품의 대량생산이 가능해졌고, 이로 인해 과거의 맞춤 의류보다 훨씬 저렴한 기성복이 등장하게 되었다. 기술혁신은 저렴한 비용으로 내구성과 편이성이 뛰어난 새로운 소재인 나일론, 폴리에스터, 스판덱스와 같은 새로운 인조섬유 개발로 이어졌고, 이는 새로운 스타일의 패션을 만드는 데 중추적인 역할을 했다.

산업혁명 이후 소비자 행동도 크게 변화했다. 19세기에는 대부분의 사람들은 일 년에 옷 몇 벌만 살 여유가 있었다. 그러나 20세기에 들어 소득이 증가하면서 사람들은 더 많은 옷을 사들이기 시작했다. 소비자들은 패션 트렌드에 더욱 관심을 가지게 되었고, 제품의 다양성을 요구하기 시작했다. 이는 제품을 더 빠르고 더 저렴하게 생산하는 비즈니스 모델인 패스트 패션의 등장으로 이어졌다. 소비자의 요구를 충족하고 기업의 이윤 극대화를 위해서 과거에는 대부분의 의류가 판매되는 국가에서 생산되었지만, 이후 인건비가 낮고, 자원의 사용과 제조업 운영에 관련된 법과 윤리가 상대적으로 미약한 국가에서 제품을 생산하는 오프쇼어링을 하게 되었다.

과학기술의 발달로 소비자는 저렴하고 최신의 트렌드를 반영한 제품을 언제 어디서나 구매할 수 있게 되었지만, 이는 지구의 자원을 고갈시키고, 생태계를 파괴하고, 부당하게 노동력을 착취하고, 부의 불균형을 극대화하는 등 부정적인 결과를 초래했다. 패션산업이 초래한 환경적, 사회적, 윤리적 부정적 영향을 줄일 수 있는 새로운 비즈니스 모델이 도입되고 있다. 패션산업은 제품을 생산하고 판매하는 산업에서 서비스형 산업으로 진화하고 있다. 첫 번째는 새로운 생산 모델이고, 두 번째는 새로운 판매 모델이고, 세 번째는 새로운 소비 모델이다.

첫째, 새로운 생산 모델은 패션 브랜드가 지역에 있는 서비스형 생산(PaaS: Production-as-a-Service) 업체를 이용하여 제품을 생산하는 것이다. 패션 브랜드가 지역 내의 서비스로 생산하는 제3자 제조업체를 통해서 제품을 생산하는 방식이다. 서비스형 생산방식을 이용함으로써 패션 브랜드는 비용 절감, 공급망 안에서 유연성 향상, 지속가능성 향상을 할 수 있다.[346] 생산 서비스를 이용하면 패션 브랜드의 초기투자 비용을 절감할 수 있고 생산제공업체가 가지고 있는 자원을 사용하기 때문에 기업이 직접 생산하는 것보다 더 저렴하게 제품을 생산할 수 있다. 생산제공업체는 수요나 트렌드의 변화에 신속하게 적응할 수 있으므로 기존의 오프쇼어링 방식으로 자체 제조보다 더 유연할 수 있다. 이 생산 모델은 주문형 생산을 기반으로 하기에 일반적으로 재고나 생산 지연의 위험이 적어 패션 브랜드가 다른 비즈니스 영역에 집중할 수 있다.[347] 또한 생산제공업체는 재료에 대한 전문 지식과 자원을 보유하고 있으므로 패션 브랜드가 기업 내에서 수행할 수 있는 것보다 더 지속가능한 관행을 구현할 수 있다.

둘째, 새로운 판매 모델은 서비스형 재판매(RaaS: Resale-as-a-Service)이다. 재판매자가 패션기업과 소비자와 제휴하여 고객을 위한 맞춤형 재판매 서비스를 만드는 비즈니스 모델로, 생산자와 소비자가 경제적 이익을 얻는 동시에 지속가능성을 실현하는 방법이다. 패션기업은 팔리지 않은 제품은 재판매자 플랫폼을 통해서 판매하여 수익을 창출할 수 있다.[348] 갭, 제이크루(J.Crew), 리포메이션(Reformation), 타미힐피거, 아베크롬비&피치(Abercrombie&Fitch) 등 많은 대중적 패션 브랜드들이 스레드업을 통해서 재판매사업을 하고 있다.[349] 국내에서는 중고거래 플랫폼을 통해서 패션제품의 재판매가 성장하고 있고, 리클(Recl), 어플릭시(APPLIXY), 오엘오 릴레이 마켓(OLO Relay Market) 등을 포함한 패션제품 재판매를 위한 서비스 기업이 확대되고 있다. 재판매를 통해서 소비자는 원치 않는 품목을 판매할 수 있어 경제적 이익을 얻고 또한 옷장 정리를 통해 생활공간을 확보할 수 있다.

셋째, 새로운 소비 모델은 서비스형 의류(CaaS: Clothing-as-a-Service)이다. 의류와 액세서리가 주로 임대나 구독을 통해 일시적으로 고객에게 제공되는 임대 유통 모델로, 고품질 제품이 계속 순환되고 재고로 인한 가격 인하를 피하는 방법이다. 소비자는 사용하는 제품에 대해서만 비용을 지급하므로 의복과 관련된 지출비를 줄이는 좋은 방법이 될 수 있다. 또한 소비자가 즐거움의 욕구로 빈번하게 제품을 구매하는 대신 대여를 통해서 사용하고 반납함으로써 폐기의 양을 줄일 수 있어, 결국 매립지로 가는 쓰레기양을 줄이는 데 도움이 될 수 있다. 렌트 더 런웨이(Rent the Runway)는 2009년 단기 정장 임대로 미국 시장을 개척한 전통적인 임대유통브랜드이다. 2019년 이후 전통적인 패션 브랜드도 임대 서비스업에 합류했지만,[350] 미국의 트렁크 클럽(Trunk Club), 중국의 와이클로젯(YCloset), 한국의 패브(FAAV) 등은 운영을 중단했다. 임대형 의류 서비스는 제품의 효율을 높이는 데는 효과적이지만, 임대를 위한 배송에 관련된 온실가스배출을 고려하였을 때 친환경적인 측면에 대해서는 다소 회의적이라는 연구결과도 발표되었다.[351] 아직은 지속가능성에 대해서 검증이 필요한 모델이지만, 결혼 예복과 같은 특별한 용도를 위한 제품에 대한 임대 서비스는 오래전부터 수용되고 있었다. 특히 국내에서 한류 문화의 확산으로 한복 대여와 시대적 감성을 반영한 교복 대여가 관광지를 중심으로 성장하고 있다.

패션산업은 진화하기 위해서 변화하고 있다. 서비스형 생산(PaaS), 서비스형 재판매(RaaS), 서비스형 의류(CaaS) 등의 새로운 비즈니스 모델이 자원순환성 또는 지속가능성 측면에서 완벽하지는 않더라고 새로운 시도로 충분한 의미가 있다. 지속가능한 패션산업이 되기 위한 단 하나의 완벽한 방법은 없다. 지금의 목표는 지속적으로 개선하고 부정적인 영향을 최소화하기 위해 노력하는 것이다. 이 노력은 단지 제품에만 국한되지 않는다. 이는 소비자의 인식과 행동을 변화시키고 패션에 대한 보다 의식적이고 책임감 있는 접근 방식을 장려하는 것이기도 하다. 하지만 아직 가야 할 길은 멀다.

나가면서

해마다 폭염일수는 기록을 경신하고, 가뭄, 산불, 폭설, 폭염 등의 이상기후 현상은 더욱 빈번하게 일어나고, 그 강도는 더 심해지고 있다. 폭염과 혹한으로 야외생활을 할 수 없을 정도가 되었고, 지구의 곳곳에서는 해수면 상승과 자연재해 등으로 사람들이 삶의 터전을 떠나고 있다. 기후변화를 넘어서 인류는 기후위기를 경험하고 있다. 정확한 숫자를 산출할 수 없지만, 부정할 수 없는 사실은 패션산업과 소비자인 우리가 모두 지구에서 일어나는 환경적, 사회적, 윤리적 문제에 기여를 했고, 지금도 하고 있다는 것이다.

매년 '역대급' 또는 '백년 만의'란 수식어가 붙은 극한 기상현상을 경험하고 코로나19 글로벌 팬데믹을 경험하면서 지구 생태계 보전의 중요성을 절실히 느꼈지만, 패스트 패션은 빠르게 울트라 패스트 패션으로 진화하고 있다. 의식 있는 소비자들이 윤리적 소비를 위해 기업에게 책임감 있는 패션을 요구하고 있다. 그러나 다른 한편에서는 소셜 미디어에 사진을 올릴 만한, 즉 인스타그래머블(Instagrammable)이라는 신조어에 부응할 수 있는 새로운 패션제품이 하루에 수만 개씩 온라인에 소개되고 있다.

2022년 카타르 월드컵이 시작되자 수백만 명의 축구팬들이 90~150달러 상당의 공식 유니폼과 기획상품을 구매하고 밝은 색상의 멋진 유니폼을 입은 선수들은 200달러가 넘는 반짝이는 축구화를 신었을 때, 그 제품을 만든 근로자는 하루에 2.27달러를 받았다고 전해진다. 현재의 기후 예측 모델을 기반으로 하여 향후 50년 동안의 지구에서 살아가는 우리의 미래 모습을 담은 드라마, 『2050: 벼랑 끝 인류(Extrapolations), 2023』에서는 기후위기를 직면한 상상하기도 힘든 우리의 미래를 엿볼 수 있다. 물 부족으로 면화 밭은 사라지고 면화는 최고의 상류층만이 소유하는 미래의 다이아몬드가 되었고, 의복은 폭염으로부터 신체를 보호하는 기능뿐 아니라 온열 환자를 식별해 내는 장치가 의복에 부착되어 있다.

패션산업은 새로운 정책과 기술 혁신으로 자원 고갈을 늦추고, 온실가스 배출량과 폐기물을 줄이고, 근로자들에게 안전한 작업환경과 합리적인 임금을 지급할 수 있는 산업으로 전환하기 위해 노력하고 있다. 아마도 효율적인 정책과 혁신적인 기술이 어느 정도는 패션산업이 지구 생태계에 미친 영향을 줄일 수는 있다. 그러나 지금은 속도가 문제이다. 지구는 더 이상 우리를 기다려주지 않는다.

지속가능한 산업이 되기 위해서 패션에 관련된 이해관계자, 미래의 패션산업을 이끌어갈 패션을 공부하는 많은 학생과 연구자, 그리고 패션을 사랑하는 소비자 모두가 이제는 패션이 만들어지면서 폐기되고, 또 다른 자원으로 탄생되는 모든 과정에 대한 이해가 필요하다. 지금까지 패션산업이 얼마나 지속가능하지 않았는지에 대해 우리가 모두 고민해야 하고, 새로운 해결책을 찾기 위해서 모두의 노력이 절실히 필요하다. 지속가능성은 잠시 유행하다 사라지는 트렌드가 아니라 목표가 되어야 한다. 이제는 2000년대 전 세계를 휩쓴 패스트 패션을 우리의 역사 속으로 흘려보낼 때가 되었다.

주석

1) Gilligan, I. (2019) Climate, clothing and agriculture in prehistory. Cambridge.

2) Horn, M. J. (1968) The Second Skin: An interdisciplinary study of clothing. Houghton Mifflin.

3) Barthes, R (1990) The fashion system. University of California Press.

4) Newman, C. (2019.3.21.) Gender-bending fashion rewrites the rule of who wears what. National Geographic.

5) Ann-Mari, S. and Aspers, P. (2015) Fashion, Sociology of. International Encyclopedia of the Social and Behavioral Sciences.

6) Foley, C. (1893) Fashion. The Economic Journal, 3(11), 458-474.

7) Ann-Mari, S. and Aspers, P. (2015) Fashion, Sociology of. International Encyclopedia of the Social and Behavioral Sciences.

8) Sadiwski, M, Perkins, L, and MacGarvey, E. (2020) Roadmap to net zero: Delivering science-based targets in the apparel sector. World Resources Institute and Apparel Impact Institute.

9) Salerno-Garthwaite, A. (2021.11.22.) Fashion's reshoring rush: Why now and for how long? Vogue Business.

10) 국제패션디자인학원 (2023.3.22.) 최경자, 앙드레 김 作, 서울공예박물관 '의(衣)·표(表)·예(藝)'展 안내.

11) 박신미 (2019) 제1세대 한국 패션디자이너 최경자 고찰. 복식, 69(3), 119-140.

12) 최효안 (2017) 노라노: 우리 패션사의 시작. 마음산책.

13) 우먼타임스 (2023.2.17.) 1세대 패션디자이너 '최경자'와 '노라노.'

14) 이승재, 앙드레 김 (2002) 앙드레 김 My Fantasy. 아침나라.

15) 합성섬유 (n.d.) 한국민족문화대백과사전.

16) 유혜경 (2021) 한국 섬유패션 기업과 재벌 발전 역사 고찰. 한국의류산업학회지, 23(5), 598-610.

17) Textile Exchange (2022) Preferred fiber and materials market report.

18) Schumacher, K., and Forster, A. L. (2022) Facilitating a circular economy for textiles workshop report. National Institute of Standards and Technology, U.S. Department of Commerce.

19) Climate and Environment (2019.3.25.) UN launches drive to highlight environmental cost of staying fashionable. UN News.

20) Cobbing, N., Daaji, S., Kopp, M., and Wohlgemuth, V. (2022) Poisoned gifts: From donations to the dumpsite. Greenpeace.

21) United Nations Data (2023) Commodity trade statistics database.

22) McKinsey & Company and Global Fashion Agenda (2020) Fashion on climate.

23) 한국섬유산업연합회 (2022) 국내 2050대 온라인 쇼퍼 행태: 의류 품목 온라인 구매 경험 및 온라인 쇼핑 증감.

24) Fashion United (2018) People do not wear at least 50 percent of their wardrobes.

25) Delotte (2017) Bling it on: What make a millennial spend more?

26) Damhorst, M. L. (1990) In search of a common thread: Classification of information communicated by dress. Clothing and Textiles Research Journal, 8(2), 1-12.

27) Baloga, C. (2019) Copyright and fashion: The shoe that does not fit, New York Law School Review, 265.

28) Crawdord, Z. (2007.9.20.) You won't believe who I saw at Kohl's. The New York Times.

29) Fisher, L. A. (2015.11.6.) It's already almost sold out. Harper's Bazaar.

30) 한국갤럽조사연구소 (2019.11.18.) 한국인이 좋아하는 40가지[브랜

드편].

31) Lee, E., Edwards, S., Youn, S., and Yun, T. W. (2014) Understanding the moderating effect of motivational values on young consumers' responses to luxury brands: A cross-cultural study of South Korea and the USA. Journal of Marketing Communications, 24(2), 1-22.

32) 이코노미스트 (2022.1.30.) 주식 대신 샤테크? 샤넬백보다 오른 종목은 '이것'이 유일.

33) CNBC (2023.1.13.) South Koreans are the world's biggest spenders on luxury goods.

34) 이코노미스트 (2023.4.14.) 한국인 명품 사랑…'에루샤' 지난해 국내 매출액 4조 원 넘었다.

35) Syed, A. (2023.4.28.) What Is Hallyu and why are luxury brands so obsessed with it? Time Magazine.

36) 산업재산보호협력국, 상표특별사법경찰과 (2022.2.15.) 특허청, 2021년 위조상품 단속실적 발표: 상표권 침해사범 557명 형사입건, 위조상품 8만여점 압수. 특허청.

37) 박경일 (2022.10.5.) 적발위조상품, 1위 품목은 '의류'...압수 짝퉁 명품, 총 '867만' 점('17~'22년). IPDaily.

38) 산업재산보호협력국, 산업재산조사과 (2020.10.14.) 특허청, 폭증하는 위조상품 온라인 유통근절에 나선다. 특허청.

39) Organisation for Economic Co-operation and Development and European Union Intellectual Property Office (2021) Global trade in fakes: A worrying threat, illicit trade. OECD Publishing, Paris.

40) Organisation for Economic Co-operation and Development and European Union Intellectual Property Office (2021) Global trade in fakes: A worrying threat, illicit trade. OECD Publishing, Paris.

41) 국가법령정보센터 (n.d.) 상표법.

42) 선우정 (2020.10.20.) [특허정책] 상표·디자인 고의적 침해시 3배 배상... 20일부터 시행. 특허뉴스.

43) 황성필 (2022.5.20.) 가짜 명품을 구매한 경우 법적 처벌은 어떠할까? 조세금융신문.

44) Robinson, S. (2023.9.7.) Legalizing counterfeit: The thin line between buying and selling. Sports & Entertainment Law Blog, Brooklyn Law School.

45) Help advice for consumers in Europe (n.d.) Rules for the purchase and sale of counterfeit goods in Denmark and the EU.

46) U.S. Chamber of Commerce (2022.8.11.) Back-to-School: Business and law enforcement team up to protect students, parents, and teachers from counterfeit goods.

47) La Ferla, R. (2000.4.11.) Cheap chic draws crowds on 5th ave. The New York Times.

48) Statista (2023) Inditex Group sales worldwide 2004-2022.

49) Surowiecki, J. (2000.9.18.) The most devastating retailer in the world. The New Yorker.

50) Ghemawat, P. and Iniesta, J.L.N. (2003) ZARA: Fast Fashion, Harvard Business School.

51) Wattle, J. (2016.5.6.) Gap still getting clobbered by 'fast fashion.' CNN.

52) 김보람 (2008.9.4.) 세계 패스트 패션 1위 브랜드 '자라(ZARA).' 조선비즈.

53) 김양민 (2010.3.8.) 'H&M' 첫 매장 열자 명동일대 들썩. 패션인사이트.

54) Atik, D., Cavusoglu, L., Ertenkin, Z.O., and Firat, A.F. (2022) Fashion, consumer markets, and democratization. Journal of Consumer Behavior, 51, 1135-1148.

55) Paton, P., Lorenz, T. and Kwai. I. (2019.12.17.) What do Gen Z shoppers want? A cute, cheap outfit that looks great on Instagram. The New York Times.

56) Brown, A. (2022) Brand finance apparel 50 2022. Brand Finance.

57) Wood, Z. (2019.9.22.) How a £1 bikini revealed the changing shape of fast fashion. The Guardian.

58) Business of Fashion (n.d.) Zara.

59) Smith, P. (2023. 3. 24.) Inditex Group sales worldwide 2004-2022.

60) Business of Fashion (2018.8.18.) A brief history of Uniqlo, the clothing company that's changing everything.

61) Chitrakorn, K. (2021.9.13.) How can Uniqlo succeed in America? Vogue Business.

62) Business of Fashion (2014.3.2.) Uniqlo billionaire's drive for global crown fuels J. Crew talks.

63) Dowsett, S. and Yu, S. (2020.10.16.) China's turbo-charged online fashion takes on Zara and H&M. Reuters.

64) Mahmmod, Z. (2022.4.18.) Ultra-fast fashion is taking over-and using every trick in the book to get us addicted. The Guardian.

65) Nguyen, T. (2021.8.10.) Shein is the future of fast fashion. Is that a good thing? Vox Media.

66) Pear, B., Reynolds, J., Roberts, A., and Zand, B. (2022 flim) Untold: Inside the Shein Machine. Zandland Films.

67) Ferrer, M. (2022.10.17.) How are Shein hauls making our planet unlivable? Euronews.

68) Chan, E. (2022.6.9.) Is Shein's $50 million fund to tackle clothing

waste a good thing, or just greenwashing? British Vogue.

69) Shein (2022.6.7.) The Or Foundation and Shein lay groundwork for global change with multi-year extended producer responsibility fund. PR Newswire.

70) Haqqi, S. (2022.11.30.) The most popular fashion brands around the world. This is Money.

71) United Nations Environment Programme (2019.3.14.) UN Alliance For Sustainable Fashion addresses damage of fast fashion.

72) 중앙일보 (2022.1.11.) 한 번 입고 버리는 옷까지…ZARA보다 더한 패스트 패션의 민폐 [패션, 지구촌 재앙됐다].

73) Hubbub (2022.5.5.) Fashion returns research analysis.

74) Gatten, E. (2022.10.19.) Britons throw away '72 items of clothing every year.' The Telegraph.

75) 오정미 (2023) 패션산업의 자원순환경제 촉진을 위한 폐섬유·폐의류 분류체계 분석. 복식, 73(4), 1-15.

76) Veblen, T. (1922) The theory of the leisure class. B.W. Huebsch.

77) Okonkwo, U. (2007) Luxury fashion branding. Palgrave Macmillan.

78) Chevalier, M and Massalovo, G. (2008) Luxury brand management: A world of privilege. John Wiley & Sons.

79) Pitcher, L. (2021.11.29.) New study links major fashion brands to Amazon deforestation. The Guardian.

80) Pinnock, O. (2018.7.20.) No one in fashion is surprised Burberry burnt £28 million of stock. Forbes.

81) Schenkman, L. (2023.4.17.) An unglamorous solution to fashion's sustainability problem: make less stuff. Industry Dive.

82) Glover, S. (2023.5.15.) EU states back ban on destroying garments. Ecotextile News.

83) Cannon, C. and Rucker, D. (2019) The dark side of luxury: Social costs of luxury consumption. Personality and Social Psychology Bulletin, 45(5), 767-779.

84) 박주하 (2022) 청소년의 명품계약과 사회적 미디어 활동에 반영된 인정을 받기: 청소년의 사치 소비와 소셜 미디어 활동에 반영된 승인의 필요성. 서울대학교 박사학위논문.

85) Sanyal, S.N., Mazumder, R., Singh, R., and Sharma, Y. (2020) Uncertainty and affluent teenagers' luxury buying-decision: The role of avoidance-related indecisiveness. Journal of Retailing and Consumer Services, 58, 102305.

86) Nuwer, R. (2020.5.23.) Luxury fashion brands had thousands of exotic leather goods seized by U.S. law enforcement. National Geographic.

87) Sosnowski, M. and Petrossian, G. (2020) Luxury fashion wildlife

contraband in the USA. EcoHealth, 17, 94-110.

88) Span, P. (1994.4.1.) The year the fur flew. The Washington Post.

89) Chidambaram, S., Karmegam, U., Prasanna, M.V., and Sasidhar, P. (2012) A study on evaluation of probable sources of heavy metal pollution in groundwater of Kalpakkam region. South India Environmentalist, 32, 371-382.

90) International Agency for Research on Cancer (2012) Arsenic, metals, fibres, and dust: A review of human carcinogens. World Health Organization.

91) Shibli, S.S. and Islam, T. (2020.5.27.) In Bangladesh, tanneries in trouble. The Asia Foundation.

92) Yotka, S. (2017.10.11.) Gucci pledges to go fur-free beginning with Spring 2018. Vogue.

93) Iredale, J., Jones, N., and Szmydke, P. (2015.5.20.) Faux fur: Better than the real thing? Women's Wear Daily.

94) Rastogi, N.S. (2010.1.5.) A hairy situation: Should I choose fake fur over real fur? Slate.

95) Glamour (2023.1.31.) If fur is killing animals and faux-fur is killing the planet, what on earth should you do?

96) Bendell, J. and Kleanthous, A. (2007) Deeper luxury: Quality and style

when the world matters. World Wide Fund-UK.

97) 한국의류섬유재활용협회 관계자 인터뷰 (2023.3.25.)

98) Adenubi, T. (2022.10.8.) Why we are seizing imported used clothes, shoes - Customs. Nigerian Tribune.

99) Obura, F. (2023.7.13.) AU states challenged to ban second-hand clothes import. The Kenyan Wall Street.

100) Kuwonu, F. (2017) Protectionist ban on imported used clothing. United Nations Africa Renewal.

101) Gahigi, M.K. (2021.6.23.) Mixed results over govt ban on imports of second-hand clothes. Rwanda Today.

102) Adenubi, T. (2022.10.8.) Why we are seizing imported used clothes, shoes - Customs. Nigerian Tribune.

103) Kent, S. (2023.9.25.) What Uganda's war on used clothing imports means for fashion. CNN.

104) Kamoga, J. and Anami, L. (2023.9.2.) EAC blows hot and cold in war against trade in used clothing. The East African.

105) John, T. (2018.5.28.) How the US and Rwanda have fallen out over second-hand clothes. BBC News.

106) Cobbing, M., Daaji, S., Kopp, M., and Wohlgemuth, V. (2022)

Poisoned Gifts. A Greenpeace.

107) Besser, L. (2021.8.21.) Dead white man's clothes. ABC News.

108) Bartlett, J. (2023.4.11.) Fast fashion goes to die in the world's largest fog desert. The scale is breathtaking. National Geographic.

109) Change Markets Foundation (2023) Trashion: the stealth export of waste plastic clothes to Kenya.

110) United Nations (2022) 2021 International trade statistics yearbook: Volume II types by product.

111) Rogers, D. (2023.6.5.) A massive mountain of fast fashion landfill can now be seen from space. DAZED.

112) Cobbing, M., Daaji, S., Kopp, M., and Wohlgemuth, V. (2022) Poisoned Gifts. A Greenpeace.

113) 국민권익위원회 (2016.7.25.) 의류수거함 설치 및 운영관리 개선 방안.

114) 국가법령정보센터 (n.d.) 재활용 가능 자원의 분리수거 등에 관한 지침.

115) 국가법령정보센터 (n.d.) 폐기물관리법 시행규칙 [별표 4]: 폐기물의 종류별 세부분류(제4조의2제1항 관련).

116) 오정미 (2023) 패션산업의 자원순환경제 촉진을 위한 폐의류·폐섬유 분류체계 분석. 복식, 73(4), 1-15.

117) United Nations Data (2023) Commodity trade statistics database.

118) 한국무역협회 (n.d.) 무역통계.

119) 환경부, 환경공단 (2022) 2021년 전국 폐기물 발생 및 처리현황.
환경부, 환경공단 (2021) 전국 폐기물 발생 및 처리현황(2020년도).
환경부, 환경공단 (2020) 전국 폐기물 발생 및 처리현황(2019년도).
환경부, 환경공단 (2019) 전국 폐기물 발생 및 처리현황(2018년도).
환경부, 환경공단 (2018) 전국 폐기물 발생 및 처리현황(2017년도).
환경부, 환경공단 (2017) 전국 폐기물 발생 및 처리현황(2016년도).
환경부, 환경공단 (2016) 전국 폐기물 발생 및 처리현황(2015년도 수정본).
환경부, 환경공단 (2015) 전국 폐기물 발생 및 처리현황(2014년도).
환경부, 환경공단 (2014) 전국 폐기물 발생 및 처리현황(2013년도 수정본).
환경부, 환경공단 (2013) 전국 폐기물 발생 및 처리현황(2012년도).
환경부, 환경공단 (2012) 2011 전국 폐기물 발생 및 처리현황.

120) Global Footprint (n.d.) Earth overshoot day 1971~2023.

121) SBS 뉴스 (2020.1.18.) 구호품이 아니라 짐…"이런 기부는 하지 마세요!"

122) 이정하 (2023.2.14.) 튀르키예 구호품, 중고의류는 보내지 말아주세요. 한겨레.

123) 남정미 (2020.2.1.) 기부는 무조건 善? '나쁜 기부'는 사양합니다. 조선일보.

124) Joung, H.M. and Park-Poaps, H. (2011) Factors motivating and

influencing clothing disposal behaviours. International Journal of Consumer Studies, 37(1), 105-111.

125) Deckers, J. Manshoven, S., and Mortensen, L. F. (2023) The role of bio-based textile fibres in a circular and sustainable textiles system. European Environment Agency.

126) ThredUp (n.d.) Newsroom.

127) ThredUp (n.d.) Here's what happens after you clean out.

128) Butler, S. (2022.10.21.) Zara enters resale market with pre-owned service. The Guardian

129) 백주원 (2023.1.19.) 요즘엔 번장에서 옷 산대.. 번개장터, 패션 거래액 1조 목전. 서울경제.

130) 백일현 (2022.9.24.) 백화점 한층 통째 들어선 중고숍...사흘만에 매출 1.5억 '대박.' 중앙일보.

131) 이신혜 (2022.9.30.) "보세 옷도 반값, 인터넷보다 싸다" 중고거래에 빠진 백화점들. 조선비즈.

132) 번개장터 (2023.5.2.) 'SECONDHAND IS THE NEW BLACK' 성료 번개장터, 첫 오프라인 플리마켓.

133) Fibre2Fashion (2022.8.6.) US to retain top position in denim jeans market, but growth to slow. Fashion Network.

134) Schumacher, K., and Forster, A. L. (2022) Facilitating a circular economy for textiles workshop report. National Institute of Standards and Technology, U.S. Department of Commerce.

135) Arnett, G. (2019.11.29.) How quickly do fashion materials biodegrade? Vogue Business.

136) American Wool (2021.8.25.) Slow Fashion vs. Fast Fashion. A debate that asks fashion to look in the mirror.

137) Clough, S. R. (2005) Methane. Encyclopedia of Toxicology.

138) Euroepean Commission (n.d.) Methane emissions. Energy, Climate change, Environment.

139) Ten Facts About Consumers and Cotton (2018) Cotton Inc.

140) Beckert, S. (2015) Empire of cotton: A global history. Vintage Books: New York.

141) Hoskins, T. (2014.10.1.) Cotton production linked to images of the dried up Aral Sea basin. The Guardian.

142) Narbayep, M and Pavlova, V. (2022) The Aral Sea, Central Asian countries and climate change in the 21st century. Economic and Social Commission for Asia and the Pacific.

143) Friedman, V. and Paton, E. (2021.3.29.) What is going on with china, cotton and all of these clothing of brands? The New York Times.

144) United Nations Children's Emergency Fund (2021) Child labour: Global estimates 2020, trends and the road forward.

145) Chan, E. (2020.3.22.) The fashion industry is using up too much water - here's how you can reduce your H_2O footprint. Vogue India.

146) U.S. Cotton Trust Protocol (n.d.) Principles and criteria.

147) Rivoli, P. (2009) The travels of a t-shirt in the global economy. John Wiley & Sons, Inc.

148) Economic Development (2021.10.7.) Cotton sustains more than 100 million families worldwide, UN News.

149) Kannuri, N.K. and Jadhav, S. (2018) Generating toxic landscapes: impact on well-being of cotton farmers in Telangana, India. Anthropology & Medicine, 25(2), 121-140.

150) Siegmann, K. A. (2006) Cotton pickers after the quota expiry: bitter harvest. SDPI Research and News Bulletin, 13(1).

151) Netzwerk Fair Mode (2010.12.19.) Why an H&M t-shirt costs only 4.95 Euro?

152) Uchatius, W. (2012.2.4.) Das Welthemd. Die Zeit.

153) Oxfam International (2002) Cultivating poverty: The impact of US cotton subsidies on Africa. Oxfam.

154) Uchatius, W. (2012.2.4.) Das Welthemd. Die Zeit.

155) Macalister, T. (2011.2.17.) Cotton hite $2 a pound. The Guardian.

156) Trading Economics (n.d.) Bangladesh inflation rate.

157) Wicker, A.. Schmall, E., Raj, S., and Paton, E. (2022.2.13.) That organic cotton t-shirt may not be as organic as you think. The New York Times.

158) Wicker, A.. Schmall, E., Raj, S., and Paton, E. (2022.2.13.) That organic cotton t-shirt may not be as organic as you think. The New York Times.

159) Vanderweide, Z. (2023.7.5.) Is organic cotton really better? A shopper's guide. The New York Times.

160) Textile Exchange (2021) Organic cotton market report 2021. Marekt Report 2021.

161) Vanderweide, Z. (2023.7.5.) Is organic cotton really better? A shopper's guide. The New York Times.

162) Textile Exchange (2022.10.18.) Preferred fiber and materials market report 2021.

163) Textile Exchange. (2022.10.18.) Production of polyester fibers worldwide from 1975 to 2021.

164) Boucher, J. and Friot, D. (2017) Primary microplastics in the oceans: A global evaluation of sources. Gland, Switzerland: International Union for Conservation of Nature.

165) Song, G. (2011) Improving comfort in clothing. Woodhead Publishing Limited.

166) De Falco, F., Di Pace, E., Cocca, M., and Avella, M. (2019) The contribution of washing processes of synthetic clothes to microplastic pollution. Scientific Reports, 9, 6633.

167) Greenbuam, H. and Rubinstein, D. (2011.11.25.) The evolution of fleece: From scratchy to snuggie. Times Magazine.

168) Vassilenko, K., Watkins, M., Chastain, S., Posacka, A., and Ross, P. S.(2019) Me, my clothes and the ocean: The toles of textiles in microfiber pollution. Ocean Wise.

169) Napper, I. E., and Thompson, R. C. (2016) Release of synthetic microplastic plastic fibres from domestic washing machines: Effects of fabric type and washing conditions. Environmental Science & Technology, 50, 5761-5769.

170) Schwabl, P., Köppel, S., Königshofer, P., Bucsics, T., Trauner, M., Reiberger, T., and Liebmann, B. (2019) Detection of various microplastics in human stool: A prospective case series. Annals Internal Medicine, 171(7), 453-457.

171) Balasaraswathi, S. R. and Rathinamoorthy, R. (2022) Synthetic textile and microplastic pollution: An analysis on environmental and health

impact. Sustainable Approaches in Textiles and Fashion, 1-20.

172) Zambrano, M. C., and Pawlak, J. J. (2020) Synthetic textile microplastics and chemical pollutants: Implications for environmental and human health. Environmental Pollution, 261, 114178.

173) United Nations Environment Programme (2021) From pollution to solution: A global assessment of marine litter and plastic pollution. Synthesis. Nairobi.

174) European Parliament (2020.5.3.) Plastic microfibre filters for new washing machines by 2025.

175) European Commission (n.d.) Microplastics.

176) Textile Exchange (2022) Preferred fiber and materials market report 2022.

177) Ellen MacArthur Foundation (2017) A new textiles economy: Redesigning fashion's future.

178) Duru Baykal, P. and Özkan, İ. (2013) The effects of intermingling process parameters and number of filaments on intermingled yarn properties. Journal of the Textile Institute, 104(12), 1292–1302.

179) Park, H. J. and Lin, L. M. (2020) Exploring attitude–behavior gap in sustainable consumption: Comparison of recycled and upcycled fashion products. Journal of Business Research, 117, 623-628.

180) Claussen, L., Lloyd, A., Ruiz, D., and Havenith, G. (2023) Recycled versus virgin polyester sportswear – can a difference be perceived in actual use? International Journal of Fashion Design, Technology and Education.

181) Textile Exchange (2022) 2025 recycled polyester challenge.

182) Park, H. J. and Lin, L. M. (2020) Exploring attitude–behavior gap in sustainable consumption: Comparison of recycled and upcycled fashion products. Journal of Business Research, 117, 623-628.

183) Kirby, J. and Holger, D. (2022.9.6.) Fashion firms look to single-fiber clothes as EU recycling regulations loom. The Wall Street Journal.

184) Reisch, M. (1999.2.15.) What's the stuff? Chemical & Engineering News, 77(7), 70.

185) Cheng, A. (2018.8.31.) As its shares hit a record high, here's why Lululemon is still winning the athleisure game. Forbes.

186) Piper Sandler (2018.10.22.) Taking stock with teens: A collaborative "GEN Z" insights project.

187) 박해영 (2023.8.16.) 애슬레저 시장, 4대 브랜드 점유률 57%. 어패럴 뉴스.

188) Thompson, D. (2018.10.28.) Everything you wear is athleisure. The Atlantic.

189) Penaloza, M. (2011.12.11.) Spandex stretches to meet U.S. waistlines. NPR.

190) Hazardous Substance Fact Sheet (2010) New Jersey Department of Health.

191) The Council of Fashion Designers America, Inc. (n.d.) Materials index: DUPONT™SORONA®.

192) 효성 (2023.4.10.) 효성티앤씨, '친환경' 블랙 스판덱스 출시. 미디어 효성.

193) Smithsonian (n.d.) Making color.

194) David, A. M. (2015) Fashion victims: The dangers of dress past and present. Bloomsbury Visual Arts.

195) Bera, S.P. and Tank, S. K. (2021) Screening and identification of newly isolated Pseudomonas sp. for biodegrading the textile azo dye CI procion red H-3B. Journal of Applied Microbiology, 130, 1949–59.

196) Ghaly, A., Ananthashankar, R., Alhattab, M., and Ramakrishnan, V. (2013) Production, characterization and treatment of textile effluents: A critical review. Journal of Chemical Engineering Process Technology, 5, 1–18.

197) Rehman, K., Shahzad, T., Sahar, A., Hussain, S., Mahmood, F., Siddique, M.H., Siddique, M.A., and Rashid, M.L. (2018) Effect of reactive black 5 azo dye on soil processes related to C and N cycling. Peer Journal, 6, e4802.

198) Berradi, M., Hsissou, R., Khudhair, M., Assouag, M., Cherkaoui, O., Bachiri, A. E., and Harfi, A.E. (2019) Textile finishing dyes and their impact on aquatic environs. Heliyon, 5, e02711.

199) Desai, C., Jain, K.R., Boopathy, R., Hullebusch, E. D., and Madamwar, D. (2021) Editorial: Eco-sustainable bioremediation of textile dye wastewaters: innovative microbial treatment technologies and mechanistic insights of textile dye biodegradation. Frontiers in Microbiology, 12, 707083.

200) Regan, H. (2020.9.8.) Asian rivers are turning black. And our colorful closets are to blame. CNN.

201) Entrepreneur (2008.10.10.) Calvin Klein: A stylish obsession.

202) 오정미, 허갑섬 (1995) 컨조인트 분석을 이용한 청바지 제품개장에 관한 연구. 한국의류학회지, 19(3), 448-465.

203) Cottonworks (n.d.) History of denim. Cotton Incorporated.

204) Hsu, T.M., Welner, D.H., Russ, Z.N., Cervantes, B., Prathuri, R.L., Adams, P.D., and Dueber, J.E. (2018) Employing a biochemical protecting group for a sustainable indigo dyeing strategy. Nature Chemical Biology, 14, 256-261.

205) Khadhri, N., Saad, M. E. K., Mosbah, M., and Moussaoui, Y. (2019) Batch and continuous column adsorption of indigo carmine onto activated carbon derived from date palm petiole. Journal of Environmental Chemical Engineering, 7(1), 102775.

206) Xintang Jean Town (2010 film) Greenpeace.

207) Greenpeace (2012) Toxic threads: The big fashion stitch-up. Greenpeace International.

208) Rony, J.(n.d.) Different types of denim jeans washing process. Fashion2Apparel.

209) The Stitch Times (2011) The changing face of garment sourcing.

210) English, B. and Munroe, N. H. (2022) A cultural history of western fashion: From haute couture to virtual couture. Bloomsbury Publishing.

211) Gentleman, A. (2007.11.15.) Gap moves to recover from child labor scandal. The New York Times.

212) Apparel Resources (2015.2.1.) Uniqlo blamed for sweatshop conditions in China.

213) Manik, J.A. and Yardley, J. (2012.12.17.) Bangladesh finds gross negligence in factory fire. The New York Times.

214) Nelson, D. (2013.4.23.) Bangladesh building collapse kills at least 82 in Dhaka. The Telegraphy.

215) Dhaka Tribune (2022.6.5.) The worst industrial disasters in Bangladesh since 2005.

216) Fadulu, L. (2023.10.11.) After 112 years, Triangle Shirtwaist fire victims

get a memorial. The New York Times.

217) Kitroeff, N. (2019.12.16.) Fashion Nova's Secret: Underpaid workers in Los Angeles factories. The New York Times.

218) 김귀옥 (2004) 1960, 70년대 의류봉제업 근로자 형성과정: 반도상사(부평공장)의 사례를 중심으로. 경제와 사회, 61, 10-41.

219) 시사위크 (2015.4.7.) 한세실업, 미얀마서 노동탄압 논란..국제적 갑질?.

220) Garment Worker Center (n.d.) Get informed.

221) Carracedo, A (2007 film) Made in L.A. Semilla Verde Productions Ltd.

222) Hardy, A. (2022.5.10.) Senator Kirsten Gillibrand will introduce the first federal fashion bill the FABRIC Act seeks to end wage theft. Vogue.

223) The FABRIC Act. (n.d.) Fashioning accountability and building real institutional change: The FABRIC Act.

224) 노도현 (2020.11.16.) "내 죽음을 헛되이 말라" 잊지 않는 태일의 친구들. 주간경향.

225) 임송자 (2010) 전태일 분신과 1970년대 노동·학생운동. 한국민족운동사연구, 65, 319-360.

226) 김경래 (2020.8.26.) [최강시사] "봉제근로자 근로계약서, 4대 보험도 없이 최저임금도 못 받는 근로환경…70년대와 달라진 것 없어"

KBS 라디오.

227) 경향신문 (2022.2.23.) 40년을 일해도 유령 취급을 받는 '미싱타는 여자들.'

228) 이혁래, 김정영 (2022 flim) 미싱타는 여자들. 플라잉타이거픽쳐스.

229) 김귀옥 (2004) 1960, 70년대 의류봉제업 근로자 형성과정: 반도상사(부평공장)의 사례를 중심으로. 경제와 사회, 61, 10-41.

230) 산업통상자원부, 한국섬유산업연합회 (2021) 2021년 봉제업체 실태조사 결과보고서.

231) International Labour Organization (2020.11.10.) Gendered impacts of COVID-19 on the garment sector.

232) Fairtrade International (2023.3.8.) The women who make our clothes are invisible. It's time to change that.

233) Spinks, R. (2011.8.9.) Not charity but work: Vivienne Westwood's 'Ethical Fashion Africa' collection goes on sale. The Ecologist.

234) International Labour Organization (2022.3.21.) Decent work in garment supply chains asia: What moves the needle on gender equality in the garment sector?

235) United Nations Climate Change (n.d.) Fashion for climate: Fashion Industry Charter for Climate Action.

236) Global Fashion Agenda, Boston Consulting Group, and Sustainable Apparel Coalition (2019) Pulse of the fashion industry.

237) United Nations Environment Programme (2020) Sustainability and circularity in the textile value chain: Global stocktaking.

239) Labour Behind the Label (2019) Tailored wages 2019: The state of pay in the global garment industry.

239) ThredUp and Global Data (2019) 2019 Resale report.

240) United Nations (1987) Report of the world commission on environment and development: Our common future.

241) Morgan, B. (2020.2.24.) 11 fashion companies leading the way in sustainability. Forbes.

242) Patagonia, Inc. (n.d.) 1% for the planet.

243) Global Fashion Summit (n.d.) Alliances for a new era.

244) Meier, L. (2021) Synthesis report on United Nations system-wide initiatives related to fashion. United Nations Alliance for Sustainable Fashion.

245) 나지현 (2022.1.7.) "환경과 사람의 연결, 순환 패션의 선두주자 될 것" - 케이오에이(K.O.A) 유동주 대표. 한국섬유신문.

246) 이승균 (2023.5.10.) 한국 소비자, 환경 문제 민감·지속가능한 소비

관심 많아. 한국경제신문.

247) Smith, P. (2023.8.29.) Value of the secondhand apparel market worldwide from 2021 to 2027. Statista.

248) 산업통상자원부, 한국섬유산업연합회 (2020.11.11.) 섬유패션산업 한국판 뉴딜 실행전략.

249) 산업통상자원부(2022.8.24.) 산업부, 친환경 섬유패션 활성화에 팔 걷어붙여. 대한민국정책브리핑.

250) Fletcher, K. (2007.6.1.) Slow fashion. The Ecologist.

251) Pookulangara, S. and Shephard, A. (2013) Slow fashion movement: Understanding consumer perceptions-An exploratory study. Journal of Retailing and Consumer Services, 20(2), 200-206.

252) Fletcher, K. (2010) Slow fashion: An invitation for systems change. Fashion Practice, 2(2), 259–265.

253) Moore, D. (2021.9.17.) How Canadian companies are helping to reduce fashion's carbon footprint. The Globe and Mail.

254) Rosen, E. (2019.10.17.) Working to benefit society, not just companies. The New York Times.

255) Carver, C. (2020) Project 333: The minimalist fashion challenge that proves less reality is so much more. Penguin Publishing Group.

256) Delmas M.A., and Burbano, V.C. (2011) The drivers of greenwashing. California Management Review, 54(1), 64-87.

257) Competition and Markets Authority (2021.9.20.) Greenwashing: CMA puts businesses on notice.

258) Webb, B.(2021.5.27.) The big global greenwashing crackdown. Vouge Business.

259) Guerreiro, J., Loureiro, S.M.C., Nascimento, J., and Duarte, M. (2023) How to earn a premium price: the effect of green marketing and brand coolness. Journal of Communication Management, 27(1), 35-63.

260) Abelvik-Lawson, H. (2023.4.23.) Fashion greenwash: How companies are hiding the true environmental costs of fast fashion. Greenpeace.

261) McKinsey Apparel, Fashion and Luxury Group (2022) Scaling textile recycling in Europe—turning waste into value. McKinsey&Company.

262) Let's close the loop (n.d.) H&M.

263) Pucker, K. (2022.1.13.) The myth of sustainable fashion. Harvard Business Review.

264) Glover, S. (2023.5.17.) H&M beats off US greenwahing lawsuit. Ecotextile news.

265) Falchi, A., Grolleau, G., and Mzoughi, N. (2022) Why companies might under-communicate their efforts for sustainable development

and what can be done? Business Strategy and Environment, 31(5), 1938-1946.

266) Federal Trade Commission (2022.12.14.) FTC seeks public comment on potential updates to its 'Green Guides' for the use of environmental marketing claims.

267) Ragonnaud, G. (2023.10.) 'Green claims' directive protecting consumers from greenwashing. European Parliamentary Research Service.

268) European Union (2021.12.29.) Commission Notice: Guidance on the interpretation and application of Directive 2005/29/EC of the European Parliament and of the Council concerning unfair business-to-consumer commercial practices in the internal market.

269) 공정거래위원회 (2023.6.8.) (별첨1) 개정안 전문(환경 관련 표시광고에 관한 심사지침 개정안).

270) The Higg Index (n.d.) Sustainable Apparel Coalition.

271) Statista (2023) Net sales of the H&M group worldwide from 2014 to 2022.

272) Stern, M. (2022.7.13.) H&M case shows how greenwashing breaks brand promise. Forbes.

273) Forbrukertisynet (2022.6.16.) Villeder om miljøvennlige klær.

274) Tabuchi, H. (2022.6.12.) How fashion giants recast plastic as good for the planet. The New York Times.

275) Nature Climate Change (2018) The price of fast fashion. 8, 1.

276) European Commission (n.d.) Circular economy.

277) Sherratt, A. (2013) Cradle to Cradle. In: Idowu, S.O., Capaldi, N., Zu, L., Gupta, A.D. (eds) Encyclopedia of Corporate Social Responsibility. Springer, Berlin, Heidelberg.

278) Quantis (2018) Measuring fashion: Environmental impact of the global apparel and footwear industries study.

279) Kering (2019) Environmental profit & loss: 2019 group results.

280) Natsu, J. (2017.5.4.) C&A bows Cradle to Cradle certified t-shirts, joins circular fashion industry. Environment Leader.

281) Piribauer, B. and Bartl, A. (2019) Textile recycling processes, state of the art and current developments: A mini review. Waste Management and Research, 37(2), 112-119.

282) 에너지경제신문 (2021.12.19.) '섬유폐기물→건축패널'…세진플러스, 인도네시아 주택사업 진출.

283) European Unions (2021) Horizon Europe: Investing to shape our future.

284) Circular and Sustainable Textiles and Clothing (n.d.) CISUTAC activities.

285) 산업통상자원부, 한국섬유산업연합회 (2020.11.11.) 섬유패션산업 한국판 뉴딜 전략.

286) 국제섬유신문 (2022.12.7.) 한국섬유개발연구원, 생분해 섬유 산업생태계 조성 입증.

287) Zamani, B., Svanstrom, M., Peters G., and Rydberg T. (2014) A carbon footprint of textile recycling: A case study in Sweden. Journal of Industrial Ecology, 19(4), 976-687.

288) Moazzem, S., Wang, L., Daver, F., and Crossin, E. (2021) Environmental impact of discarded apparel landfilling and recycling. Resources, Conservation and Recycling, 166, 105338.

289) 국가법령정보센터 (n.d.) 지속가능발전 기본법.

290) GRI, UN Global Compact, and WBCSD. (2015) SDG compass: The guide for business action on the SDGs. SDG Compass.

291) Meier, L. (2021) Synthesis report on United Nations system-wide initiatives related to fashion. United Nations Alliance for Sustainable Fashion.

292) Arthur, R. (2022) Sustainable fashion: Communication strategy 2021~2024. United Nations Environment Programme.

293) Intergovernmental Panel on Climate Change (2023) Section in: Climate change 2023: Synthesis report. Contribution of working groups I, II and III to the sixth assessment report of the Intergovernmental Panel

on Climate Change [Core writing team, H. Lee and J. Romero (eds.)]. IPCC, Geneva, Switzerland, 35-115.

294) United Nations Economic Commission for Europe (2018.7.12.) UN Alliance aims to put fashion on path to sustainability.

295) Quantis (2018) Measuring fashion: Envionmnetal impact of the global apparel and footwear industries study.

296) McKinsey&Company and Global Fashion Agenda (2020) Fashion on climate.

297) United Nations Department of Economic and Social Affairs (n.d.) Carbon Disclosure Project.

298) 고용부, 한국산업인력공단, 섬유제조·패션산업 인적개발위원회 (2021) 2021년 섬유제조·패션산업인력현황 보고서. 한국섬유산업연합회.

299) Kering (2021) Envionmnetal profit & loss: 2021 group results.

300) Hohmann, L., Xhaferi-Salihu, L., and Oliveras, R. (2023) Fashion industry charter for climate action: Progress report 2023. United Nations Climate Change.

301) The price of fast fashion (2018) Nature Climate Change, 8, 258.

302) Oh, J. (2023) Classification and regression tree approach for the prediction of the seasonal apparel market: Focused on weather factors.

Journal of Fashion Marketing and Management.

303) Oh, J., Jo, Y.-H., and Ha, K.-J. (2021) The effect of anomalous weather on the seasonal clothing market in New York. Meteorological Application, 28(2), e1982.

304) Changnon, S. A. (1999) Impacts of 1997-98 El Niño-generated weather in the United States. Bulletin of the American Meteorological Society, 80(9), 1819-1827.

305) Oh, J. and Jo, Y. (2007) Do anomalous weather events impacts on clothing sales? The International Textile and Apparel Association 2007 Conference in Los Angeles, CA November 6 -10.

306) Oh, J. and Jo, Y.-H. (2011) Challenges for clothing retailers in an anomalous weather event. The Journal of the Korean Society of Knit Design, 9(2), 1-7.

307) Tabuchi, H. (2015.12.15.) Retailers feel the heat of lost winter clothing sales. The New York Times.

308) 오정미 (2023) 기후변화에 의한 기상변동이 패션산업에 주는 영향: 엘니뇨·라니냐를 중심으로. 한국복식학회 춘계학술대회.

309) Oh, J. (2023) Weather-related complaints from fashion retailers: Environmental scan from Korean newspapers from 2000 to 2020. International Journal of Costume and Fashion, 23(1), 1-15.

310) Oh, J. (2023) Weather-related complaints from fashion retailers:

Environmental scan from Korean newspapers from 2000 to 2020. International Journal of Costume and Fashion, 23(1), 1-15.

311) McNeill, S., McGregor, J., Walsh, M., Griffiths. M., and Hui, E. (2019) Cotton on and Target Australia stop buying cotton from Xinjiang over human rights concerns. Four Corners.

312) The White House (2021.6.24.) Fact sheet: New U.S. government actions on forced labor in Xinjiang. Briefing Room.

313) European Parliament (2022.7.6.) Motion for a resolution on the human rights situation in Xinjiang, including the Xinjiang police files.

314) Friedman, V. and Paton, E. (2021.3.29.) What is going on with China, cotton and all of these clothing brands? The New York Times.

315) Masters, K. (2023.9.1.) Exclusive: US customs finds garments made with banned Chinese cotton. Reuters.

316) Masters, K. (2023.9.1.) Exclusive: US customs finds garments made with banned Chinese cotton. Reuters.

317) 나수엽, 박진희 (2022) 미국 『위구루 강제노동방지법』의 주요 내용과 시사점. 세계경제 포커스, 5(22), 대외경제정책연구원.

318) Paton, E. (2022.9.30.) The new laws trying to take the anxiety out of shopping. The New York Times.

319) European Union. (n.d.) Ecodesign for sustainable products regulation:

The new regulation will improve EU products' circularity, energy performance and other environmental sustainability aspects.

320) European Union. (n.d.) Corporate sustainability due diligence: Fostering sustainability in corporate governance and management systems.

321) European Union (2021.12.29.) Commission notice: Guidance on the interpretation and application of directive 2005/29/EC of the European Parliament and of the council concerning unfair business-to-consumer commercial practices in the internal market.

322) The FABRIC Act. (n.d.) Fashioning Accountability and Building Real Institutional Change: The FABRIC Act.

323) The Fashion Act. (n.d.) The Fashion Act.

324) Model Alliance. (n.d.) The Fashion Workers Act.

325) LeBaron, G. and Lister, J. (2022) The hidden costs of global supply chain solutions. Review of International Political Economy, 29(3), 669-695.

326) European Commission (2022) Proposal for a regulation of the European Parliament and the council establishing a framework for setting ecodesign requirements for sustainable products and repealing directive.

327) World Business Council for Sustainable Development and Boston Consulting Group (2022) The EU digital product passport shapes the

future of value chains: What it is and how to prepare now.

328) Langley, D. J., Rosca, E., Angelopoulos, M., Kamminga, O., and Hooijer, C. (2023) Orchestrating a smart circular economy: Guiding principles for digital product passports. Journal of Business Research,169,114259.

329) Domenech, T. and Bahn-Walkowiak, B. (2019) Transition towards a resource efficient circular economy in Europe: Policy lessons from the EU and the member states. Ecological Economics, 155, 7-19.

330) Cline, W. R. (1995) Evaluating the Uruguay Round. The World Economy, 18(1), 1-23.

331) Backer, K.D., Menon, C., Desnoyers-James, I., and Moussiegt, L. (2016) Reshoring: Myth or reality? OECD Science, Technology and Industry Policy Papers, No. 27, OECD Publishing, Paris.

332) Kornprobst, M. and Paul, T. V. (2021) Globalization, deglobalization and the liberal international order. International Affairs, 97(5), 1305–1316.

333) International Monetary Fund (2001) Global trade liberalization and the developing countries.

334) Kornprobst, M. and Paul, T. V. (2021) Globalization, deglobalization and the liberal international order. International Affairs, 97(5), 1305–1316.

335) Foroohar, R. (2022) Homecoming: The path to prosperity in a post-global world. Crown: New York.

336) Huchzermeier, A. and Nordemann, J. (2022.10.7.) How smaller companies can bring manufacturing closer to home. Harvard Business Review.

337) Anzolin, E. and Aloisis, S. (2021.9.30.) How global supply chains are falling out of fashion. The Reuters.

338) Glover, S. (2022.3.28.) C&A starts production at German jeans factory. Ecotextile News.

339) Walmart (2021) Investing in American jobs.

340) 주식회사 피에프아이엔 (2009) 글로벌 패션시장 조사분석사업: 최종결과보고서. 지식경제부.

341) 산업통상자원부, 한국섬유산업연합회 (2020.11.11.) 섬유패션산업 한국판 뉴딜 실행전략.

342) 삼정KPMG 경제연구부 (2020) 코로나 19에 따른 소비재산업 영향 분석.

343) Federal Ministry for Economic Affairs and Energy (2019) National industrial strategy 2030: Strategic guidelines for a German and European industrial policy.

344) Schneider, E. (2023) Germany's industrial strategy 2030, EU

competition policy and the crisis of new constitutionalism. (Geo-) political economy of a contested paradigm shift. New Political Economy, 28(2), 241-258.

345) Seares, E. (2023.1.19.) Luxury brands are snapping up suppliers: What are the pros and cons? Vogue Business.

346) Huchzermeier, A. and Nordemann, J. (2022.10.7.) How smaller companies can bring manufacturing closer to home. Harvard Business Review.

347) Business of Fashion and McKinsey&Company (2019) The state of fashion 2019.

348) Edelson, S. (2022.4.11.) Resale as a service provider and thrift marketplace thredUP scales up with PacSun. Forbes.

349) ThredUp (n.d.) Resale-as-a-Service: Powering resale for your brand and the planet.

350) McDowell, M. (2019.11.26.) What to know about "clothing as a service." Vogue Business.

351) Levänen, J., Uusitalo, V., Härri, A., Kareinen, E., and Linnanen, L. (2021) Innovative recycling or extended use? Comparing the global warming potential of different ownership and end-of-life scenarios for textiles. Environmental Research Letters, 16(5), 054069.

참고문헌

경향신문 (2022.2.23.) 40년을 일해도 유령 취급을 받는 '미싱타는 여자들.'

고용부, 한국산업인력공단, 섬유제조·패션산업 인적개발위원회 (2021) 2021년 섬유제조·패션산업인력현황 보고서. 한국섬유산업연합회.

공정거래위원회 (2023.6.8.) (별첨1) 개정안 전문(환경 관련 표시광고에 관한 심사지침 개정안).

국가법령정보센터 (n.d.) 상표법.

국가법령정보센터 (n.d.) 재활용가능자원의 분리수거 등에 관한 지침.

국가법령정보센터 (n.d.) 지속가능발전 기본법.

국가법령정보센터 (n.d.) 폐기물관리법 시행규칙 [별표 4]: 폐기물의 종류별 세부분류 (제4조의2제1항 관련).

국민권익위원회 (2016.7.25.) 의류수거함 설치 및 운영관리 개선 방안.

국제섬유신문 (2022.12.07.) 한국섬유개발연구원, 생분해 섬유 산업생태계 조성 입증.

국제패션디자인학원 (2023.3.22.) 최경자, 앙드레 김 作, 서울공예박물관 '의(衣)·표(表)·예(藝)'展 안내.

고용부, 한국산업인력공단, 섬유제조·패션산업 인적개발위원회 (2021) 2021년 섬유제조·패션산업인력현황 보고서. 한국섬유산업연합회.

기상청 (n.d.) 기상자료개방포털.

김경래 (2020.8.26.) [최강시사] "봉제근로자 근로계약서, 4대 보험도 없이 최저임금도 못 받는 근로환경…70년대와 달라진 것 없어". KBS 라디오.

김귀옥 (2004) 1960, 70년대 의류봉제업 근로자 형성과정: 반도상사(부평공장)의 사례를 중심으로. 경제와 사회, 61, 10-41.

김보람 (2008.9.4.) 세계 패스트 패션 1위 브랜드 '자라(ZARA).' 조선비즈.

김양민 (2010.3.8.) 'H&M' 첫 매장 열자 명동일대 들썩. 패션인사이트.

나수엽, 박진희 (2022) 미국 『위구루 강제노동방지법』의 주요 내용과 시사점. 세계경제 포커스, 5(22), 대외경제정책연구원.
나지현 (2022.1.7.) "환경과 사람의 연결, 순환 패션의 선두주자 될 것" - 케이오에이(K.O.A) 유동주 대표. 한국섬유신문.
남정미 (2020.2.1.) 기부는 무조건 善? '나쁜 기부'는 사양합니다. 조선일보.
노도현 (2020.11.16.) "내 죽음을 헛되이 말라" 잊지 않는 태일의 친구들. 주간경향.
박경일 (2022.10.5.) 적발위조상품, 1위 품목은 '의류'...압수 짝퉁 명품, 총 '867만' 점('17~'22년). IPDaily.
박신미 (2019) 제1세대 한국 패션디자이너 최경자 고찰. 복식, 69(3), 119-140.
박인권 (n.d.) LF. 디지털강남문화대전.
박주하 (2022) 청소년의 명품계약과 사회적 미디어 활동에 반영된 인정을 받기: 청소년의 사치 소비와 소셜 미디어 활동에 반영된 승인의 필요성. 서울대학교 박사학위논문.
박해영 (2023.8.16.) 애슬레저 시장, 4대 브랜드 점유률 57%. 어패럴뉴스.
번개장터 (2023.5.2.) 'SECONDHAND IS THE NEW BLACK' 성료 번개장터. 첫 오프라인 플리마켓.
백일현 (2022.9.24.) 백화점 한층 통째 들어선 중고숍...사흘 만에 매출 1.5억 '대박.' 중앙일보.
백주원 (2023.1.19.) 요즘엔 번장에서 옷 산대.. 번개장터, 패션 거래액 1조 목전. 서울경제.
산업재산보호협력국, 산업재산조사과 (2020.10.14.) 특허청, 폭증하는 위조상품 온라인 유통근절에 나선다. 특허청.
산업재산보호협력국, 상표특별사법경찰과 (2022.2.15.) 특허청, 2021년 위조상품 단속실적 발표: 상표권 침해사범 557명 형사입건, 위조상품 8만여 점 압수. 특허청.
산업통상자원부, 한국섬유산업연합회 (2021) 2021년 봉제업체 실태조사 결과보고서.
산업통상자원부, 한국섬유산업연합회 (2021) 2021년 봉제업체 실태조사 통계(집계)표.
산업통상자원부, 한국섬유산업연합회 (2020.11.11.) 섬유패션산업 한국판 뉴딜 실행전략.
산업통상자원부 (2022.8.24.) 산업부, 친환경 섬유패션 활성화에 팔 걷어붙여. 대한민국정책브리핑.
삼정KPMG 경제연구부 (2020) 코로나 19에 따른 소비재산업 영향 분석.
선우정 (2020.10.20.) [특허정책] 상표·디자인 고의적 침해시 3배 배상... 20일부터 시행. 특허뉴스.
시사위크 (2015.4.7.) 한세실업, 미얀마서 노동탄압 논란…국제적 갑질?
에너지경제신문 (2021.12.19.) '섬유폐기물→건축패널'…세진플러스, 인도네시아 주택사업 진출.
오정미, 허갑섬 (1995) 컨조인트 분석을 이용한 청바지 제품개장에 관한 연구. 한국의류학회지, 19(3), 448-465.
오정미 (2023) 기후변화에 의한 기상변동이 패션산업에 주는 영향: 엘니뇨·라니냐를 중심으로. 한국복식학회 춘계학술대회.
오정미 (2023) 패션산업의 자원순환경제 촉진을 위한 폐섬유·폐의류 분류체계 분석. 복식, 73(4), 1-15.
우먼타임스 (2023.2.17.) 1세대 패션디자이너 '최경자'와 '노라노.'
유혜경 (2021) 한국 섬유패션 기업과 재벌 발전 역사 고찰. 한국의류산업학회지, 23(5), 598-610.
SBS 뉴스 (2020.1.18.) 구호품이 아니라 짐…"이런 기부는 하지 마세요!"
이승균 (2023.5.10.) 한국 소비자, 환경 문제 민감·지속가능한 소비 관심 많아. 한국경제신문.
이승재, 앙드레 김 (2002) 앙드레 김 My Fantasy. 아침나라.
이신혜 (2022.9.30.) "보세 옷도 반값, 인터넷보다 싸다" 중고거래에 빠진 백화점들. 조선비즈.
이정하 (2023.2.14.) 튀르키예 구호품, 중고의류는 보내지 말아주세요. 한겨레.
이코노미스트 (2022.1.30.) 주식 대신 샤테크? 샤넬백보다 오른 종목은 '이것'이 유일.
이코노미스트 (2023.4.14.) 한국인 명품 사랑…'에루샤' 지난해 국내 매출액 4조 원 넘었다.
이혁래, 김정영 (2022 flim) 미싱타는 여자들. 플라잉타이거픽쳐스.
임송자 (2010) 전태일 분신과 1970년대 노동·학생운동. 한국민족운동사연구, 65, 319-360.
주식회사 피에프아이이엔 (2009) 글로벌 패션시장 조사분석사업: 최종결과보고서. 지식경제부.

중앙일보 (2022.1.11.) 한번 입고 버리는 옷까지…ZARA보다 더한 패스트 패션의 민폐 [패션, 지구촌 재앙됐다].
최효안 (2017) 노라노: 우리 패션사의 시작. 마음산책.
KBS 환경스페셜 (2021) 옷을 위한 지구는 없다.
파이낸셜뉴스 (2023.1.30.) "편한 옷 최고" 애슬레저룩 매출 날개…업계, 왕좌싸움 치열.
한국무역협회 (n.d.) 무역통계.
한국섬유산업연합회 (2022) 국내 2050대 온라인 쇼퍼 행태: 의류 품목 온라인 구매 경험 및 온라인 쇼핑 증감.
한국갤럽조사연구소 (2019.11.18.) 한국인이 좋아하는 40가지[브랜드편].
합성섬유 (n.d.) 한국민족문화대백과사전.
환경부, 환경공단 (2022) 2021년 전국 폐기물 발생 및 처리현황.
환경부, 환경공단 (2021) 전국 폐기물 발생 및 처리현황(2020년도).
환경부, 환경공단 (2020) 전국 폐기물 발생 및 처리현황(2019년도).
환경부, 환경공단 (2019) 전국 폐기물 발생 및 처리현황(2018년도).
환경부, 환경공단 (2018) 전국 폐기물 발생 및 처리현황(2017년도).
환경부, 환경공단 (2017) 전국 폐기물 발생 및 처리현황(2016년도).
환경부, 환경공단 (2016) 전국 폐기물 발생 및 처리현황(2015년도 수정본).
환경부, 환경공단 (2015) 전국 폐기물 발생 및 처리현황(2014년도).
환경부, 환경공단 (2014) 전국 폐기물 발생 및 처리현황(2013년도 수정본).
환경부, 환경공단 (2013) 전국 폐기물 발생 및 처리현황(2012년도).
환경부, 환경공단 (2012) 2011 전국 폐기물 발생 및 처리현황.
황성필 (2022.5.20.) 가짜 명품을 구매한 경우 법적 처벌은 어떠할까? 조세금융신문.
황수현 (2009.6.26.) '샤테크'를 아시나요? 주간한국.
효성 (2023.4.10.) 효성티앤씨, '친환경' 블랙 스판덱스 출시. 미디어 효성.

Abelvik-Lawson, H. (2023.4.23.) Fashion greenwash: How companies are hiding the true environmental costs of fast fashion. Greenpeace.
Adenubi, T. (2022.10.8.) Why we are seizing imported used clothes, shoes - Customs. Nigerian Tribune.
American Wool (2021.8.25.) Slow fashion vs. Fast fashion. A debate that asks fashion to look in the mirror.

Ann-Mari, S. and Aspers, P. (2015) Fashion, sociology of. International Encyclopedia of the Social and Behavioral Sciences.

Anzolin, E. and Aloisis, S. (2021.9.30.) How global supply chains are falling out of fashion. The Reuters.

Arnett, G. (2019.11.29.) How quickly do fashion materials biodegrade? Vogue Business.

Arthur, R. (2020) Sustainable fashion: Communication strategy 2021~2024. United Nations Environment Programme.

Apparel Resources (2015.2.1.) Uniqlo blamed for sweatshop conditions in China.

Atik, D., Cavusoglu, L., Ertenkin, Z.O., and Firat, A.F. (2022) Fashion, consumer markets, and democratization. Journal of Consumer Behavior, 51, 1135-1148.

Backer, K.D., Menon, C., Desnoyers-James, I., and Moussiegt, L. (2016) Reshoring: Myth or reality?. OECD Science, Technology and Industry Policy Papers, No. 27, OECD Publishing, Paris.

Bagwell, L.S. and Bernheim, B.D. (1996) Veblen effects in a theory of conspicuous consumption. The American Economic Review, 86(3), 349-373.

Balasaraswathi, S. R. and Rathinamoorthy, R. (2022) Synthetic textile and microplastic pollution: An analysis on environmental and health impact. Sustainable Approaches in Textiles and Fashion, 1-20.

Baloga, C. (2019) Copyright and fashion: The shoe that does not fit. New York Law School Review, 265.

Barthes, R. (1990) The fashion system. University of California Press.

Bartlett, J. (2023.4.11.) Fast fashion goes to die in the world's largest fog desert. The scale is breathtaking. National Geographic.

Beckert, S. (2015) Empire of cotton: A global history. Vintage Books: New York.

Bendell, J. and Kleanthous, A. (2007) Deeper luxury: Quality and style when the world matters. World Wide Fund-UK.

Bera, S.P. and Tank, S. K. (2021) Screening and identification of newly isolated Pseudomonas sp. for biodegrading the textile azo dye CI procion red H-3B. Journal of Applied Microbiology, 130, 1949–59.

Berradi, M., Hsissou, R., Khudhair, M., Assouag, M., Cherkaoui, O., Bachiri, A. E., and Harfi, A.E. (2019) Textile finishing dyes and their impact on aquatic environs. Heliyon, 5, e02711.

Besser, L. (2021.8.21.) Dead white man's clothes. ABC News.

Boucher, J. and Friot, D. (2017) Primary microplastics in the oceans: A global evaluation of sources. Gland, Switzerland: International Union for Conservation of Nature.

Brown, A. (2022) Brand finance apparel 50 2022. Brand Finance.

Business of Fashion (n.d.) Zara.

Business of Fashion (2014.3.2.) Uniqlo billionaire's drive for global crown fuels J. Crew talks.

Business of Fashion (2018.8.18.) A brief history of Uniqlo, the clothing company that's changing everything.

Business of Fashion and McKinsey&Company (2019) The state of fashion 2019.

Butler, S. (2022.10.21.) Zara enters resale market with pre-owned service. The Guardian.

Cambridge Dictionary.

Cannon, C. and Rucker, D. (2019) The dark side of luxury: Social costs of luxury consumption. Personality and Social Psychology Bulletin, 45(5), 767-779.

Carracedo, A. (2007 film) Made in L.A. Semilla Verde Productions Ltd.

Carver, C. (2020) Project 333: The minimalist fashion challenge that proves less reality is so much more. Penguin Publishing Group.

Chan, E. (2020.3.22.) The fashion industry is using up too much water — here's how you can reduce your H_2O footprint. Vogue India.

Chan, E. (2022.6.9.) Is Shein's $50 million fund to tackle clothing waste a good thing, or just greenwashing? British Vogue.

Change Markets Foundation (2023) Trashion: The stealth export of waste plastic clothes to Kenya.

Changnon, S. A. (1999) Impacts of 1997-98 El Niño-generated weather in the United States. Bulletin of the American Meteorological Society, 80(9),

1819-1827.

Chevalier, M and Massalovo, G. (2008) Luxury brand management: A world of privilege. John Wiley & Sons.

Claussen, L., Lloyd, A., Ruiz, D., and Havenith, G. (2023) Recycled versus virgin polyester sportswear – can a difference be perceived in actual use? International Journal of Fashion Design, Technology and Education.

Cheng, A. (2018.8.31.) As its shares hit a record high, here's why Lululemon is still winning the athleisure game. Forbes.

Chidambaram, S., Karmegam, U., Prasanna, M.V., and Sasidhar, P. (2012) A study on evaluation of probable sources of heavy metal pollution in groundwater of Kalpakkam region, South India. Environmentalist, 32, 371-382.

Chitrakorn, K. (2021.9.13.) How can Uniqlo succeed in America? Vogue Business.

Circular and Sustainable Textiles and Clothing (n.d.) CISUTAC activities.

Climate and Environment (2019.3.25.) UN launches drive to highlight environmental cost of staying fashionable. UN News.

Cline, W. R. (1995) Evaluating the Uruguay Round. The World Economy, 18(1), 1-23.

Clough, S. R. (2005) Methane. Encyclopedia of Toxicology.

CNBC (2023.1.13.) South Koreans are the world's biggest spenders on luxury goods.

Crawdord, Z. (2007.9.20.) You won't believe who I saw at Kohl's. The New York Times.

Cobbing, N., Daaji, S., Kopp, M., and Wohlgemuth, V. (2022) Poisoned gifts: From donations to the dumpsite. Greenpeace.

Cottonworks (n.d.) History of denim. Cotton Incorporated.

Competition and Markets Authority (2021.9.20.) Greenwashing: CMA puts businesses on notice.

Damhorst, M. L. (1990) In search of a common thread: Classification of information communicated by dress. Clothing and Textiles Research Journal, 8(2), 1-12.

David, A. M. (2015) Fashion victims: The dangers of dress past and present.

Bloomsbury Visual Arts.

De Backer, K., Menon, C., Desnoyers-James, L., and Moussiegt, L. (2016.1.26.) Reshoring: Myth or Reality?. OECD Science, Technology and Industry Policy Papers, No. 27, OECD Publishing, Paris.

De Falco, F., Di Pace, E., Cocca, M., and Avella, M. (2019) The contribution of washing processes of synthetic clothes to microplastic pollution. Scientific Reports, 9, 6633.

Deckers, J. Manshoven, S., and Mortensen, L. F. (2023) The role of bio-based textile fibres in a circular and sustainable textiles system. European Environment Agency.

Delmas M.A, and Burbano, V.C. (2011) The drivers of greenwashing. California Management Review, 54(1), 64-87.

Delotte (2017) Bling it on: What make a millennial spend more?

Desai, C., Jain, K.R., Boopathy, R., Hullebusch, E. D., and Madamwar, D. (2021) Editorial: Eco-sustainable bioremediation of textile dye wastewaters: innovative microbial treatment technologies and mechanistic insights of textile dye biodegradation. Frontiers in Microbiology, 12, 707083.

Dhaka Tribune. (2022.6.5.) The worst industrial disasters in Bangladesh since 2005.

Domenech, T. and Bahn-Walkowiak, B. (2019) Transition towards a resource efficient circular economy in Europe: Policy lessons from the EU and the member states. Ecological Economics, 155, 7-19.

Dowsett, S. and Yu, S. (2020.10.16.) China's turbo-charged online fashion takes on Zara and H&M. Reuters.

Duru Baykal, P. and Özkan, İ. (2013) The effects of intermingling process parameters and number of filaments on intermingled yarn properties. Journal of the Textile Institute, 104(12), 1292–1302.

Economic Development (2021.10.7.) Cotton sustains more than 100 million families worldwide, UN News.

Edelson, S. (2022.4.11.) Resale as a service provider and thrift marketplace thredUP scales up with PacSun. Forbes.

Ellen MacArthur Foundation (2016) The new plastics economy: Rethinking the future of plastics.

Ellen MacArthur Foundation (2017) A new textiles economy: Redesigning fashion's future.

Encyclopedia Britannica.

Entrepreneur (2008.10.10.) Calvin Klein: A stylish obsession.

English, B. and Munroe, N. H. (2022) A cultural history of western fashion: From haute couture to virtual couture. Bloomsbury Publishing.

Ercin, A.E. and Hoekstra, A.Y. (2012) Carbon and water footprints: Concepts, methodologies, and policy responses. UNESCO.

European Commission (n.d.) Circular economy.

Euroepean Commission (n.d.) Methane emissions. Energy, Climate change, Environment.

European Commission (2022) Proposal for a regulation of the European Parliament and the council establishing a framework for setting ecodesign requirements for sustainable products and repealing directive.

European Union (n.d.) Corporate sustainability due diligence: Fostering sustainability in corporate governance and management systems.

European Union (n.d.) Ecodesign for sustainable products regulation: The new regulation will improve EU products' circularity, energy performance and other environmental sustainability aspects.

European Union (2021.12.29.) Commission notice: Guidance on the interpretation and application of directive 2005/29/EC of the European Parliament and of the council concerning unfair business-to-consumer commercial practices in the internal market.

European Union (2021) Horizon Europe: Investing to shape our future.

European Parliament (2020.5.3.) Plastic microfibre filters for new washing machines by 2025.

European Parliament (2022.7.6.) Motion for a resolution on the human rights situation in Xinjiang, including the Xinjiang police files.

Fadulu, L. (2023.10.11.) After 112 years, Triangle Shirtwaist Fire Victims get a memorial. The New York Times.

Fairtrade International (2023.3.8.) The women who make our clothes are invisible. It's time to change that.

Falchi, A., Grolleau, G., and Mzoughi, N. (2022) Why companies might under-communicate their efforts for sustainable development and what can be done? Business Strategy and Environment, 31(5), 1938-1946.

Fashion History Timeline (n.d.) Fashion Institute of Technology. State University of New York.

Fashion United (2018) People do not wear at least 50 percent of their wardrobes.

Federal Ministry for Economic Affairs and Energy (2019) National industrial strategy 2030: Strategic guidelines for a German and European industrial policy.

Federal Trade Commission (2022.12.14.) FTC seeks public comment on potential updates to its 'Green Guides' for the use of environmental marketing claims.

Ferrer, M. (2022.10.17.) How are Shein hauls making our planet unlivable? Euronews.

Fibre2Fashion (2022.8.6.) US to retain top position in denim jeans market, but growth to slow. Fashion Network.

Fisher, L. A. (2015.11.6.) It's already almost sold out. Harper's Bazaar.

Fletcher, K. (2007.6.1.) Slow fashion. The Ecologist.

Fletcher, K. (2010) Slow fashion: An invitation for systems change. Fashion Practice, 2(2), 259–265.

Foley, C. (1893) Fashion. The Economic Journal, 3(11), 458-474.

Forbrukertisynet (2022.6.16.) Villeder om miljøvennlige klær.

Foroohar, R. (2022) Homecoming: The path to prosperity in a post-global world. Crown: New York.

Friedman, V. and Paton, E. (2021.3.29.) What is going on with China, cotton and all of these clothing brands? The New York Times.

Gahigi, M.K. (2021.6.23.) Mixed results over govt ban on imports of second-hand clothes. Rwanda Today.

Garment Worker Center (n.d.) Get informed.

Gatten, E. (2022.10.19.) Britons throw away '72 items of clothing every year.' The Telegraph.

Gentleman, A. (2007.11.15.) Gap moves to recover from child labor scandal. The New York Times.

Ghemawat, P. and Iniesta, J.L.N.(2003) ZARA: Fast Fashion, Harvard Business School.

Ghaly A., Ananthashankar, R., Alhattab, M., and Ramakrishnan, V. (2013) Production, characterization and treatment of textile effluents: A critical review. Journal of Chemical Engineering Process Technology, 5, 1–18.

Gilligan, I. (2019) Climate, clothing and agriculture in prehistory. Cambridge.

Glamour (2023.1.31.) If fur is killing animals and faux-fur is killing the planet, what on earth should you do?.

Global Fashion Agenda, Boston Consulting Group, and Sustainable Apparel Coalition (2019) Pulse of the fashion industry.

Global Fashion Summit (n.d.) Alliances for a new era.

Global Footprint (n.d.) Earth overshoot day 1971~2023.

Glover, S. (2022.3.28.) C&A starts production at German jeans factory. Ecotextile News.

Glover, S. (2023.5.15.) EU states back ban on destroying garments. Ecotextile News.

Greenbuam, H. and Rubinstein, D. (2011.11.25.) The evolution of fleece: From scratchy to snuggie. Times Magazine.

Greenpeace (2012) Toxic threads: The big fashion stitch-up. Greenpeace International.

GRI, UN Global Compact, and WBCSD. (2015) SDG compass: The guide for business action on the SDGs. SDG Compass.

Guerreiro, J., Loureiro, S.M.C., Nascimento, J., and Duarte, M. (2023) How to earn a premium price: the effect of green marketing and brand coolness. Journal of Communication Management, 27(1), 35-63.

Harari, Y. N. (2018) 21 lessons for the 21st century. Random House.

Hardy, A. (2022.5.10.) Senator Kirsten Gillibrand will introduce the first Federal Fashion Bill; the FABRIC Act seeks to end wage theft. Vogue.

Haqqi, S. (2022.11.30.) The most popular fashion brands around the world. This is Money.

Hazardous Substance Fact Sheet (2010) New Jersey Department of Health.

Help advice for consumers in Europe (n.d.) Rules for the purchase and sale of counterfeit goods in Denmark and the EU.

Hines, A. (2016.5.18.) Knockoff: Another day at the office on Canal street with counterfeit vendors. The Village Voice.

Hohmann, L., Xhaferi-Salihu, L., and Oliveras, R. (2023) Fashion industry charter for climate action: Progress report 2023. United Nations Climate Change.

Horn, M. J. (1968) The Second Skin: An interdisciplinary study of clothing. Houghton Mifflin.

Hoskins, T. (2014.10.1.) Cotton production linked to images of the dried up Aral Sea basin. The Guardian.

Hsu, T.M., Welner, D.H., Russ, Z.N., Cervantes, B., Prathuri, R.L., Adams, P.D., and Dueber, J.E. (2018) Employing a biochemical protecting group for a sustainable indigo dyeing strategy. Nature Chemical Biology, 14, 256-261.

Hubbub (2022.5.5.) Fashion returns research analysis.

Huchzermeier, A. and Nordemann, J. (2022.10.7.) How smaller companies can bring manufacturing closer to home. Harvard Business Review.

International Agency for Research on Cancer (2012) Arsenic, metals, fibres, and dust: A review of human carcinogens. World Health Organization.

International Labour Organization (2020.11.10.) Gendered impacts of COVID-19 on the garment sector.

International Labour Organization (2022.3.21.) Decent work in garment supply chains asia: What moves the needle on gender equality in the garment sector?.

International Monetary Fund (2001) Global trade liberalization and the developing countries.

Intergovernmental Panel on Climate Change (2023) Section in: Climate change 2023: Synthesis report. Contribution of working groups I, II and III to the sixth assessment report of the Intergovernmental Panel on Climate Change [Core writing team, H. Lee and J. Romero (eds.)]. IPCC, Geneva, Switzerland, 35-115.

Iredale, J., Jones, N., and Szmydke, P. (2015.5.20.) Faux fur: Better than the real thing? Women's Wear Daily.

Joung, H.M. and Park-Poaps, H. (2011) Factors motivating and influencing clothing disposal behaviours. International Journal of Consumer Studies, 37(1), 105-111.

John, T. (2018.5.28.) How the US and Rwanda have fallen out over second-hand clothes. BBC News.

Kamoga, J. and Anami, L. (2023.9.2.) EAC blows hot and cold in war against trade in used clothing. The East African.

Kannuri, N.K. and Jadhav, S. (2018) Generating toxic landscapes: impact on well-being of cotton farmers in Telangana, India. Anthropology & Medicine, 25(2), 121-140.

Kelts, R. (2013.7.1.) Japan spends millions in order to be cool. Time Magazine.

Kent, S. (2023.9.25.) What Uganda's war on used clothing imports means for fashion. CNN.

Kering (2019) Environmental profit & loss: 2019 group results.

Kering (2022) Kering standards for raw materials and manufacturing process.

Khadhri, N., Saad, M. E. K., Mosbah, M., and Moussaoui, Y. (2019) Batch and continuous column adsorption of indigo carmine onto activated carbon derived from date palm petiole. Journal of Environmental Chemical Engineering, 7(1), 102775.

Kirby, J. and Holger, D. (2022.9.6.) Fashion firms look to single-fiber clothes as EU recycling regulations loom. The Wall Street Journal.

Kitroeff, N. (2019.12.16.) Fashion Nova's Secret: Underpaid workers in Los Angeles factories. The New York Times.

Kornprobst, M. and Paul, T. V. (2021) Globalization, deglobalization and the liberal international order. International Affairs, 97(5), 1305–1316.

Kuah, A.T.H. and Wang, P. (2020) Circular economy and consumer acceptance: An exploratory study in East and Southeast Asia. Journal of Cleaner Production, 247, 119097.

Kuwonu, F. (2017) Protectionist ban on imported used clothing. United Nations Africa Renewal.

La Ferla, R. (2000.4.11.) Cheap chic draws crowds on 5th ave. The New York Times.

Labour Behind the Label (2019) Tailored wages 2019: The state of pay in the global garment industry.

Langley, D. J., Rosca, E., Angelopoulos, M., Kamminga, O., and Hooijer, C. (2023) Orchestrating a smart circular economy: Guiding principles for digital product passports. Journal of Business Research,169,114259.

LeBaron, G. and Lister, J. (2022) The hidden costs of global supply chain solutions. Review of International Political Economy, 29(3), 669-695.

Lee, E., Edwards, S., Youn, S., and Yun, T. W. (2014) Understanding the moderating effect of motivational values on young consumers' responses to luxury brands: A cross-cultural study of South Korea and the USA. Journal of Marketing Communications, 24(2), 1-22.

Leibenstein, H. (1950) Bandwagon, Snob, and Veblen effects in the theory of consumers' demand. The Quarterly Journal of Economics, 64(2), 183-207.

Let's close the loop (n.d.) H&M.

Levänen, J., Uusitalo, V., Härri, A., Kareinen, E., and Linnanen, L. (2021) Innovative recycling or extended use? Comparing the global warming potential of different ownership and end-of-life scenarios for textiles. Environmental Research Letters, 16(5), 054069.

Loth, S. and Ruiter, J.P. (2016) Editorial: Understanding social signals: How do we recognize the intentions of others?. Frontiers in Psychology, 7.

Macalister, T. (2011.2.17.) Cotton hite $2 a pound. The Guardian.

Mahmmod, Z. (2022.4.18.) Ultra-fast fashion is taking over-and using every trick in the book to get us addicted. The Guardian.

Manik, J.A. and Yardley, J. (2012.12.17.) Bangladesh finds gross negligence in factory fire. The New York Times.

Masters, K. (2023.9.1.) Exclusive: US customs finds garments made with banned Chinese cotton. Reuters.

Maule, B. (2013.9.4.) Broad & Lehigh's landmark Botany 500 building, awaiting its next life. Hidden City Philadelphia.

McDowell, M. (2019.11.26.) What to know about "clothing as a service." Vogue Business.

McKinsey Apparel, Fashion & Luxury Group (2022) Scaling textile recycling in Europe—turning waste into value. McKinsey&Company.

McKinsey&Company and Global Fashion Agenda (2020) Fashion on climate.

McNeill, S., McGregor, J., Walsh, M., Griffiths. M., and Hui, E. (2019) Cotton on and Target Australia stop buying cotton from Xinjiang over human rights concerns. Four Corners.

Meier, L. (2021) Synthesis report on United Nations system-wide initiatives related to fashion. United Nations Alliance for Sustainable Fashion.

Moazzem, S., Wang, L., Daver, F., and Crossin, E. (2021) Environmental impact of discarded apparel landfilling and recycling. Resources, Conservation and Recycling, 166, 105338.

Model Alliance (n.d.) The Fashion Workers Act.

Moore, D. (2021.9.17.) How Canadian companies are helping to reduce fashion's carbon footprint. The Globe and Mail.

Morgan, B. (2020.2.24.) 11 fashion companies leading the way in sustainability. Forbes.

Napper, I. E., and Thompson, R. C. (2016) Release of synthetic microplastic plastic fibres from domestic washing machines: Effects of fabric type and washing conditions. Environmental Science & Technology, 50, 5761-5769.

Narbayep, M and Pavlova, V. (2022) The Aral Sea, Central Asian countries and climate change in the 21st century. Economic and Social Commission for Asia and the Pacific.

Natsu, J. (2017.5.4.) C&A bows Cradle to Cradle certified t-shirts, joins circular fashion industry. Environment Leader.

Nelson, D. (2023.4.23.) Bangladesh building collapse kills at least 82 in Dhaka. The Telegraphy.

Netzwerk Fair Mode (2010.12.19.) Why an H&M t-shirt costs only 4.95 Euro?

Newman, C. (2019.3.21.) Gender-bending fashion rewrites the rule of who wears what. National Geographic.

Nguyen, T. (2021.8.10.) Shein is the future of fast fashion. Is that a good thing? Vox Media.

Nuwer, R. (2020.5.23.) Luxury fashion brands had thousands of exotic leather goods seized by U.S. law enforcement. National Geographic.

Obura, F. (2023.7.13.) AU states challenged to ban second-hand clothes import. The Kenyan Wall Street.

Organisation for Economic Co-operation and Development and European Union Intellectual Property Office (2021) Global trade in fakes: A worrying threat, illicit trade. OECD Publishing, Paris.

Office of the United States Trade Representative (n.d.) Africa Growth and Opportunity Act.

Oh, J. (2023) Classification and regression tree approach for the prediction of the seasonal apparel market: Focused on weather factors. Journal of Fashion Marketing and Management.

Oh, J. (2023) Weather-related complaints from fashion retailers: Environmental scan from Korean newspapers from 2000 to 2020. International Journal of Costume and Fashion, 23(1), 1-15.

Oh, J. and Jo, Y.-H. (2007) Do anomalous weather events impacts on clothing sales? The International Textile and Apparel Association 2007 Conference in Los Angeles, CA November 6 -10.

Oh, J. and Jo, Y.-H. (2011) Challenges for clothing retailers in an anomalous weather event. The Journal of the Korean Society of Knit Design, 9(2), 1-7.

Oh, J., Jo, Y.-H., and Ha, K.-J. (2021) The effect of anomalous weather on the seasonal clothing market in New York. Meteorological Application, 28(2), e1982.

Oh, J., Ha, K.-J., and Jo, Y.-H. (2022) Use of weather factors in clothing studies in Korea and its implication: A review. Asia-Pacific Journal of Atmospheric Sciences, 58, 729-741.

Okonkwo, U. (2007) Luxury fashion branding. Palgrave Macmillan.

Oxfam International (2002) Cultivating poverty: The impact of US cotton subsidies on Africa. Oxfam.

Park, H. J. and Lin, L. M. (2020) Exploring attitude–behavior gap in sustainable consumption: Comparison of recycled and upcycled fashion products, Journal of Business Research, 117, 623-628.

Patagonia, Inc. (n.d.) 1% for the planet.

Paton, E. (2022.9.30.) The new laws trying to take the anxiety out of shopping. The New York Times.

Paton, P., Lorenz, T. and Kwai. I. (2019.12.17.) What do Gen Z shoppers want? A cute, cheap outfit that looks great on Instagram. The New York Times.

Pear, B., Reynolds, J., Roberts, A., and Zand, B. (2022 flim) Untold: Inside the Shein Machine. Zandland Films.

Penaloza, M. (2011.12.11.) Spandex stretches to meet U.S. waistlines. NPR.

Pinnock, O. (2018.7.20.) No one in fashion is surprised Burberry burnt £28 million of stock. Forbes.

Piper Sandler (2018.10.22.) Taking stock with teens: A collaborative "GEN Z" insights project.

Piribauer, B. and Bartl, A. (2019) Textile recycling processes, state of the art and current developments: A mini review. Waste Management and Research. 37(2), 112-119.

Pitcher, L. (2021.11.29.) New study links major fashion brands to Amazon deforestation. The Guardian.

Pookulangara, S. and Shephard, A. (2013) Slow fashion movement: Understanding consumer perceptions-An exploratory study. Journal of Retailing and Consumer Services, 20(2), 200-206.

Pucker, K. (2022.1.13.) The myth of sustainable fashion. Harvard Business Review.

Quantis (2018) Measuring fashion: Environmental impact of the global apparel and footwear industries study.

Ragonnaud, G. (2023.10.) 'Green claims' directive protecting consumers from greenwashing. European Parliamentary Research Service.

Rastogi, N.S. (2010.1.5.) A hairy situation: Should I choose fake fur over real fur? Slate.

Regan, H. (2020.9.8.) Asian rivers are turning black. And our colorful closets are to blame. CNN.

Rehman, K., Shahzad, T., Sahar, A., Hussain, S., Mahmood, F., Siddique,, M.H., Siddique, M.A., and Rashid, M.L. (2018) Effect of reactive black 5 azo dye on soil processes related to C and N cycling. Peer Journal, 6, e4802.

Reisch, M. (1999.2.15.) What's the stuff? Chemical & Engineering News, 77(7), 70.

Rivoli, P. (2009) The travels of a t-shirt in the global economy. John Wiley & Sons, Inc.

Robinson, S. (2023.9.7.) Legalizing counterfeit: The thin line between buying and selling. Sports & Entertainment Law Blog, Brooklyn Law School.

Rogers, D. (2023.6.5.) A massive mountain of fast fashion landfill can now be seen from space. DAZED.

Rony, J. (n.d.) Different types of denim jeans washing process. Fashion2Apparel.

Rosen, E. (2019.10.17.) Working to benefit society, not just companies. The New York Times.

Salerno-Garthwaite, A. (2021.11.22.) Fashion's reshoring rush: Why now and for how long? Vogue Business.

Sadiwski, M, Perkins, L, and MacGarvey, E. (2020) Roadmap to net zero: Delivering science-based targets in the apparel sector. World Resources Institute and Apparel Impact Institute.

Sanyal, S.N., Mazumder, R., Singh, R., and Sharma, Y. (2020) Uncertainty and affluent teenagers' luxury buying-decision: The role of avoidance-related indecisiveness. Journal of Retailing and Consumer Services, 58, 102305.

Schenkman, L. (2023.4.17.) An unglamorous solution to fashion's sustainability problem: make less stuff. Industry DIve.

Schneider, E. (2023) Germany's industrial strategy 2030, EU competition policy and the crisis of new constitutionalism. (Geo-)political economy of a contested paradigm shift. New Political Economy, 28(2), 241-258.

Schumacher, K., and Forster, A. L. (2022) Facilitating a circular economy for textiles workshop report. National Institute of Standards and Technology, U.S. Department of Commerce.

Schwabl P, Köppel S, Königshofer P, Bucsics T, Trauner M, Reiberger T, and Liebmann B. (2019) Detection of various microplastics in human stool: A prospective case series. Annals Internal Medicine, 171(7), 453-457.

Seares, E. (2023.1.19.) Luxury brands are snapping up suppliers: What are the pros and cons? Vogue Business.

Second Measure (2022.5.11.) Market share of leading fast fashion companies in the United States in March 2020 and March 2022. In Statista.

Shein (2022.6.7.) The Or Foundation and Shein lay groundwork for global change with multi-year extended producer responsibility fund. PR Newswire.

Sherratt, A. (2013) Cradle to Cradle. In: Idowu, S.O., Capaldi, N., Zu, L., Gupta, A.D. (eds) Encyclopedia of Corporate Social Responsibility. Springer, Berlin, Heidelberg.

Shibli, S.S. and Islam, T. (2020.5.27.) In Bangladesh, tanneries in trouble. The Asia Foundation.

Siegmann, K. A. (2006) Cotton pickers after the quota expiry: bitter harvest. SDPI Research and News Bulletin, 13(1).

Smith, P. (2023. 3. 24.) Inditex Group sales worldwide 2004-2022.

Smith, P. (2023.8.29.) Value of the secondhand apparel market worldwide from 2021 to 2027. Statista.

Smithsonian (n.d.) Making color.

Song, G. (2011) Improving comfort in clothing. Woodhead Publishing Limited.

Sosnowski, M. and Petrossian, G. (2020) Luxury fashion wildlife contraband in the USA. EcoHealth, 17, 94-110.

Span, P. (1994.4.1.) The year the fur flew. The Washington Post.

Spinks, R. (2011.8.9.) Not charity but work: Vivienne Westwood's 'Ethical Fashion Africa' collection goes on sale. The Ecologist.

Statista (2023) Inditex Group sales worldwide 2004-2022.

Statista (2023) Net sales of the H&M group worldwide from 2014 to 2022.

Stern, M. (2022.7.13.) H&M case shows how greenwashing breaks brand promise. Forbes.

Surowiecki, J. (2000.9.18.) The most devastating retailer in the world. The New Yorker.

Syed, A. (2023.4.28.) What Is Hallyu and why are luxury brands so obsessed with it? Time Magazine.

Sykes, S. and Zimmerman, J. (2014) Making sense of haul videos: self-created celebrities fill a fashion media gap. Conference on Human Factors in Computing Systems.

Tabuchi, H. (2015.12.15.) Retailers feel the heat of lost winter clothing sales. The New York Times.

Tabuchi, H. (2022.6.12.) How fashion giants recast plastic as good for the planet. The New York Times.

Taylor, A. (2014.12.2.) Bhopal: The world's worst industrial disaster, 30 years later. The Altantic.

Ten Facts About Consumers and Cotton (2018) Cotton Inc.

Textile Exchange (2021) Preferred fiber and materials market report 2021.

Textile Exchange (2022) Preferred fiber and materials market report 2022.

Textile Exchange (2022) 2025 recycled polyester challenge.

Textile Exchange (2022.10.18.) Production of polyester fibers worldwide from 1975 to 2021.

The Council of Fashion Designers America, Inc (n.d.) Materials index: DUPONT™SORONA®

The FABRIC Act (n.d.) Fashioning accountability and building real institutional change: The FABRIC Act.

The Fashion Act (n.d.) The Fashion Act.

The Higg Index (n.d.) Sustainable Apparel Coalition.

The LYCRA Company (n.d.) See how LYCRA® fiber has shaped the world.

The price of fast fashion (2018) Nature Climate Change, 8, 258.

The Stitch Times (2011) The changing face of garment sourcing.

The White House (2021.6.24.) Fact sheet: New U.S. government actions on forced labor in Xinjiang. Briefing Room.

Thompson, D. (2018.10.28.) Everything you wear is athleisure. The Atlantic.

ThredUp (n.d.) Here's what happens after you clean out.

ThredUp (n.d.) Newsroom.

ThredUp (n.d.) Resale-as-a-Service: Powering resale for your brand and the planet.

ThredUp and Global Data (2019) 2019 Resale Report.

Trading Economics (n.d.) Bangladesh inflation rate.

Velocci, T. (1979.3.) Our the games people play and pay to watch. Nation's

Business, 29-35.

Uchatius, W. (2012.2.4.) Das Welthemd. Die Zeit.

United Nations International Children's Emergency Fund (2021) Child labour: Global estimates 2020, trends and the road forward.

United Nations (1987) Report of the world commission on environment and development: Our common future.

United Nations (2022) 2021 International trade statistics yearbook: Volume II types by product.

United Nations Climate Change (n.d.). Fashion for climate: Fashion Industry Charter for Climate Action.

United Nations Data (2023) Commodity trade statistics database.

United Nations Economic Commission for Europe (2018.7.12.) UN Alliance aims to put fashion on path to sustainability.

United Nations Department of Economic and Social Affairs (n.d.) Carbon Disclosure Project.

United Nations Environment Programme (2019.3.14.) UN Alliance For Sustainable Fashion addresses damage of fast fashion.

United Nations Environment Programme (2020) Sustainability and circularity in the textile value chain: Global stocktaking.

United Nations Environment Programme (2021) From pollution to solution: A global assessment of marine litter and plastic pollution. Synthesis. Nairobi.

U.S. Chamber of Commerce (2022.8.11.) Back-to-School: Business and law enforcement team up to protect students, parents, and teachers from counterfeit goods.

U.S. Cotton Trust Protocol (n.d.) Principles and criteria.

U.S. Customs and Border Protection (n.d.) Uyghur Forced Labor Prevention Act.

Vanderweide, Z. (2023.7.5.) Is organic cotton really better? A shopper's guide. The New York Times.

Vassilenko, K., Watkins, M., Chastain, S., Posacka, A., and Ross, P. S. (2019) Me, my clothes and the ocean: The toles of textiles in microfiber pollution. Ocean Wise.

Veblen, T. (1922) The theory of the leisure class. B. W. Huebsch.

Velocci, T. (1979.3.) Our the games people play and pay to watch. Nation's Business, 29-35.

Walmart (2021) Investing in American jobs.

Wattle, J. (2016.5.6.) Gap still getting clobbered by 'fast fashion.' CNN.

Webb, B. (2021.5.27.) The big global greenwashing crackdown. Vouge Business.

Wicker, A., Schmall, E., Raj, S., and Paton, E. (2022.2.13.) That organic cotton t-shirt may not be as organic as you think. The New York Times.

Wood, Z. (2019.9.22.) How a £1 bikini revealed the changing shape of fast fashion. The Guardian.

World Business Council for Sustainable Development and Boston Consulting Group (2022) The EU digital product passport shapes the future of value chains: What it is and how to prepare now.

Xintang Jean Town (2010 film) Greenpeace.

Yotka, S. (2017.10.11.) Gucci pledges to go fur-free beginning with Spring 2018. Vogue.

Young, C. (2022) The color of fashion: The story of fashion is woven through with color. Welbeck Publishing.

Zamani, B., Svanstrom, M., Peters G., and Rydberg, T. (2014) A carbon footprint of Textile recycling: A case study in Sweden. Journal of Industrial Ecology, 19(4), 976-687.

색인

ㅎ

우리시대 질문총서 19

패션의 비용
이제는 지불해야 할 때

초판 인쇄 2024년 1월 30일
초판 발행 2024년 2월 2일

저자 오정미
기획 우리시대 질문총서 제작위원회
간사 김효정 · 김다령
교정·교열 정연숙
디자인·편집 배영미
발행인 차정인
펴낸곳 부산대학교출판문화원

출판등록 제1983-000001호 1983.11.10.
부산광역시 금정구 부산대학로 63번길 2 (우편번호46241)
대표전화 051-510-1932 팩시밀리 051-512-7812
www.press.pusan.ac.kr

ⓒ 오정미, 2024. Printed in Korea

ISBN 978 - 89 - 7316 - 781 - 4 (04300)
978 - 89 - 7316 - 650 - 3 (세트)

※ 이 총서는 부산대학교 국립대학육성사업(PNU-The PIONEER)의 지원으로 제작되었습니다.